权威·前沿·原创

**皮书系列为
"十二五"国家重点图书出版规划项目**

河南农业农村发展报告（2015）

ANNUAL REPORT ON AGRICULTURE AND RURAL AREAS DEVELOPMENT OF HENAN (2015)

推进现代农业大省建设

主　编／吴海峰
副主编／陈明星　生秀东

图书在版编目(CIP)数据

河南农业农村发展报告.2015,推进现代农业大省建设/吴海峰主编.—北京:社会科学文献出版社,2015.4
（河南蓝皮书）
ISBN 978-7-5097-7105-1

Ⅰ.①河… Ⅱ.①吴… Ⅲ.①农业经济-研究报告-河南省-2015 Ⅳ.①F327.61

中国版本图书馆 CIP 数据核字（2015）第 027809 号

河南蓝皮书
河南农业农村发展报告（2015）
——推进现代农业大省建设

主　　编／吴海峰
副 主 编／陈明星　生秀东

出 版 人／谢寿光
项目统筹／任文武
责任编辑／高振华

出　　版／社会科学文献出版社·皮书出版分社（010）59367127
　　　　　地址：北京市北三环中路甲 29 号院华龙大厦　邮编：100029
　　　　　网址：http://www.ssap.com.cn
发　　行／市场营销中心（010）59367081　59367090
　　　　　读者服务中心（010）59367028
印　　装／北京季蜂印刷有限公司
规　　格／开　本：787mm×1092mm　1/16
　　　　　印　张：20.5　字　数：343 千字
版　　次／2015 年 4 月第 1 版　2015 年 4 月第 1 次印刷
书　　号／ISBN 978-7-5097-7105-1
定　　价／69.00 元

皮书序列号／B-2015-415

本书如有破损、缺页、装订错误，请与本社读者服务中心联系更换

▲ 版权所有 翻印必究

河南蓝皮书系列编委会

主　任　喻新安

副主任　刘道兴　丁同民　谷建全

委　员　(以姓氏笔画为序)

卫绍生　牛苏林　王建国　王景全　毛　兵
任晓莉　闫德亮　完世伟　吴海峰　张新斌
李太淼　阎德民　袁凯声　曹　明　龚绍东

主要编撰者简介

吴海峰 男，河南安阳人，河南省社会科学院首席研究员、农村发展研究所所长，享受国务院特殊津贴专家，河南省优秀专家，河南省宣传文化系统"四个一批"人才，河南省学术技术带头人，中国区域经济学会常务理事。长期从事经济学研究，在《人民日报》、《经济日报》、《求是》、《中国社会科学》、《中国农村经济》、《经济研究参考》、《世界农业》、《金融研究》、《商业经济研究》等几十家报纸杂志发表文章200多篇，独立和合作出版著作12部，主持国家社会科学基金课题4项，参与3项，主持省部级社会科学课题11项，参与7项，获国家"五个一工程奖"2项、省级优秀成果奖20多项。

陈明星 男，河南信阳人，河南省社会科学院农村发展研究所副所长、研究员，河南省学术技术带头人、河南省宣传文化系统"四个一批"人才、河南省百名优秀青年社科理论人才。主要研究方向为农业经济与农村发展，近年来，先后发表论文80多篇，独著和合著学术著作4部，获省部级奖10多项，主持国家社会科学基金项目1项、省级课题6项，完成的研究成果被省领导批示肯定10多项。

生秀东 男，河南南阳人，河南省社会科学院农村发展研究所新农村研究室主任、研究员，专业研究方向为农村经济学，重点研究农业产业化与河南农村发展问题。合作编著学术著作10部，主持和参与研究项目20余项。在《中国农村经济》、《农业技术经济》、《农民日报》等杂志报纸上发表论文40多篇，相关论文被学术界引用300余次。

摘　要

本书由河南省社会科学院主持编撰，以"推进现代农业大省建设"为主题，深入系统地分析了2014年河南农业农村发展的形势、特点，对2015年进行了展望，全方位、多角度地研究和探讨了河南推进农业农村发展的主要举措和成效，并对进一步推进现代农业大省建设提出了对策建议。

本书的总报告之一对2014~2015年河南农业农村发展形势进行了分析和预测。该报告认为，2014年全省农业农村发展整体呈现"稳增长、强基础、提效益、增活力"的态势，实现粮食生产"十一连增"、农民收入"十一连快"，但同时也面临着一些突出问题。2015年，尽管各种传统和非传统挑战叠加凸显，但有利条件也在逐步累积，全省农业农村发展仍将赢得较大的提升空间，整体将保持"稳增产、扩增收、转方式、促一体"的态势。报告建议，在当前河南农业农村发展正处于转折转型的关键时期，河南应实施"三工程"、强化"三要素"、构建"三体系"、突出"三环节"、突破"三瓶颈"，加快现代农业大省建设。

本书的总报告之二对河南区域农业现代化发展水平进行了测度和评价。该报告认为，研究测评河南省农业现代化发展水平，对有针对性地推进现代农业大省建设、加快河南农业现代化进程具有重要意义。报告通过构建河南区域农业现代化发展水平评价指标体系，综合利用统计年鉴、统计公报等方面的数据，对河南省18个省辖市的农业现代化水平进行了综合测度、评价和分析。报告建议，从省级层面出发，要加强政策设计的差别化和精准性，市、县层面要因地制宜地强化对接和落实。

本书的分报告主要从农业发展、农村发展、新型农业经营主体、深化农村改革等方面进行专题研究，力求全面分析河南农业农村发展的主要成效、制约瓶颈、发展优势和战略机遇，对2015年、"十三五"乃至未来更长一段时间的河南农业农村发展进行展望，并提出具有针对性的基本思路和对策建议。

农业发展篇试图对河南农业发展中的农业、林业、畜牧业以及农产品加工业、都市生态农业等方面进行分析和展望，探讨"十三五"时期河南建设现代农业大省的思路和对策，以提升农业的质量、效益和竞争力。

农村发展篇试图对河南农村发展中的农村劳动力转移、农产品流通和市场体系建设、农民收入与消费、乡村旅游、美丽乡村建设、乡村治理等方面进行分析和展望，探讨新时期促进农村发展的路径和模式。

新型农业经营主体篇试图对河南新型职业农民、家庭农场、种养大户、农民合作社、农业产业化龙头企业、农业社会化服务体系等现代农业经营主体进行分析和展望，探讨在加快推进现代农业大省建设过程中如何积极培育新型农业经营主体。

深化农村改革篇试图对河南全面深化农村改革的若干重点、热点、难点问题进行专题研究，重点围绕深化农村土地制度改革、强化现代农业发展的科技支撑、优化现代农业发展的财政和金融支持机制、完善扶贫开发机制、构建农业可持续发展机制等问题，从不同层面进行深入探讨。

目　录

BⅠ　总报告

B.1 推进河南农业大省新跨越研究
　　——2014～2015年河南农业农村发展形势分析与展望
　　………………………………………… 河南省社会科学院课题组 / 001
B.2 河南省各省辖市农业现代化发展水平测度与评价
　　……………………………………… 河南省社会科学院课题组 / 027

BⅡ　农业发展

B.3 河南粮食生产核心区建设五年回顾与展望 ……………… 陈明星 / 040
B.4 河南经济作物产业发展现状及对策 ……………………… 苗　洁 / 053
B.5 河南畜牧业现状与发展形势及对策 ……… 河南省畜牧局调研组 / 064
B.6 河南林业发展与生态省建设现状分析及对策 …………… 彭俊杰 / 072
B.7 河南农产品加工业现状分析与发展对策 ………………… 赵予新 / 083
B.8 河南省都市生态农业发展思路及对策 …………………… 孔喜梅 / 093
B.9 "十三五"时期河南建设现代农业大省的思路和对策 …… 吴海峰 / 103

BⅢ　农村发展

B.10 河南农产品流通与市场体系建设现状分析及对策 ……… 任秀苹 / 115

B.11 河南农村劳动力转移就业现状分析和发展对策
　　　　　　　　　　　　　　　　　　　　吕志华　严海英 / 129
B.12 河南省乡村旅游发展现状、问题与对策措施　　　　许韶立 / 139
B.13 河南农村居民家庭收入和消费的现状及趋势分析　　王元亮 / 148
B.14 河南省美丽乡村建设模式探索　　　　　　　　　　安晓明 / 161
B.15 村政组治
　　　——河南省乡村治理模式探索研究　　　　　　　梁信志 / 172

BⅣ 新型农业经营主体

B.16 以农业规模化主体为基础构建新型农业经营体系　　刘　云 / 183
B.17 河南省家庭农场发展问题研究　　　　　　　　　　关付新 / 194
B.18 河南省农民专业合作社发展研究　　　　　赵翠萍　刘　宁 / 204
B.19 河南农业产业化龙头企业发展研究　　　　　　　　生秀东 / 215
B.20 河南现代农业社会化服务发展研究　　　　李铜山　周腾飞 / 225

BⅤ 深化农村改革

B.21 河南深化农村土地制度改革研究　　　　　　　　　张合林 / 236
B.22 河南强化现代农业大省建设的科技支撑研究　　　　蔡世忠 / 247
B.23 河南财政支持现代农业发展机制创新研究　　郭鸿勋　周占杰 / 258
B.24 河南金融支持现代农业发展的制度创新研究　　　　赵　执 / 268
B.25 河南"三山一滩"扶贫开发机制创新研究　　　　　陈　萍 / 278
B.26 河南省建立农业可持续发展长效机制研究　　　　　崔小年 / 289

Abstract　　　　　　　　　　　　　　　　　　　　　　　　 / 299
Contents　　　　　　　　　　　　　　　　　　　　　　　　 / 302

皮书数据库阅读使用指南

总报告

General Report

推进河南农业大省新跨越研究

——2014~2015年河南农业农村发展形势分析与展望

河南省社会科学院课题组*

摘　要： 2014年，河南农业农村发展呈现"稳增长、强基础、提效益、增活力"的总体态势，主要农产品产量稳定增长，农民收入持续增长，全年实现粮食生产"十一连增"、农民收入"十一连快"；农产品价格总体温和上涨，农资价格总体下降；农业业态不断创新，农地流转加速，新型农业经营主体发展加快，农业"走出去"增速，"美丽乡村"建设进展顺利。但同时，也面临着农业生产经营"高成本"与"低效益"并存、"高投入"与"高约束"并存、"高风险"与"强惯性"并存等主要问题。2015年，尽管各种传统和非传统挑战叠加凸显，但有利条件也在逐步累积，全省农业农村

* 课题组组长：吴海峰、陈明星；课题组成员：生秀东、崔小年、苗洁、赵执、安晓明。

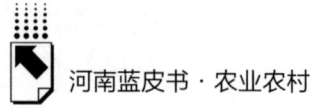

发展整体将呈现"稳增产、扩增收、转方式、促一体"走势,全年主要农产品产量将稳定增长,农民收入将延续增长态势,农业业态创新将进一步加快,城乡一体化将进一步加速。

关键词： 河南　农业农村　形势分析与展望

2014年,在河南省委省政府正确领导下,在一系列强农惠农富农兴农政策措施激励下,经过全省上下的共同努力,河南农业农村发展总体呈现增粮增收"双升"、强基固本"双推"的良好态势。但同时,随着国内外环境条件的变化,河南农业持续稳定发展也面临着不容忽视的问题和挑战。2015年,随着新型城镇化的加速推进、产业革命和产业转移的不断深化、农业发展方式的加快转变、农村改革的纵深推进,农业农村发展将迎来新的发展机遇,河南现代农业大省建设必将取得显著成效。

一　2014年河南农业和农村发展态势分析

2014年,河南农业农村发展整体呈现"稳增长、强基础、提效益、增活力"的态势,但同时也面临粮食生产、农民收入增长趋缓以及发展基础有待进一步夯实等突出问题。

（一）总体态势

1. 稳增长：增粮增收"双升"

2014年,河南夏粮实现"十二连增",粮食总产量实现"十一连增",全省农民人均纯收入实现"十一连快"；全省第一产业增加值达到4160.81亿元,同比增长4.1%,占GDP比重为11.9%,同比降低0.7个百分点；作为六大高成长性制造业之一,食品工业增加值同比增长8.6%；畜肉制品产量为207.3万吨,同比增长3.1%。

2. 强基础：培元固本"双推"

2014年，河南继续实施高标准粮田"百千万"建设、现代农业产业化集群培育工程，启动都市生态农业发展工程，不断加大基础设施、农业科技、农业机械化等投入力度，持续推进农业综合开发、土地整理，加快中低产田改造和建设吨粮田。2014年，全省农林牧渔业固定资产投资达1264.80亿元，同比增长44.8%，增速同比提高28.3个百分点；化肥产量（折纯）为588.4万吨，同比增长9.8%，增速同比降低12.3个百分点。

3. 提效益：解构补链"双进"

2014年，河南继续深入推进农业结构调整，立足资源、基础、产品等比较优势，围绕做强传统优势产业、发展特色高效农业的主攻方向，着力培育一批具有区域优势、高成长性、高附加值的产业化集群，并启动都市生态农业发展工程，积极推进农业业态创新。全省农产品电子商务发展迅猛，农业效益进一步提高。

4. 增活力：开放改革"双促"

2014年，河南进一步扩大对外开放，强化开放带动，着力提升开放层次和水平，食品农产品出口再创新高。同时，全面深化全省农村改革，积极推进农村改革发展综合试验区、统筹城乡发展试验区、现代农业示范区、现代农业综合配套改革试验区、城乡一体化建设试点等，农地流转加速，新型农业经营主体发展加快。

（二）主要特点

1. 主要农产品产量稳定增长，增幅继续下降

2014年，全省夏粮播种面积为8150万亩，比上年增加60万亩，增长0.7%；夏粮平均亩产409.7公斤，比上年提高9.8公斤，增长2.5%；夏粮总产量667.8亿斤，比上年增加20.76亿斤，增长3.2%。其中：小麦播种面积为8110万亩，平均亩产410.5公斤，小麦总产量为665.8亿斤，比上年增加20.5亿斤，增长3.2%，是2007年以来增产幅度最大的一年，实现全省夏粮、小麦总产量连续12年增产，夏粮亩产量首次突破400公斤大关，达到409.7公斤，表明全省夏粮生产水平已经实现中高产到高产的跨越。全省秋粮播种面积7165万亩，比上年增加132万亩，但6、7月份旱情对秋粮生产造成不利影

响,全省秋粮总产量为486.66亿斤,同比减产9.04亿斤。尽管夏粮增产使全年粮食总产量达到1154.46亿斤,并实现粮食总产量"十一连增",连续4年超1100亿斤,但粮食总产量的增量自2011年以来持续下滑,从2011年的21.08亿斤下降至2014年的11.72亿斤(见表1)。

表1 2014年全省粮食总产量及增量

单位:亿斤

年份	绝对数			增量		
	总产量	夏粮	秋粮	总产量	夏粮	秋粮
2010	1087.42	618.14	469.28	9.62	5.14	4.48
2011	1108.50	626.30	482.20	21.08	8.16	12.92
2012	1127.72	637.20	490.52	19.22	10.90	8.32
2013	1142.74	647.04	495.70	15.02	9.84	5.18
2014	1154.46	667.80	486.66	11.72	20.76	-9.04

主要畜产品产量整体稳定增长,但增速同比略有下降。2014年1~9月,全省肉类总产量为503.9万吨,同比增长2.7%,增速同比下降0.7个百分点,其中,猪肉产量339.3万吨,同比增长5.1%;牛肉产量56.1万吨,同比增长2.9%;羊肉产量19.7万吨,同比增长1.5%。禽蛋产量284.5万吨,同比下降3.2%;牛奶产量206.1万吨,同比增长4.4%(见图1)。

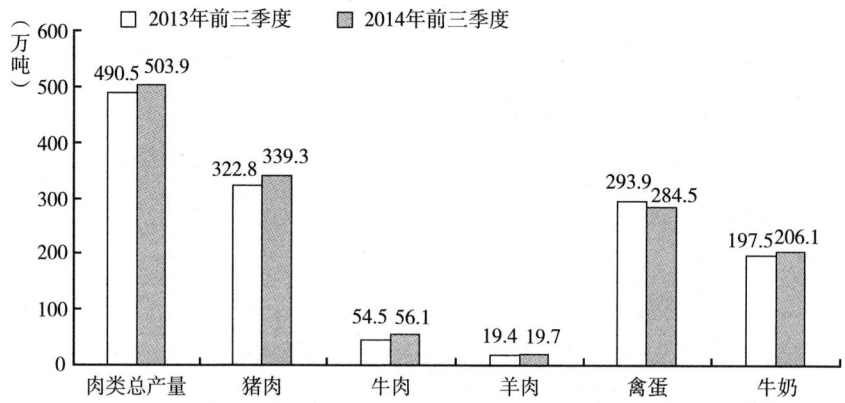

图1 2014年前三季度主要畜产品产量同比变动情况

2. 农民收入持续增长，增速连续趋缓

2014年，全省农民人均纯收入达到9416.10元，同比增长11.1%，扣除价格因素，实际增长9.4%，实现了自2010年以来保持高于城镇居民人均可支配收入增速（名义8.9%、实际6.8%）的态势。与全国相比，低于10489元的全国平均水平，实际增速则略高于9.2%的全国平均实际增速，与全国平均水平的相对差距继续呈现缩小态势。但与近年来同期相比，则增速趋缓，名义增速分别低于2011~2013年同期8.5个、2.8个、1.5个百分点。从收入来源看，2014年1~9月，全省农民人均现金收入7599.66元，比上年同期增加802.11元，增长11.8%，扣除价格因素，实际增长10.0%，其中，工资性收入和第一产业收入是农民收入的主要来源，二者占农民人均现金收入的78.1%；而工资性收入虽然增速略有下降，但仍然是农民增收的主动力，其对农民人均现金收入增长的贡献突破50%，达到50.5%；家庭经营收入尤其是第一产业收入增速有所上升；家庭经营收入中，第二产业收入增速同比下滑13.6个百分点，第三产业收入增速同比增长2.1个百分点，表明相对于第二产业，第一和第三产业对农民家庭经营收入的贡献有所提高。同期，农民人均生活消费现金支出4174.57元，同比增长10.5%，增速分别比2011~2013年同期回落11.2个、7.6个、4个百分点；扣除价格因素，实际增长8.8%（见表2）。

表2 2014年前三季度农民收入及支出

单位：元，%

项 目	绝对数	增量	增速	增速同比
农民人均现金收入	7599.66	802.11	11.8	-0.7
工资性收入	3254.90	404.77	14.2	-0.7
家庭经营收入	3673.35	318.58	9.5	3.1
第一产业收入	2678.24	216.84	8.8	4.5
第二产业收入	220.32	24.38	12.4	-13.6
第三产业收入	774.79	77.37	11.1	2.1
农民人均生活消费现金支出	4174.57	396.68	10.5	-4.0

3. 农产品价格总体温和上涨，农资价格总体下降

2014年1~9月，全省农产品价格总体温和上涨，涨幅继续回落（见图2），食品类居民消费价格指数为102.5，同比下降2.9，其中，降幅最大的为

鲜菜，达12.1；其次为肉禽及其制品，同比下降5.7；降幅最小的为粮食，同比下降1.9（见图3）。同期，全省农业生产资料价格总体下降，农资价格总指数为97.5，同比下降4.6，其中，除化学农药和农用薄膜略有上升外，其他农业生产资料均呈下降态势，降幅由大到小为化学肥料、饲料、农用种子、农业生产服务，分别为7.5、5.8、3.7、2.1（见图4）。

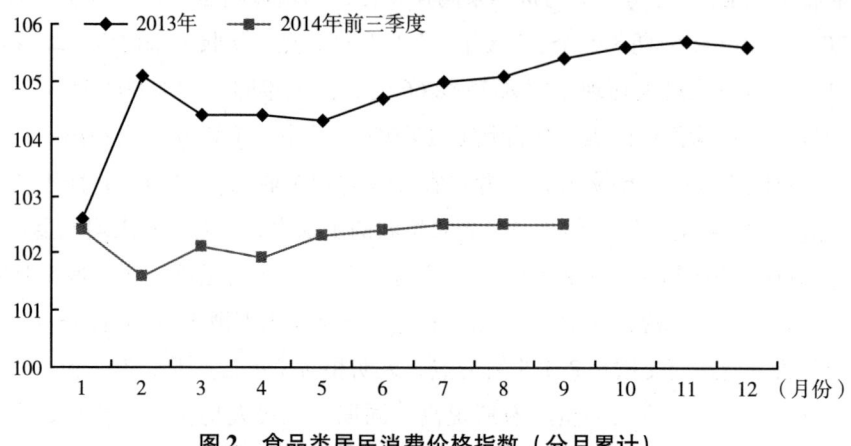

图2 食品类居民消费价格指数（分月累计）

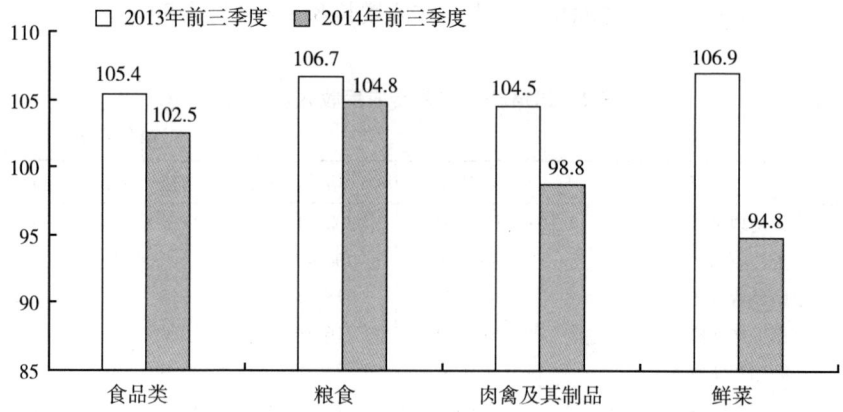

图3 2014年前三季度食品类居民消费价格及分类价格指数同比变动情况

4. 农业业态不断创新，基础支撑有待进一步夯实

2014年，河南继续实施现代农业产业化集群培育工程，规划培育农业产业化集群457个，全年新增现代农业产业化集群139个，其中畜牧业集群15

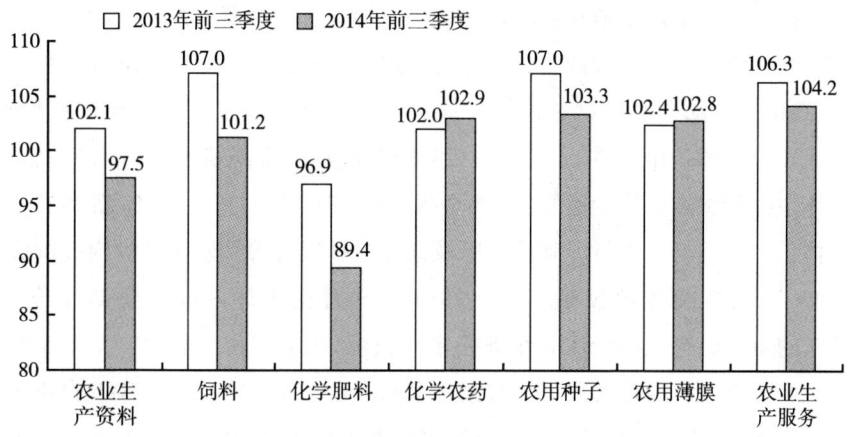

图 4　2014 年前三季度农业生产资料价格及分类价格指数同比变动情况

个、园林业集群 53 个；启动实施都市生态农业发展工程，出台《关于推动全省都市生态农业发展的指导意见》，以特色种植业、设施园艺业、生态休闲业、创意农业、农产品加工和流通业等为主体，规划建设一批兼具"菜篮子"产品供给、生态绿化、休闲观光等综合功能的现代农业园区。2014 年，全省休闲观光农业人数达 4500 万人次，比上年增加 2000 万人次，从业人数从原来的不足 100 万人增加到 200 多万人。同时，顺应现代信息技术和商业模式的变革，农产品电子商务发展迅猛。2014 年上半年，全省电子商务交易额达 2816 亿元，同比增长 34.1%，电子商务应用企业数量已达 18.5 万家，其中，农产品电子商务交易额突破 10 亿元，是上年同期的 1.5 倍；2013 年底，全省经营农产品的农村网店为 1.8 万家，预计 2014 年底将突破 3 万家。2014 年，河南成立了全国首家农民专业合作社电商平台——民聚商城，开通了全国首家畜牧业电子商务综合服务平台——河南省神州牧易电子商务网。但信息化等技术支撑还比较薄弱，截至 2014 年 9 月底，全省新增通光纤行政村 1490 个，累计达到 3.1 万个，提前 1 年实现 26 个连片特困地区贫困县 10659 个行政村的互联网覆盖，但全省仍有约 34% 的行政村尚未实现宽带接入覆盖。

5. 新型农业经营主体发展加快，整体规模经营水平仍然偏低

2014 年，省财政整合涉农资金 1.4 亿元，统筹用于支持全省农民专业合作组织、家庭农场、种养专业大户和农业产业化企业等新型农业生产经营主体,支持其开展生产基地和市场营销能力建设、进行经营管理人员和农户成员培训、购买农业生产全程社会化服务等。启动实施新型职业农民培育工程,投入1.16亿元补助资金,重点扶持专业大户、家庭农场主、农民合作社骨干。中国人民银行郑州中心支行下发了《关于开展涉农金融机构支持新型农业经营主体主办行试点工作的通知》,在全省10市31县选择了346家新型农业经营主体,由农发行、农行、邮储银行及部分村镇银行等涉农金融机构提供优质"一对一"的持续金融服务,截至2014年9月已累计发放贷款17.2亿元,85.5%的主体已与主办行建立业务往来。截至2014年底,全省农民专业合作组织达9.2万家,种粮大户3.9万家,家庭农场1.6万家;全省各级农业产业化龙头企业6600多家,其中,国家级重点龙头企业60家,省级重点龙头企业760家,销售收入超10亿元的有235家;全省涉农上市企业15家,其中境外上市2家;全省农产品加工业规模以上企业从业人员达198万人,辐射带动全省从事种植、养殖业的农户占全省农户的比例超过50%,户均增收2300元。

6. 农地流转加速,服务和监管有待进一步强化

2014年,全省从涉农补助资金中安排700万元,支持郑州市、新乡市、信阳市、济源市和兰考县试点农村土地流转县乡交易平台、管理网络建设,保障土地流转双方权益。截至2014年9月,全省已有136个县(市、区)、1571个乡镇建立了土地流转服务组织,103个县(市、区)、833个乡镇建立了土地流转服务大厅,初步建立起村有信息员、乡镇有中心、县市有网络的土地流转服务体系。截至2014年底,全省农村土地流转面积3393万亩,比2013年底增加177万亩,增长5.5%;占家庭承包耕地面积的34.8%,比2013年底提高1.8个百分点,高于全国平均水平近7个百分点;流转土地中用于粮食生产的有2200万亩,占流转总面积的64.8%,比2013年底下降0.24个百分点。整体来说,全省农地流转加速,但在推进过程中还存在农地流转服务体系不健全、流转服务跟不上、合同签订率不高、流转价格变化较大、监管不到位等问题,全省有近30%的流转土地和近20%的流转农户没有签订规范的流转合同,为农地流转纠纷埋下了隐患。同时,作为农地流转的基础性工作,土地承包经营权确权登记进展较缓,2014年全省确定开展的土地承包经营权确权登记工作,涉及129个县(市、区)、454行政村、97万多亩耕地,但截至2014年9月,在试点工作较快的5个县(市、区),也仅完成了25个行政村、179个村民小组、1.01万户、5.87万亩耕地的确权登记颁证工作。

7. 农业"走出去"增速，食品农产品出口再创新高

2014年，围绕建设现代农业大省，河南积极引导外来资金参与现代农业产业化集群培育工程，大力支持面制品、肉制品、乳品果蔬饮料产业精深加工。同时，鼓励和支持企业参与境外农业合作开发，着力推进黄泛区实业集团乌克兰农业综合开发等重点项目。2014年上半年，作为河南外贸的主要商品，农产品进出口总值达到近百亿元人民币，其中出口增长近四成，全年食品农产品出口有望再创历史新高。尤其是西峡香菇及其制品出口额达4.19亿美元，同比增长121.1%，占南阳食品农产品出口货值的74.5%，占全省出口货值的1/2，不但稳居全省第一大出口农产品地位，而且已经超过湖北随州跃居全国首位。同时，河南农业企业和种植大户依托先进的种植技术和优良品种，积极到海外试水农业投资，截至2014年6月，河南在境外设立农业企业17家，涉及农牧林等行业和农产品加工、贸易等产业链，覆盖五大洲11个国家和地区。

8. "美丽乡村"建设进展顺利，新农村建设规划编制启动

"美丽乡村"建设是"美丽河南"建设的重要组成部分。自2013年"美丽乡村"建设试点启动以来，为发挥财政资金的最大效益，河南引入竞争性分配机制，众多县（市、区）负责人公开竞争建设资金。2013年，省级财政共安排"美丽乡村"建设资金8亿元，在70个县（市、区）开展"美丽乡村"建设试点。2014年，继续安排专项资金，通过竞争性分配机制，筛选出121个"美丽乡村"建设试点项目，安排资金11.48亿元，统筹用于道路、污水、垃圾等基础设施建设以及环境综合整治。在农业部确定的作为全国"最美乡村"首批创建试点乡村的1100个乡村中，河南占了46个。同时，启动新农村建设规划编制，明确在2014年底前，每个县选择1个中心镇、1个中心村作为新农村建设规划示范引导点，优先完成规划编制工作，16个城乡一体化示范区、7个城乡一体化试点和10个省直管县（市）将在2015年上半年完成规划编制工作，其他地区将在2015年底基本完成。

（三）存在的突出问题

1. 农业生产经营"高成本"与"低效益"并存

近年来，随着原材料和基础能源价格的上涨，化肥、农药、种子等主要农业生产资料的生产成本和价格不断上升；同时，随着工业化、城镇化进程的加

快，土地、劳动力的成本和价格也不断上升。在这一系列因素的综合作用下，农业生产经营成本不断攀升。虽然劳动力成本和价格的上涨在一定程度上有利于助推农民的工资性收入增长，但它同时也会以提升机会成本的方式，造成农业耕、播、收等生产服务成本的上升；而农业主要投入品的上涨，更是直接抬高了农业的生产成本，从而在一定程度上抵消了因种粮补贴、农产品价格上涨等给农民带来的收入增长，从而造成农民农业收益减少或者增产不增收。以小麦生产为例，2014年平均每亩小麦的生产成本为583.7元，比2007年增加209.9元，与同期生产收益的增幅（229.7元）基本相当，也就是说生产收益的增加基本被生产成本的增加抵消。具体看，其中物质费用为238.6元，比上年减3.1%；生产服务支出155.5元，比上年增4.9%；人工成本189.6元，比上年增1.9%。因此，粮食生产正逐步进入高成本时代。受此影响，在不扣除土地成本的情况下，种植每亩小麦的生产收益虽然实现2010年以来最高增幅增长，但每亩仍然仅为431.1元（见表3）。

表3　2007~2014年河南省小麦亩均生产成本及收益情况

指标\年份	2007	2008	2009	2010	2011	2012	2013	2014
亩产量(公斤)	380.4	385.9	386.3	388.3	390.0	395.8	400.8	410.5
收购价格(平均最低保护价)(元/公斤)	1.4	1.5	1.7	1.76	1.88	2.04	2.24	2.36
亩产值(元)	540.2	578.9	656.7	683.4	733.2	807.4	897.8	968.8
亩生产成本(元)	373.8	423.5	461.1	453.8	505.9	539.4	580.5	583.7
种粮补贴(单季每亩实际)(元)	35.0	35.0	35.0	35.0	35.0	46.0	46.0	46.0
亩生产收益(扣生产成本)(元)	201.4	190.3	230.6	264.6	262.3	314.0	363.3	431.1

资料来源：河南省统计网。

2. 农业生产经营"高投入"与"高约束"并存

一方面，化肥、农药、农用塑料薄膜等化学合成物质使用量呈现逐年大幅提高的趋势，尽管其对农业生产能力提升起到了极大作用，但由于对其不合理或过度使用，不但造成对其"高投入"的路径依赖，而且带来能源资源的高消耗和高污染。2013年，河南化肥施用量（折纯量）为696.37万吨，占全国总用量的11.8%，亩均施用量达32.4公斤，是国际公认的化肥亩均施用安全上限15公斤的2倍多，而平均利用率仅为40%左右；农药使用量达到13.01万吨，比2000年增长3.46万吨，亩均农药施用量约为1.2斤，而利用率仅为30%左右；农用塑料薄膜施用量为16.78万吨，比2000年增加82.6%，每年有数万吨农膜残留于土壤中。这些未被利用的化肥、农药和残留农膜，造成对土壤、地下水、地表水和空气的污染。同时，河南作为严重缺水的省份，农业用水比重较大，但利用方式较为粗放，2013年农田灌溉水有效利用系数仅为0.5左右，远低于0.7~0.8的世界先进水平。此外，农业能耗也呈逐步增加态势，2013年全省农用柴油使用量为113.43万吨，比2000年增加49.3%。农业生产经营的"高投入"带来的是"高消耗"和"高污染"，不仅浪费了资源，也加剧了本已严峻的资源环境约束，从而造成农业生产经营的"高投入"与资源环境的"高约束"并存。

3. 农业生产经营"高风险"与"强惯性"并存

农业生产经营同时面临着自然、市场和质量安全三个方面风险的困扰。农业的自然风险一直都存在，但近年来受全球气候变化等因素的影响，极端天气发生频繁，气象灾害趋于加重，农业自然风险日趋凸显；市场风险突出表现为农产品市场价格波动以及"卖难"等问题导致的增产不增收的困境；质量安全风险则突出表现为化肥、农药残留和转基因等对市场需求的影响。随着气候变化的加剧、全球农产品市场变化影响的加深、农产品质量安全影响因素的增多，农业生产经营将面临"高风险"与"多风险"交织并行的态势。但由于河南工业化、城镇化水平还不高，财力有限，投入水平与农业农村发展的要求还很不适应，还存在一些城乡二元分割的体制机制性障碍，尤其是市场机制的自发作用与二元体制的运行惯性同步共振，利益格局的刚性制约与传统观念的桎梏相互叠加，长期形成的"城市中心"思想观念和价值取向等思维惯性还不同程度地存在，资金、人才等要素不断向工业和城镇集聚，农业农村发展"失血"现象比较严重。

二 2015年河南农业和农村发展形势展望

2015年及今后一个时期，国际环境深刻变化，国内经济呈现增速换挡、结构优化、动力转换的新常态，河南农业农村发展既面临跨越升级的坚实基础和战略机遇，又面临攻坚转型的瓶颈制约和风险挑战。但总体来看，有利条件多于不利因素，河南农业农村发展、现代农业大省建设仍将赢得较大的提升空间。

（一）有利条件

1. 全国农产品供求紧平衡将使农业农村发展得到持续高度重视

随着工业化城镇化的快速推进，我国农产品供求将长期处于紧平衡状态。2014年，我国粮食进口量继续走高，1~10月，粮食进口量达到7250万吨，几乎相当于2013年全年进口量，其中，大米进口量为200.7万吨，同比增加15.13万吨，增幅8.2%；小麦进口量为288.05万吨，同比减少30.6%。而且，国家粮食安全新战略强调的粮食自给主要是针对谷物类（玉米、小麦和稻谷，大豆和油类等），并未要求要完全自给，尤其小麦、水稻等口粮安全被重点强调为要"绝对安全"，因此，尽管国际粮食价格下跌[①]使我国进口粮食的成本在过去两年下降了30%左右，但由于农产品供求长期处于紧平衡的态势，一方面将使国家对谷物尤其是口粮生产更加重视，支持力度将进一步加大，更加注重调动和保护好"两个积极性"，要让农民种粮有利可图、让主产区抓粮有积极性；另一方面，将进一步明确中央和地方在保障国家粮食安全问题上的责任与分工，尤其是对主销区而言，也要确立粮食面积底线，保证一定的口粮自给率，从而为粮食主产区适度推进结构调整、加快农业现代化提供空间和可能。

2. 三大国家战略规划和"三个大省"建设加快推进将进一步优化农业农村发展宏观环境

2008年以来，河南先后谋划实施粮食生产核心区、中原经济区和郑州航空港经济综合实验区，并使其上升为国家战略规划。其中，建设粮食生产核心区，目的就是解决两个基础性问题，一个是为保障国家粮食安全做贡献，一个

---

① 据FAO 2014年11月9日发布的报告显示，2014年9月，衡量包括谷物、肉、糖等一揽子食品价格的全球食品价格指数平均为191.5点，比8月下跌2.6%，较上年同期跌幅更是高达6.0%，这一指数已经连续6个月下跌，并跌至2010年8月以来最低水平。其中，糖和乳制品下跌幅度最大，其次是谷物和油，而肉类价格保持坚挺。

是解决好本省一亿人口的吃饭问题；建设中原经济区，主要是解决走好"四化"同步科学发展路子及处理好重大战略关系问题，要在搞好粮食和农业发展的同时，同步推进新型工业化、城镇化和信息化发展；建设郑州航空港经济综合实验区，就是要探索以航空经济促进发展方式转变新模式，加快河南现代化进程，促进中部地区崛起和区域协调发展。在推进实施三大国家战略规划的过程中，河南还提出加快推进先进制造业大省、高成长服务业大省、现代农业大省"三个大省"建设。河南作为农业大省和全国重要的粮食主产省，如果粮食生产出现问题，不仅会影响自身发展，还会影响全国发展大局。同时，当前河南正处于工业化、城镇化加速推进的新阶段，既面临跨越发展的重大机遇，也面临粮食增产难度大、产业结构不合理、城镇化发展滞后等挑战和问题。所以，三大国家战略规划和"三个大省"建设的推进实施，将进一步统筹农业现代化所涉及的方方面面的任务，最终达到实现中原崛起、河南振兴、富民强省的总目标。

3. 产业革命和产业转移不断深化将加速三大产业融合

当前，新工业革命蓬勃兴起，互联网思维全面渗透，大数据、云计算、物联网等新技术应用方兴未艾，一、二、三产业界限日趋模糊。顺应着产业演进的根本趋势，产业转移不断深化，价值升级和载体升级不断加快，制造业与服务业、工业化与信息化深度融合，新的生产模式和产业形态不断涌现，尤其是由互联网带来的商业模式的革命性发展，众筹等新的业态已渗透到农业等传统领域，农业商业模式变革日新月异，如褚橙、柳桃、耕地宝等。由于这些以信息革命和信息产业为支撑的新业态、新模式，不像传统产业那样需要较为完备的基础，也没有太多的地域限制，所以将为传统的粮食主产区提供千载难逢的后发赶超的契机。如果能抓住这一产业革命和产业转移的机遇，就能抢占发展现代农业、促进现代农业大省建设的先机和制高点。目前，河南提出的抢占信息化创新发展的制高点、加快构建现代市场体系等举措，就是在抢抓产业革命和产业转移的机遇，这将为促进农业农村发展提供新的契机和动力。

4. 新型城镇化加速推进将加快城乡生产要素流动

城镇化发展水平滞后是制约河南农业现代化乃至全省经济社会发展的重要因素。《国家新型城镇化规划（2014～2020年）》提出，以合法稳定就业和合法稳定住所（含租赁）等为前置条件，将城市人口规模与户籍限制挂钩，实行差异化政策，进行分类管理。与之相适应，国务院2014年11月印发的《关于调整城市规模划分标准的通知》，对原有城市规模划分标准进行了调整，明确了新的城市规模划分标准，根据常住人口分为五类七档。按此方案，大中小城市的人口规模将进行重新界定，河南除郑州属于严格控制城区人口规模的特大城市外，其他均属于要大力发展的城市（见表4）。这将有力推动河南城镇化进程，促进农业转移人口市民化，进而为推进土地流转和适度规模经营、加快农业现代化创造条件。

表4 城市规模划分标准调整方案

单位：人

城市类型	原标准	新标准	
超大城市	—	1000万以上	
特大城市	100万以上	500万~1000万	
大 城 市	50万~100万	100万~500万	300万~500万为Ⅰ型大城市
			100万~300万为Ⅱ型大城市
中等城市	20万~50万	50万~100万	
小 城 市	20万以下	50万以下	20万~50万为Ⅰ型小城市
			20万以下为Ⅱ型小城市

资料来源：根据2014年11月国务院印发的《关于调整城市规模划分标准的通知》整理。

5. 农村改革纵深推进将进一步激发农业农村发展活力

2014年，河南已在长垣县、邓州市等地开展农村土地承包经营权抵押贷款试点，在临颍县、滑县等地开展农房抵押贷款试点，在济源市、兰考县开展农村产权交易中心试点，在光山县、沈丘县、滑县开展农村集体经济组织股份合作制改革，并成立全省农村土地信托交易中心等平台。截至2014年9月，长垣县、邓州市等9县（市、区）已发放农村土地承包经营权抵押贷款29笔6205万元。这些都为进一步推进农村改革创造了条件。此外，2014年11月发布的《关于引导农村土地经营权有序流转发展农业适度规模经营的意见》以及即将公布的《积极发展农民股份合作赋予集体资产股份权能改革试点方案》等文件，将从国家层面对全面深化农村改革进行系统部署。十八届四中全会还赋予了设区的市以地方立法权，在深化农村改革的过程中，将更好地推进依法改革，实践证明行之有效的农村改革举措，可及时上升为法律；实践条件还不成熟、需要先行先试的，可按照法定程序做出授权；不适应深化农村改革要求的法律法规，可及时修改和废止，从而推动农村改革向纵深推进，为建设现代农业大省创造体制机制支撑。

6. 自贸协定扩大将进一步加速河南农产品"走出去"步伐

2014年11月，中澳自由贸易协定谈判实质性结束，中韩自由贸易协定谈判实际上达成一致。中国与澳大利亚2015年将签署自由贸易协定，这将是中国自加入世贸组织以来最大的自贸区谈判。此前，中国已与瑞士、新西兰、冰岛等国家签署自贸协定。这意味着中国农产品将迎来更大更有利的国际市场，也将助推河南充分利用郑州航空港经济综合实验区的优势，进一步扩大开放，加速农产品"走出去"步伐。

（二）不利因素

1. 国际国内农产品价格倒挂对我国农业产业安全形成威胁

近年来国际粮价波动较大，国际国内农产品价格倒挂，不仅抑制了增粮增收积极性，而且将对农业产业安全形成威胁。继2008年大幅上涨之后，2013年以来国际市场粮食价格总体呈现持续下行走势，截至2014年9月，全球食品价格指数已连续6个月下跌，并跌至2010年8月以来最低水平。与此同时，中国小麦、稻谷等主要粮食品种，近年来保持稳定上行的态势，累积之下，中国谷物的价格基本上比国际市场高15%~30%。以玉米为例，自2013年下半年以来，美玉米到岸完税价一直低于深圳一等玉米成交价，国内外价差一度达到每吨685元人民币（见图5）。小麦的国内外价差虽然比玉米稍低，但也基本维持在每吨200元左右浮动。其他诸如大米、大豆、棉花、肉类等农产品，也整体上呈现价格倒挂、高成本低效益的格局，从而削弱我国农产品竞争力乃至对农业产业形成了威胁。而且"黄箱"政策接近上限，在两个"天花板"挤压下农业增效、农民持续增收难度加大。

2. 经济新常态对农业发展方式提出新挑战

当前，我国经济新常态不仅意味着经济增长由高速步入中高速，更意味着增长条件和环境、思维方式、发展理念发生着根本性的变革，需要培育新的发展方式和增长动力。这对现有的农业发展方式也提出了全新的挑战。作为农业大省，河南在加快工业化中面临的"后发劣势"明显：既不能以削弱农业基

图5 美玉米到岸完税价与深圳一等玉米成交价对比

资料来源：中华粮网。

础地位、大幅减少耕地为代价，又不能以资源高消耗、环境高污染为代价，农业自身发展也必须摆脱"高投入、高消耗、高污染、低效益"的困境。特别是在互联网电商、移动通信、物联网、现代物流、大数据分析、个性化消费、个性化生产等现代科技进步迅猛发展的背景下，新业态、新产业链条不断催生，必须加快转变农业发展方式，推进农业转型发展。同时，经济新常态意味着财政收入的增长也将进入新常态，随着经济增速的减缓，农业支持保护也将因财政收入增长的趋缓而面临着新的挑战。

3. 农业比较收益偏低格局短期难以根本改变

当前，由于河南农业基础设施依然比较薄弱，高标准基本农田不足30%，有效灌溉面积占全部耕地面积的比重只有60%多，"靠天吃饭"的格局短期内难以根本改变；农地流转及农业适度规模经营虽有一定发展，但如果把实现种地收入与进城务工收入相当作为粮食生产适度规模的标准，在单季地区家庭经营的适度规模应在120亩左右，在两季地区则为60亩左右[①]，小规模分散经营的格局短期内难以根本改变；农业保险体制不断创新，应对市场风险的能力不断增强，2014年9月获批筹建中原农业保险公司，结束了全省地方法人保险公司空白的历史，但农业保险仍处起步阶段，农业市场和自然双重风险的格局

---

① 韩俊：《准确把握土地流转需要坚持的基本原则》，农业部网站，2014年10月21日。

短期内难以发生根本改变；农民财产性收入渠道不断拓宽，公平分享土地增值收益的保障机制不断健全，但由长期形成的城乡二元体制所带来的工农业"剪刀差"、农民工"剪刀差"、征地"剪刀差"和教育医疗"剪刀差"等依然存在，城乡利益失衡的格局短期内难以发生根本改变。此外，近年来，国家出台了一系列强农惠农政策，在很大程度上激发了农民从事粮食生产的积极性，但由于劳动力成本以及化肥、农药等农资价格的不断上涨，粮价上涨和国家惠农政策的效应大打折扣。因此，农业比较收益偏低格局短期内难以发生根本改变。

4. 农业农村资源要素外流趋势仍会存在

农业比较收益偏低格局短期内难以发生根本改变，使得农业发展难以有效摆脱恶性循环：农业比较收益偏低，决定了在市场利润机制的作用下，农业既难以有效地吸纳外部生产要素的持续投入，又难以有效防范资本、劳动力、土地等农村生产要素的外流；而农村生产要素外流，又进一步强化了农业的弱质性。农业生产尤其是粮食生产并没有成为真正的发展优势，甚至成为一种包袱。近年来，尽管出现"资本下乡"的现象，但"资本下乡"所扶持的多是粮食生产之外的环节和领域，从而使农村空心化、农民老龄化、农业兼业化现象严重，农村留守儿童、留守妇女、留守老人等问题突出，农地流转"非农化"、"非粮化"倾向不容忽视。调查显示，一般农户流转土地的"非粮"比例已经高达40%，而土地经营大户的"非粮"比例更是从2010年的43.7%快速上升至2014年的60%[①]。保障农产品尤其是粮食有效供给的压力越来越大。

5. 农业生产、农民收入在高起点上持续增长的不确定性增加

当前，农业生产已进入高成本、高风险、资源环境约束趋紧、青壮年劳动力紧缺的"双高、双紧"阶段，在粮食生产"十一连增"、农民收入"十一连快"的高基数上，实现粮食稳定增长、农业持续发展的难度更大，不确定性增加，稍有懈怠就有滑坡的危险。首先，全省仍有6000多万亩中低产田需要改造，近3000万亩耕地不能得到有效灌溉，以农田水利为重点的农业基础设

---

① 河南省地方经济社会调查队2014年4月中旬在全省17个省辖市的40个县（市、区）中，对600个农户的土地流转情况进行问卷调查的结果显示（来自《河南省农村土地流转情况调查报告》，2014年6月19日）。

施老化失修情况严重，农业基础设施建设投入不足，加之当前农业生产呈一家一户各自为政、分散经营的局面，水利设施在运行中存在只用不修、管理"空当"等现象，农业基础设施依然薄弱，已经严重制约了农业农村的可持续发展，成为实现农业农村现代化的重要障碍。其次，极端天气影响明显增多，农业减灾抗灾能力还需进一步增强，持续提高粮食产量的难度越来越大。再次，目前从事农业生产的劳动力主要呈现"一高一低一多一少"的特点，即年事高、文化程度低、女劳动力多、受过专业培训的少；农业科技研发体制机制尤其是农业科技推广体系尚不健全，过去"线断、网破、人散"的现象虽然有所改善，但人力不足、经费短缺、部门间缺乏协同等仍旧是目前制约基层农业技术推广的重要瓶颈。

（三）态势展望

2015年是全面完成"十二五"规划的收官之年，尽管各种传统和非传统挑战叠加凸显，但有利条件也在逐步累积，全省农业农村发展仍将赢得较大的提升空间，整体将呈现"稳增产、扩增收、转方式、促一体"态势，为河南"十三五"推进农业发展、建设现代农业大省奠定良好基础（见表5）。

表5　2015年河南农业农村发展主要指标预测

指标	2014年	2015年
粮食总产量(亿斤)	1154.46	1170
第一产业增加值(亿元)	4160.81	4330
第一产业增加值增速(%)	4.1	4.0
第一产业增加值比重(%)	11.9	11.5
农民人均纯收入(元)	9416.1	10400
农民人均纯收入实际增速(%)	9.4	9
食品消费价格同比涨幅(%)	2.6	2.5

1. 稳增产：主要农产品产量将稳定增长

在持续推进河南粮食生产核心区建设综合措施的作用下，高标准粮田建成面积将继续增加，全省夏粮单产仍有提升空间，秋粮在没有极端气候变化和重大自然灾害的情况下有望大幅增产，2015年全省主要农产品产量将保持稳定增长的态势，预计粮食总产量将达到1170亿斤左右；食品消费价格同比涨幅将稳定在2.5%左右。

2.扩增收：农民收入将延续增长态势

随着粮食生产核心区、中原经济区、郑州航空港经济综合实验区三大国家战略规划的深入实施，高成长性制造业和高成长性服务业对全省经济发展的"双轮"驱动效应明显，经济发展的抗风险能力显著增强，将推动农民工资性收入继续发挥农民增收主动力的作用，作为农民收入的另一主要来源，家庭经营收入也将保持继续增长。预计，全年农民人均纯收入实际增长速度仍能达到9%左右，突破10000元，达到10400元左右。

3.转方式：农业业态创新将明显加快

随着资源环境承载能力不断达到或接近上限的形势日益严峻，农业发展方式转变将进一步凸显和加快，从主要追求产量增长向数量、质量、效益并重转变，以提高竞争力为核心，以强化农业技术创新驱动为重要手段，实现可持续发展、集约化发展。特别是随着产业融合的加快，2015年，物联网、云计算、大数据等技术在农业中的应用将进一步增多，农业内部以及农业与二、三产业的融合将进一步加速，现代农业产业化集群将进一步发展，都市生态农业将快速发展，农业电子商务、网络营销等新业态、新模式将进一步丰富，农村金融服务模式将进一步拓展，农业实体市场上网、虚拟市场落地步伐将进一步加快。预计全年第一产业增加值将增长4.0%左右，达到4410亿元，占GDP比重将下降至12%以下。

4.促一体：城乡发展一体化将进一步加速

根据中央和省有关文件和部署，2015年农村土地承包经营权确权登记办证将全面推开，农村土地经营权流转、农业适度规模经营将进一步加快；与《河南省人民政府关于深化户籍制度改革的实施意见》相适应，进城落户农业转移人口的原有权益保护、就业保障、住房保障、随迁子女教育保障、社会保障以及市民化成本分担机制等方面，将进一步深化探索，进一步加快城乡一体化进程。

三 加快推进河南现代农业大省建设的建议

习近平总书记2014年11月在福建考察时指出，要努力在提高粮食生产能力上挖掘新潜力,在优化农业结构上开辟新途径,在转变农业发展方式上寻求新突破,在促进农民增收上获得新成效,在建设新农村上迈出新步伐。2015年,是全面完成全省农业农村发展"十二五"规划目标的关键之年,也是为"十三五"发展奠定良好基础的重要一年。鉴于当前河南农业农村发展正处于转折转型的关键时期,城乡关系、农业生产方式、农村劳动力就业方式、农村生活方式正在发生深刻变化,必须按照稳粮增收、提质增效、创新驱动的总要求,乘势而上,抢抓新机遇,适应新常态,以全面深化农村改革为动力,激发农民的创造、创新、创业活力,加快转变农业发展方式,走产出高效、产品安全、资源节约、环境友好的现代农业发展道路,持之以恒强农业、富农村、惠农民,多渠道促进农民增收,稳妥推进新农村建设,努力开创现代农业大省建设的新局面。

(一)强化主体功能,进一步优化农业产业区域布局

一要深入实施高标准粮田"百千万"建设工程。坚持把保障粮食安全作为首要任务,全面深入推进国家粮食核心区建设。以改善农田水利条件为重点,持续加强农田基础设施建设,积极推广节水灌溉和水肥一体化技术,扩大沃土工程规模,增加保水保肥能力,增强抗灾减灾能力。加大农业综合开发和农村土地整治力度,通过集中资金、连片治理、规模建设,强力推进中低产田改造,在高标准粮田区域开展耕地质量定向培育,不断提高耕地基础地力。加强灾害监测预警体系建设,加大抗旱防涝和病虫害防治力度,不断增强全省农业生产防御自然灾害的能力。

二要深入实施现代农业产业化集群培育工程。持续推进农业产业化,发挥粮食资源优势,大力培育发展粮食深加工产业集群;大力推进示范性农业产业化集群建设,加快国家级现代农业示范区建设。鼓励农业产业化龙头企业加快建设全产业链企业集团,实行标准化原料生产、规模化精深加工、现代化冷链物流一体化经营,增强优势企业上市培育力度。积极引导农产品加工业向优势农产品区域集中,重点扶持建设一批农产品加工园区,通过完善配套设施、搞好配套服务,加大招商引资力度,促进要素集中、产业聚集,积极打造产业集群。

三要深入实施都市生态农业发展工程。推进农业产业结构战略性调整,积

极发展绿色农业、高效农业、休闲农业、体验农业等新型业态,按照依托城市、服务城市和城乡发展一体化的要求,推进基地园区化、园区景点化,实现都市生态农业规划与产业规划、城镇化规划相衔接、相统一,积极发展特色种植业、设施园艺业、生态休闲业、农产品加工和流通业,着力建设具有综合功能的农业园区,推动都市生态农业生产、生活、生态多功能一体化协调发展,在全省范围内形成产业圈层分布特征明显、与现代城镇体系相结合的都市农业发展格局。积极促进现代农业"接二连三",延伸现代农业的产业链条,使三产融合成为拉动农业农村经济发展新的增长极。

(二)增强要素保障,进一步提升农业农村发展现代化水平

一要大力强化农业资金投入力度。拓宽农村投入资金渠道,健全"三农"投入稳定增长机制,强化农业支持保护制度。在财政政策上,增加投入农业总量,优化财政资源整合。加大农业补贴力度,提高农业补贴标准,扩大农业补贴范围,完善农业补贴政策,提高补贴精准性、指向性。健全粮食主产区利益补偿机制。新增补贴向粮食等重要农产品、新型农业经营主体、核心区倾斜,加大农机购置补贴力度,开展耕地保护补偿,落实灌排工程运行维护经费财政补助政策。统筹整合涉农资金,提高财政支农资金使用效率。充分发挥财政资金引导作用,落实涉农贷款税收优惠等政策,引导金融和社会资金更多投入农业农村。强化金融机构服务"三农"职责。推进农村金融体制改革,探索建立商业性金融、合作性金融、政策性金融并举的现代农村金融制度。加快农村金融组织、产品和服务创新,推动发展村镇银行等农村中小金融机构。完善县域内法人金融机构新吸收存款主要用于当地发放贷款政策。支持农民合作社开展信用合作。扶持农业信贷担保组织发展。加快发展农业保险,扩大农业保险保费补贴的品种和范围,完善农业保险保费补贴政策,健全农业再保险体系和财政支持的灾害风险分散机制,探索完善财政支持下的农业大灾风险分散机制,增强农业生产抗风险能力。

二要大力强化农业科技进步。积极建设现代农业产业技术体系,大力实施农业科技自主集成创新,将农业新兴产业技术研发的重点聚焦于设施农业、农产品精深加工、现代物流、质量标准及现代检测技术、现代信息技术及管理等方面。继续开展高产创建,以现代农业示范区为引领,积极促进现代种业健康

发展，着力培育并做大做强一批现代种子企业，培育推广一批突破性新品种，推进种业人才、资源、技术向企业流动。大力推进农业机械化，提升农机装备数字化、智能化水平。加大农业先进适用技术推广应用力度，通过完善基层农技推广体系、加强农民技能培训和职业培训等手段，造就一支适应现代农业发展的高素质职业农民队伍。

三要大力强化农业农村信息化。完善农业农村信息化发展运行机制，全力推进国家农村信息化示范省建设，加快推进"156"农村信息化示范工程建设，加快建成一批以数字化、网络化、智能化为主体的数字新型农村社区示范项目。大力发展精准农业、数字农业，以发展农业物联网和精准装备为重点，建设农业全程信息化和机械化技术体系，提高农业智能化水平。加强气象灾害防御体系建设，及时准确地提供气象信息服务。积极开发农业生产监测预警系统、农产品市场信息服务系统、农资市场信息服务系统等应用系统，积极构建现代农产品交易公共信息平台、电子商务平台，充分利用信息化、现代物流等平台和手段，大力创新农业发展新业态，促进农业与二、三产业深度融合、互动发展。

（三）加快体系构建，进一步夯实农业农村发展支撑

一要加快构建现代农业产业体系。现代农业产业体系是集食物保障、原料供给、资源开发、生态保护、经济发展、文化传承、市场服务等产业于一体的综合系统，是多层次、复合型的产业体系。发展现代农业的核心是构建具有竞争力的现代产业体系。要以市场需求为导向、科技创新为手段、质量效益为目标，按照高产、优质、高效、生态、安全的要求，加快农业发展方式转变，科学规划产业布局，不断优化产业结构，突出抓好农产品产业体系、多功能产业体系、现代农业支撑产业体系这三大体系建设。以优势农产品为基础，以龙头企业为支撑，以加工集聚地为核心，引导加工、流通、储运设施建设向优势产区聚集，推进良种繁育、规模生产、精深加工、检验检测、物流销售和循环利用一体化发展，建立三次产业融合发展的"全链条、全循环、高质量、高效益"的现代农业产业体系。高起点建设一批优质农产品标准化生产基地，培育一批具有核心竞争力的龙头企业，实施一批重大科技专项，打造一批农产品知名品牌，不断拓宽农业的内涵和外延。

二要加快构建现代农业服务体系。实施农业生产全程社会化服务试点，推行合作式、订单式、托管式等服务模式，加快现代农业服务业发展。一是强化农业信息服务体系建设，着力打造农业信息服务平台，以最快捷、低成本的方式把产品供求、农业技术和法律政策等信息传递给农业生产者、经营者和消费者。二是强化农业科技服务体系建设，完善现代农业科技研发和推广服务体系，不断提高农业物质技术装备水平。三是强化农业生产服务体系建设，大力发展农民专业合作组织，提高农业生产的组织化、专业化程度，引导社会力量投入农业生产服务，为耕播、灌溉、除草、植保、防疫、收获等环节提供专业服务。四是强化农产品流通服务体系建设，加快鲜活农产品产地批发市场建设，积极引导专业大户、运销大户及销售中介组织合作开拓市场，加快发展连锁经营、电子商务等现代流通方式。五是强化农业金融保险体系建设，大力发展农村金融，开展政策性农业保险试点，积极扶持、引导商业保险公司开办农业保险，大力发展中原农业保险公司，引入民间资本进入农业保险领域，提高农业生产抗风险能力。六是强化农产品质量安全服务体系建设，强化生产源头治理和产销全程监管，建设功能齐全、管理规范、布局合理、服务有效的农产品质量安全检测体系，加快建立农产品质量安全突发事件应急处置机制。

三要加快构建现代农产品市场体系。积极推进郑州、商丘、驻马店等地大型农产品批发交易市场建设，加快培育和发展传统农区农产品综合交易市场。充分利用郑州商品交易所做大做强现有期货品种，加快推进新品种上市步伐，强化郑州在全国农产品价格、交易和信息等方面的中心枢纽地位，争取获得小麦等更多粮食品种的国际定价权。大力拓展农产品物流通道，大幅提高粮食及制成品输出能力。积极培育一批大型农产品流通企业和综合性大型现代农产品物流园区，大力发展冷链物流。积极发展农产品电子商务，积极建设农产品批发市场，大力发展覆盖城乡的便民连锁超市，推动"农超对接"。

（四）深化农村改革，进一步激发农业农村发展活力

一要着力突出推进"确权赋能"，进一步深化农村土地改革。充分尊重农民意愿，切实保障农民利益，落实集体所有权、稳定农户承包权、放活土地经

营权。积极推进农村土地承包经营权和农村宅基地使用权确权登记颁证，积极争取中央财政补助，将确权登记颁证工作经费纳入地方财政预算。在稳定承包关系、稳步扩大试点的基础上，以现有承包台账、合同、证书为依据确认承包地归属，妥善解决农户承包地块面积不准、四至不清等问题。要注重因地制宜、简化程序，可以确权确地，也可以确权确股不确地。按照"尊重历史、注重现实、权属合法、界址清楚、面积准确、一户一宅"的原则，将宅基地上的建筑物、构筑物纳入工作范围，加快推进地籍调查，尽快完成房地一体的农村宅基地使用权确权登记颁证工作，保障进城农民宅基地用益物权。积极探索"确权赋能"的具体办法和实现途径，比如，农地承包经营权抵押担保、农民宅基地和住房财产权抵押担保转让、农村集体资产股份合作制改革、股权增值收益分配试点等，探索集体收益分配权市场化的有效形式。深化集体林权制度改革，将林地承包经营权和林木所有权落实到户。加快推进征地制度改革，引导和规范农村集体经营性建设用地入市，促进农民财产性收入稳定增长。

二要着力扶持新型农业经营主体，积极发展农业适度规模经营。要创新农业经营方式，以农户家庭经营为基础，积极扶持发展以专业大户、家庭农场、农民合作社、农业产业化龙头企业为骨干，其他组织形式为补充的新型农业经营主体。重点培育以家庭成员为主要劳动力、以农业为主要收入来源的家庭农场。探索新的集体经营方式，加快发展农户间的合作经营，鼓励发展适合企业化经营的现代种养业。扶持新型农业经营主体发展，必须强化科技服务、信息服务、流通服务，强化财政支持和金融支持。鼓励农民在自愿的前提下采取互换并地方式解决承包地细碎化问题，鼓励承包农户依法采取转包、出租、互换、转让及入股等方式流转承包地，鼓励土地经营权在公开市场上向专业大户、家庭农场、农民合作社、农业企业流转，发展多种形式规模经营，重点支持发展粮食规模化生产。结合克服"非粮化"、"非农化"倾向，对集中连片农业经营达到一定规模的种养大户、家庭农场、专业合作社和农业企业，优先给予资金补贴。依法保障农民土地承包经营权和宅基地用益物权，探索建立农业转移人口土地承包经营权和宅基地的退出机制和补偿机制。加快培育土地承包经营权流转有形市场，逐步建立县、乡、村三级联动的土地流转服务体系。

三要着力突出健全城乡发展一体化机制，推进农村转移人口市民化。破除城乡二元结构体制，创新农民进城落户的户籍管理、社会保障、住房保障、技能培训、就业创业、子女就学等制度安排，探索建立农村人口向城镇就地就近有序转移机制，妥善解决农民工流动中的社会问题，健全农民工权益保障机制。发挥好新型城镇化对农业现代化的辐射带动作用，积极引导城市现代生产要素向农业农村流动，加大中央财政均衡性转移支付力度，推进城乡基本公共服务均等化，推进城镇基本公共服务常住人口全覆盖，把进城落户农民完全纳入城镇住房和社会保障体系，在农村参加的养老保险和医疗保险规范接入城镇社保体系。积极改善义务教育薄弱的农村学校办学条件，不断提高农村义务教育生均公用经费标准。深化农村基层医疗卫生机构综合改革，开展城乡计生卫生公共服务均等化试点，积极推动基本医疗保险制度城乡统筹。强化农村最低生活保障的规范管理，加快构建农村社会养老服务体系。积极整合各类农村文化惠民项目和资源，着力推动县乡公共文化体育设施和服务标准化建设。积极促进农民工融入城市社区，允许农民工参与城市社区自治，促进其心理认同和文化融入。

（五）突破发展瓶颈，进一步增强农业农村持续发展能力

一要积极突破农业资源环境保护瓶颈。落实最严格的耕地保护制度、节约集约用地制度、水资源管理制度、生态环境保护制度，完善监督考核和激励约束机制。抓紧划定生态保护红线，构筑生态安全屏障。以改善流域区域环境质量为重点，强化农业面源污染防治，大力进行环境综合整治。积极实施林业生态省建设提升工程，建成结构合理、功能完善的综合农田防护林体系，不断降低风沙、酸雨、干热风、水土流失等影响，为粮食核心区建设提供生态保障。大力发展设施农业，促进对光热水汽资源有效利用。积极争取国家农业资源休养生息试点建设，全面落实土壤有机质提升补贴，积极推广保护性耕作。建立有利于农业增产的自然生态环境保护机制和农业生态补偿机制，完善农田生态保护补助奖励机制，促进农业生产生态化，实现农业可持续发展。

二要积极突破农业资源循环利用瓶颈。按照"减量化、再利用、资源化"的要求和整体、协调、循环、再生的原则，系统规划、合理组织农业生产，因地制宜构建产业之间相互依存、产品和中间产品以及废弃物交换高效利用的产业循环体系，并积极引导构建企业内部循环体系、农业内部循环体系以及农户

家庭循环体系，扶持发展畜—沼—果、畜—沼—粮、畜—沼—菜等农牧结合循环发展模式，支持加工环节废弃物在农产品加工园区内的闭路循环和综合利用。大力推动农业资源节约，加强节地、节水、节肥、节种等节约型农业技术创新。积极扶持秸秆还田农业技术的研发、改进和普及，推进农作物秸秆综合利用，推广秸秆还田、秸秆养畜、秸秆气化等，推进秸秆利用的肥料化、能源化、原料化、饲料化、基料化，推动现代农业向环境友好型方向发展。顺应城乡居民生态宜居需求，积极开展农村人居环境整治，加快美丽乡村建设，提升人居环境质量。

三要积极突破扶贫开发攻坚瓶颈。针对大别山区、伏牛山区、太行深山区、黄河滩区以及革命老区等特殊困难地区，深入实施"三山一滩"扶贫工程，把区域开发与精准扶贫结合起来，扎实推进黄河滩区居民迁建试点工作。加大基础设施建设和社会事业发展投入力度，重点扶持产业发展，积极发展优势产业、特色农业产业和乡村旅游业，加快产业优化升级，支持发展绿色有机农业，促进贫困地区休闲农业与乡村旅游业发展。强化发展要素保障，逐步增加财政专项扶贫资金投入，在保障生态环境和节约集约用地的前提下，优先安排贫困地区重大基础设施和工业入园项目用地，引导和鼓励商业性金融机构创新金融产品和服务，增加对贫困地区的信贷投放。

河南省各省辖市农业现代化发展水平测度与评价

河南省社会科学院课题组*

摘　要： 研究测评河南省农业现代化发展水平，对河南有针对性地推进现代农业大省建设、加快农业现代化进程具有重要意义。本文主要依据统计年鉴、统计公报等方面的数据，对河南省18个省辖市的农业现代化水平进行了综合测度和评价，并据此提出，省级层面要加强政策设计的差别化和精准性，市县层面要因地制宜地强化对接和落实。

关键词： 河南　农业现代化　测度　评价

河南是重要的农业大省和人口大省，在保障国家粮食安全方面肩负着重要职责。实现农业现代化一直是河南农业发展长期追求的目标。改革开放以来，河南省农业现代化进程明显加快，农村经济和社会发展取得了显著成就，可以说具备了实现农业现代化的基本条件。研究测评河南省农业现代化发展水平，对在经济新常态下走好中国特色农业现代化道路、加快推进河南现代农业大省建设和实现"三化"协调发展具有重要意义。

一　河南省各省辖市农业现代化发展水平评价指标体系构建

（一）农业现代化的概念和内涵

农业现代化是传统农业向现代农业的变迁过程，是现代农业生产要素不断替

---

* 课题组长：吴海峰、陈明星；课题组成员：生秀东、崔小年、苗洁、赵执、安晓明。

代传统农业生产要素的过程，它能实现农业生产效率的大幅度提高。近年来，中央一号文件从多个层面集中表述了农业现代化概念的内涵和实质，要求"用现代物质条件装备农业，用现代科学技术改造农业，用现代产业体系提升农业，用现代经营形式推进农业，用现代发展理念引领农业，用培养新型农民发展农业"，大幅度提高农业劳动生产率、土地产出率和资源利用率。结合河南实际，农业现代化就是要以粮食优质高产为前提，以绿色生态安全，集约化、标准化、组织化、产业化程度高为主要标志，全链条、全循环、高质量、高效益，实现较高劳动生产率、资源产出率、商品率和较强市场竞争力、抗风险能力、可持续发展能力，基础设施、机械装备、服务体系、科学技术和农民素质支撑有力。2014年中央一号文件指出："努力走出一条生产技术先进、经营规模适度、市场竞争力强、生态环境可持续的中国特色新型农业现代化道路。"2015年中央一号文件又强调："加快推进中国特色农业现代化"，"走产出高效、产品安全、资源节约、环境友好的现代农业发展道路。"

（二）农业现代化指标体系的构成原则

农业现代化是一个动态的、相对的概念，在不同的历史阶段，工业技术水平不同，现代生产要素的种类和内容是不一样的，所以农业现代化的内涵随着经济社会发展和科技进步呈现出一种不断变迁和发展的趋势，农业现代化水平的度量指标和体系也会随着时代变迁而不断调整。根据研究农业现代化发展水平的要求和农业现代化相关统计资料的特点，在建立农业现代化水平测度指标体系时，需要遵循如下基本原则。

1. 科学性原则

农业现代化水平评价的科学性原则，体现在农业现代化水平指标体系的设计符合农业现代化过程的性质、特点，指标体系的设计要系统、全面、相互协调，要求指标定义和解释规范化、标准化，与农业现代化的概念相适应，评价过程和方法要始终保证严密性和准确性，否则可能会导致认识上的偏差。

2. 完整性原则

农业现代化水平评价的完整性原则，是根据评价的目的，按照系统论思想，围绕核心指标构建完整、可行的指标体系。核心指标要反映农业现代化的本质特征，从河南农业特色出发，突出农业的现代生产手段和条件，突出农村劳动力向外转移大背景下农业劳动生产率和农业生产效率的作用，指标体系要选择能全面反映农业现代化发展水平的影响因素，使农业现代化水平评价指标体系能有效地描述和反映河南省农业现代化的发展进程。

3. 可比性原则

农业现代化水平评价体系的可比性原则，要求在选择指标时充分重视指标口径、内容和计算方法在纵向与横向上的可比性，以便在不同地区、不同时期之间分析比较农业现代化发展水平。由于不同地区农业结构不同，选取的指标不能过于具体，应使之具有相对可比性。

4. 可操作性原则

农业现代化水平评价体系，要求在保证指标体系科学、系统、完整的同时，充分注意主客观条件的限制，突出其可操作性，各项指标要易于评价，易于数据化。指标个数应适量，指标过少，难以反映农业现代化的综合特征；指标过多，又不易突出影响农业现代化关键因素的作用。评价体系应与农业现代化相关统计资料的现实相适应，指标的数据要易于收集，计算方法简单明了，对那些难以获得的数据尽量不设，找与其相似的指标替代。

（三）农业现代化发展水平评价指标体系的构成

课题组在对农业现代化内涵理解和把握的基础上，借鉴现有的文献资料，根据农业现代化水平评价原则，从统计数据的可获得性角度，选择农业投入水平、农业产出水平、农村社会发展水平、农业可持续发展水平作为农业现代化评价的4个一级指标。选择农村居民人均纯收入、单位面积粮食产量、有效灌溉率等17个二级指标（见表1）。在二级指标中，农村居民家庭恩格尔系数、城乡居民人均收入比这2个指标是负向指标，即指标值越小越好，其他二级指标均为正向指标，即指标值越大越好。

表1　农业现代化指标体系及权重

主体指标及权重	分指标及权重	分指标解释
农业投入水平 （0.475136）	单位耕地面积总动力（0.033466）	农业机械总动力/耕地面积
	有效灌溉率（0.036938）	有效灌溉面积/耕地面积
	单位耕地面积有效化肥施用量（0.028751）	化肥施用量折纯量/耕地面积
	单位耕地面积用电量（0.233699）	农村用电量/耕地面积
	单位耕地面积农膜使用量（0.139434）	农用塑料薄膜使用量/耕地面积
	农村劳动力初中以上文化程度比例（0.002847）	—

续表

主体指标及权重	分指标及权重	分指标解释
农业产出水平（0.309823）	农业劳动生产率（0.013353）	农业生产总值/农业从业人数
	单位面积粮食产量（0.015402）	粮食总产量/粮食播种总面积
	劳均肉类产量（0.103122）	肉类总产量/农业从业人数
	每百万农业从业人员拥有农业产业化重点龙头企业个数（0.177946）	省农业产业化重点龙头企业个数/农业从业人员数
农村社会发展水平（0.049541）	农村居民人均纯收入（0.016654）	—
	农村居民家庭恩格尔系数（0.009615）	农村居民家庭食品支出/消费支出
	城镇化率（0.015030）	城镇人口/总人口
	城乡居民人均收入比（0.008242）	城镇居民人均可支配收入/农村居民人均纯收入
农业可持续发展水平 0.165500	森林覆盖率（0.041622）	—
	单位耕地面积水资源占有量（0.107280）	水资源总量/耕地面积
	劳均耕地占有量（0.016598）	耕地面积总量/农业从业人数

1. 农业投入水平指标

农业现代化生产要素投入的多寡是农业现代化进程和水平的重要标志，这里包括单位耕地面积总动力、有效灌溉率、单位耕地面积有效化肥施用量、单位耕地面积用电量、单位耕地面积农膜使用量、农村劳动力初中以上文化程度比例等6个二级指标。

2. 农业产出水平指标

农业现代化产出水平反映农业现代化进程中农业综合产出能力，是衡量农业现代化水平的一个重要依据，这里包括农业劳动生产率、单位面积粮食产量、劳均肉类产量、每百万农业从业人员拥有农业产业化重点龙头企业个数4个二级指标。

3. 农村社会发展水平指标

农业现代化的进程必然引起农村社会生活水平的变化，因此农村社会发展水平是农业现代化进程中农业效率提升的综合反映，其中农民家庭生活水平较好地反映了农业现代化建设的成效，城镇化则体现农业现代化的进展和支撑。这里包括农村居民人均纯收入、农村居民家庭恩格尔系数、城镇化率、城乡居民人均收入比4个二级指标。

4. 农业可持续发展水平指标

农业现代化内在的要求必须能够实现可持续发展，尤其在资源环境约束日益强化的背景下，以农业资源环境承载力等为主要内容的农业可持续发展能力，是农业现代化的重要支撑和体现。这里包括森林覆盖率、单位耕地面积水资源占有量、劳均耕地占有量3个二级指标。

二 河南省各省辖市农业现代化发展水平测度及评价

目前学界对农业现代化水平进行评价的方法主要有主观赋权法和客观赋权法两种。主观赋权法包括专家赋权法、层次分析法等，这些方法主观性较强，主要依赖专家的经验确定各个指标的权重。客观赋权法有熵权法等，依据农业现代化水平主要影响因素所传递的信息量大小确定指标权重，减少了评价过程中人为因素对评价结果的影响，能够客观地反映各评价指标对农业现代化水平的贡献程度。因此，课题组采用熵权法分析评价河南省各省辖市的农业现代化水平。

（一）数据来源和处理方法

除特殊注明外，本评价数据均来源于《河南统计年鉴（2014）》，数据的时间节点均为2013年底。在测度中，首先对原始数据进行标准化处理，然后确定客观权数，并计算评价对象在各二级指标上的得分，最后可得到农业投入水平指数、农业产出水平指数、农村社会发展水平指数、农业可持续发展水平指数以及区域农业现代化综合水平指数。

1. 数据标准化处理

对n个评价对象和m个指标的数据矩阵$X = \{x_{ij}\}_{n \times m}$，正向指标和逆向指标的处理方式分别为：$x_{ij}' = x_{ij}/x_{j,max}$，$x_{ij}' = 1/x_{ij}$。式中$x_{ij}'$为处理后的数据，定义标准化矩阵$Y = \{y_{ij}\}_{n \times m}$，其中，$y_{ij} = x_{ij}'/\sum x_{ij}'$，$0 \leq y_{ij} \leq 1$。

2. 计算第j项指标的熵值 I_j

$I_j = -k \sum y_{ij} \ln y_{ij}$，式中$k = 1/\ln n$。

3. 客观权数的确定

第j项指标的差异系数$r_j = 1 - I_j$，第j项指标的客观权数$w_j = r_j/\sum r_j$。

4. 计算被评对象得分

第 i 个对象的总得分 $f_i = \sum w_j y_{ij}$。

（二）评价结果

利用上述计算方法对数据进行处理，得到各个一级指标和二级指标权重（见表1），在此基础上，得出全省18个省辖市农业投入水平、农业产出水平、农村社会发展水平、农业可持续发展水平4个一级指标的排序结果和评价得分（见表2），并最终得出18个省辖市农业现代化水平综合评价的排序结果和综合评价得分（见表3）。

表2 河南省各省辖市在主体指标上的得分

地区	农业投入水平		农业产出水平		农村社会发展水平		农业可持续发展水平	
	得分	排名	得分	排名	得分	排名	得分	排名
郑州	0.049871	2	0.020275	5	0.003904	1	0.008039	8
开封	0.022474	9	0.011565	13	0.002566	12	0.005957	17
洛阳	0.025366	6	0.011075	14	0.002746	10	0.012822	4
平顶山	0.021162	11	0.010851	15	0.002590	11	0.010312	6
安阳	0.053627	1	0.010627	16	0.002793	9	0.006514	16
鹤壁	0.014914	18	0.051772	1	0.003032	4	0.007606	10
新乡	0.049520	3	0.018633	7	0.002831	7	0.007180	11
焦作	0.033834	4	0.019168	6	0.003249	3	0.007720	9
濮阳	0.024054	7	0.011855	12	0.002377	14	0.005076	18
许昌	0.019884	13	0.022018	4	0.002993	5	0.006637	15
漯河	0.020473	12	0.022217	3	0.002838	6	0.007087	12
三门峡	0.017662	15	0.014077	9	0.002829	8	0.016372	2
南阳	0.021482	10	0.009256	18	0.002458	13	0.011849	5
商丘	0.023584	8	0.012940	10	0.002187	18	0.006664	13
信阳	0.015884	16	0.014939	8	0.002329	15	0.017344	1
周口	0.019672	14	0.010480	17	0.002251	17	0.006651	14
驻马店	0.015525	17	0.012277	11	0.002262	16	0.008839	7
济源	0.026149	5	0.025798	2	0.003303	2	0.012831	3

表3 河南省各省辖市综合得分

地区	得分	排名	类型	地市	得分	排名	类型
郑州	8.20889	1	Ⅰ类	三门峡	5.09399	10	Ⅱ类
新乡	7.81638	2	Ⅰ类	信阳	5.04950	11	Ⅱ类
鹤壁	7.73248	3	Ⅰ类	商丘	4.53748	12	Ⅲ类
安阳	7.35605	4	Ⅰ类	南阳	4.50457	13	Ⅲ类
济源	6.80813	5	Ⅱ类	平顶山	4.49142	14	Ⅲ类
焦作	6.39713	6	Ⅱ类	濮阳	4.33622	15	Ⅲ类
漯河	5.26147	7	Ⅱ类	开封	4.25620	16	Ⅲ类
洛阳	5.20088	8	Ⅱ类	周口	3.90538	17	Ⅲ类
许昌	5.15319	9	Ⅱ类	驻马店	3.89062	18	Ⅲ类

（三）评价结果分析

由表1可以看出，各一级指标中，农业投入水平权重最大，农业产出水平和农业可持续发展水平权重次之，农村社会发展水平权重最小。在各个二级指标中，单位耕地面积用电量权重最大，每百万农业从业人员拥有农业产业化重点龙头企业个数次之，城乡居民人均收入比权重最小。

就一级指标而言，由表2可以看出，在农业投入水平方面，安阳、郑州、新乡得分较高，表明其在农业基础设施和农业投入方面相对较好，排名靠后的则为信阳、驻马店、鹤壁等市；在农业产出水平方面，鹤壁、济源、漯河得分较高，表明其在农产品单产、劳动生产率以及农业产业化等方面的产出水平较高，排名靠后的则为安阳、周口、南阳等市；在农村社会发展水平方面，郑州、济源、焦作得分较高，表明其在农民收入、城乡收入比等方面发展水平较高，排名靠后的则为驻马店、周口、商丘等市；在农业可持续发展水平方面，信阳、三门峡、济源得分较高，表明其在农业资源环境等指标上发展水平较高，排名靠后的则为安阳、开封、濮阳等市。

就农业现代化综合指数而言，由表3可以看出，全省各省辖市之间农业现代化水平存在一定差异。郑州市农业现代化水平最高，排名第一；驻马店市农业现代化水平最低。从具体的综合得分数值来看，如果以7、5作为划分点，全省区域农业现代化水平大致可以划分为三个类别：综合发展指数大于7的称为Ⅰ类地区，依次为郑州、新乡、鹤壁、安阳4个地市；综合发展指数在5～7的称为Ⅱ类地区，依次为济源、焦作、漯河、洛阳、许昌、三门峡、信阳7个地市；综合发展指数小于5的称为Ⅲ类地区，依次为商丘、南阳、平顶山、濮阳、开封、周口、驻马店7个地市。

Ⅰ类地区农业现代化综合水平最高，郑州市作为省会城市，各个一级指标的排名都比较靠前，农村社会发展水平全省排名第一，农业投入水平全省排名第二；新乡在其他三个方面都位于全省中游水平，但在农业投入水平方面全省排名第三；鹤壁尽管在农业投入水平方面位于全省最低，但在农业产出水平方面全省最高；安阳在农业投入水平方面全省最高，但其他三个方面都位于全省中下游水平。

Ⅱ类地区农业现代化综合水平相对较高，济源在四个一级指标方面均位列全省前五位，尤其是农业产出水平、农村社会发展水平方面均位列全省第二；焦作在农村社会发展水平和农业投入水平方面分列全省第三、第四位；漯河、许昌在农业产出水平方面分别位列全省第三、第四位，在农村社会发展水平方面分列全省第六、第五位；信阳、三门峡、洛阳主要在农业可持续发展水平方面比较靠前，分别位居全省第一、第二、第四位。

Ⅲ类地区农业现代化综合水平相对较低，商丘主要在农村社会发展水平方面较低，南阳、平顶山主要在农业产出水平方面较低，濮阳、开封主要在农业可持续发展水平方面较低；周口主要在农业产出水平和农村社会发展水平方面较低，驻马店主要在农业投入水平和农村社会发展水平方面较低。

另外，需要说明的是，本报告是课题组将农业现代化有关理论应用于评价河南省各地市农业现代化进程的一次尝试，农业现代化综合发展指数是河南省18个省辖市之间的相对发展指数，并非代表农业现代化实现程度的绝对指数。通过相对发展指数综合反映各地市在农业现代化相关环节和领域的优势或差距，以期为各地市加快推进农业现代化提供具有针对性的参考。

三 提升河南农业现代化发展水平的对策建议

当前，河南正处于加快推进现代农业大省建设的关键时期，根据上述对全省各地市农业现代化发展水平测度和评价的结果，我们认为应有针对性地重点施策，省级层面要加强政策设计的差别化和精准性，市县层面要因地制宜强化对接和落实。

（一）加大农业基础设施建设力度，强化农业现代化的基础支撑

当前河南省水利骨干工程完好率不足50%，有效灌溉面积少，中低产田面积占全省耕地面积近60%。为稳定提高粮食和农业产量、保障国家粮食安全，必须彻底改变农业基础设施长期薄弱的局面。要明确农田水利基础设施的公益性质，加大各级财政投入力度。以建设高标准粮田、改造中低产田和基本农田保护为主导，把建设完善农田水利设施作为重点，全面开展农业基础设施建设。加大灌溉工程建设力度，充分发挥灌区在农业生产中的主体作用。创新农田水利基本建设投入管理体制，通过以奖代补、先建后补等方式，建立健全多元化投入新机制，激励农民投工投劳改造农田，加快沃土工程建设，大幅度提升土壤肥力。加快大中型灌区节水设施改造，建立节水型农作制度和与之相匹配的技术体系、工程体系，大力推广"喷灌"、"滴灌"，发展节水型农业，提升灌溉效率。加大防洪排涝工程体系建设力度，加快粮食核心区排涝设备更新改造，提高抵御自然灾害的能力。

（二）加大农业科研及推广的投资力度，强化农业现代化的科技支撑

目前，全省农业科技进步贡献率仅55%，而发达国家一般在75%以上，科技进步的空间很大。首先，需要明确农业科技为社会公益性事业，强化政府支持是农业科技进步的重要保障。要继续保持公共财政对农业科技拨款的主渠道地位，不断增加各级政府对农业科技的投入。加强高产优质农产品新品种的研发、选育、引进、推广，争取全面实现良种化。加强集约化种养技术、保护性耕作技术、资源高效利用技术、农业绿色生产和农产品安全技术、农业机械化与信息化技术、生物灾害预警和防控技术等的研发和推广。其次，加强农业技术推广体系建设。面对分散的千家万户，要创新农业技术推广管理体制，引入市场竞争机制，建立健全以公益型农业技术推广机构为主导的多元化农业技术推广服务体系。对于公益性农业技术的推广，要实施"科技人员直接到户、良种良法直接到田、技术要领直接到人"的新办法。随着新型农业经营主体的快速发展，要适时加强县级推广部门建设。县级推广平

台要向上承接各级科研机构的先进技术，向下对接专业大户、家庭农场、农民专业合作社等新型农业经营主体，提高农业科技推广效率。建立健全政府购买农业技术推广服务的市场竞争机制，探索多渠道解决农技推广"最后一公里"问题。

（三）推进农地有序流转，加快培育实现农业现代化的主力军

积极创新土地经营制度，扎实做好农户承包地块的确权颁证工作，建立健全土地流转市场，降低土地转让费用。首先，扎实做好承包地块的"确权"工作，通过土地确权颁证，加强土地承包权的物权法保护，稳定农民土地出租预期，激励农民流转土地。其次，完善农地流转的市场机制，降低农地流转交易成本。地方政府要依托现有职能部门，大力发展土地流转中介服务组织，在县、乡、村三级建立专门的土地流转咨询服务"中心"，健全三级服务平台，将土地流转服务平台建设费用和管理经费纳入政府财政预算。大力推广土地托管、代种代耕和建立"土地银行"等规模经营的经验，鼓励发展多种形式的规模经营。最后，实施家庭农场支持政策。加大对新型农业经营主体的扶持力度，农业新增补贴主要向家庭农场、专业大户和农民专业合作社倾斜，良种补贴等四项直接补贴的增量主要用来扶持从事规模化、专业化种粮的家庭农场。在农田水利建设、设施农业、农机购置等方面向家庭农场和专业大户倾斜。地方财政还应设立土地流转专项基金，从土地流转租金上补贴家庭农场和土地转出期限较长的出租农户，引导鼓励土地向家庭农场流转。同时，实行以奖代补，对达到一定规模的家庭农场实行奖励政策。

（四）积极完善合作机制，提高农民进入市场的组织化程度

积极发展专业合作、股份合作等多种形式的农民合作社，鼓励专业大户和龙头企业领办合作社；鼓励发展以家庭农场和专业大户为主体的农民专业合作社，使其成为建设现代农业的重要组织形式。大力发展农业产业化经营，鼓励家庭农场以专业合作社等形式与龙头企业合作，采用"龙头企业＋以专业农户和家庭农场为主体的农民专业合作社"的联结方式。积极支持社会力量兴办多元化、多层次、多形式的社会化服务组织，坚持主体多元化、服务专业化、运行市场化的方向，改善农业生产经营的外部环境。

（五）加大培养新型农民力度，强化发展现代农业的人力资源支撑

要切实加大投入和支持力度，广泛开展专业大户和家庭农场主生产和经营技能培训，扩大新型农民科技培训工程及科普惠农兴村计划的规模，争取把更多的青年农民培养成新型农业经营主体。要积极探索建立公办、民办、民办公助等多元化的教育培训机制，一方面要整合农业职业教育资源，充分发挥农业职业学校、农广校、农函大等农民技术教育培训的主渠道作用，借助现代传媒和远程教育手段，扩大农民科技文化培训的覆盖面；另一方面，开放培训市场，鼓励各类培训机构和用人部门合作开展"定向培训"、"订单培训"，发挥市场化培训机构灵活适应市场需求、"以需定培"的优势，力争培养出一大批科技示范大户、家庭农场主，为农业现代化提供智力支持。

（六）创新农业金融服务，满足农业现代化的融资需求

农村金融是现代农村经济的核心。首先，有序开放农村金融市场，激发农村金融活力。支持发展各类农村金融服务主体，在充分发挥市场机制在农业金融资源配置中的决定性作用的同时，还要发挥政府调控作用，引导政策性金融、合作性金融、商业性金融及其他新型金融机构多元协同发展，互为补充，通过制定差异化的政策措施，提高农村金融机构服务农业的积极性。其次，农业金融服务强调营利性的同时要注重社会公平，金融服务向农业企业、种养大户倾斜的同时，也要兼顾低收入农户的信贷需求。再次，创新金融产品和服务方式，结合农村土地确权、流转工作的推进，强化政策支持，创新抵押担保方式，为新型农业经营主体提供相应的信贷服务和资金支持。最后，推进农业保险工作，加大农业保险产品供给，扩大农业保险覆盖面，提高农业保险保障程度。

参考文献

卢方元、王茹：《中原经济区农业现代化水平的综合评价》，《地域研究与开发》2013年第8期。

辛岭、蒋和平：《我国农业现代化发展水平评价指标体系的构建和测算》，《农业现代化研究》2010年第11期。

孟俊杰、孙建军：《基于熵权法的河南省现代农业发展水平测度研究》，《农业科技管理》2012年第4期。

吴海峰、苗洁：《新型农业现代化发展研究》，《中州学刊》2013年第1期。

张晓山：《创新农民经济组织发展现代农业》，《新视野》2007年第6期。

农业部课题组：《现代农业发展战略研究》，中国农业出版社，2008。

附：

河南省各省辖市农业现代化发展水平测度原始数据表（1）

地区	单位耕地面积总动力（万千瓦/千公顷）	有效灌溉率（%）	单位耕地面积有效化肥施用量（吨/千公顷）	单位耕地面积用电量（万千瓦/千公顷）	单位耕地面积农膜使用量（吨/千公顷）	农村劳动力初中以上文化程度比例（%）	农业劳动生产率（万元/人）	每百万农业从业人员拥有农业产业化重点龙头企业个数	单位面积粮食产量（千克/公顷）
郑州市	1.6923	60.511	706.24	1136.26	24.066	86.00	1.5262	58.343	4630
开封市	1.7123	83.860	729.00	206.41	25.124	78.70	2.0366	19.133	5653
洛阳市	1.1374	32.198	552.61	567.50	10.897	86.47	1.6647	27.135	4157
平顶山市	1.2256	57.315	1158.99	339.34	12.862	79.19	1.1433	19.103	4802
安阳市	1.5069	72.228	1111.58	715.82	64.733	79.62	1.4261	25.202	6299
鹤壁市	1.9300	74.489	658.82	188.85	7.439	82.50	2.2221	137.240	6948
新乡市	1.5581	75.692	1098.68	1285.28	8.622	84.90	1.9276	43.912	6466
焦作市	2.0477	92.026	1032.78	713.56	10.898	89.90	1.7500	51.855	7495
濮阳市	1.5589	82.456	974.02	292.28	21.835	71.80	1.2677	26.662	6712
许昌市	1.1044	72.064	877.43	280.42	14.769	84.67	1.8687	53.442	6486
漯河市	1.4056	69.097	911.17	218.86	20.280	82.40	1.5432	53.399	6495
三门峡市	0.9902	26.845	560.03	204.54	20.692	87.20	1.5849	41.640	3630
南阳市	1.2374	45.472	824.25	188.66	28.200	79.43	1.4061	15.426	5240
商丘市	1.6604	82.417	1121.58	306.91	18.382	78.70	1.5369	28.375	6568
信阳市	0.6907	59.281	646.38	179.34	16.074	69.40	2.0097	30.881	6946
周口市	1.3334	62.820	877.22	178.37	22.388	73.10	1.4311	19.133	6564
驻马店市	1.4882	52.955	758.03	182.33	12.240	83.11	1.5062	20.066	5935
济源市	2.3783	54.381	516.62	411.19	19.591	96.00	1.5610	73.421	5281

河南省各省辖市农业现代化发展水平测度原始数据表（2）

地　区	劳均肉类产量（吨/人）	农村居民人均纯收入（元）	农村居民家庭恩格尔系数（%）	城镇化率（%）	城乡居民人均收入比	森林覆盖率（%）	单位耕地面积水资源占有量（万立方米/千公顷）	劳均耕地占有量（公顷/人）
郑州市	0.2782	14009	24.0	67.1	1.900	26.70	391.05	0.3520
开封市	0.2941	8355	32.9	41.1	2.333	20.10	277.77	0.3063
洛阳市	0.1811	8756	29.2	49.4	2.835	47.00	657.12	0.2935
平顶山市	0.2841	8541	35.7	46.4	2.632	31.20	569.74	0.2277
安阳市	0.1705	9670	29.7	43.8	2.380	21.30	316.64	0.2952
鹤壁市	0.9499	10608	36.2	52.8	2.001	31.70	305.12	0.4517
新乡市	0.3544	9728	31.4	46.1	2.272	25.30	313.72	0.4350
焦作市	0.2742	11367	28.0	52.0	1.941	27.00	384.82	0.2601
濮阳市	0.2204	7904	32.7	36.7	2.729	24.00	199.49	0.2439
许昌市	0.4178	11007	31.4	44.2	1.973	30.50	257.88	0.3557
漯河市	0.4377	9876	31.4	44.2	2.144	26.35	335.81	0.2750
三门峡市	0.1613	8926	29.3	48.9	2.346	50.72	914.91	0.2834
南阳市	0.2338	8729	37.6	38.3	2.481	35.30	642.14	0.3327
商丘市	0.2526	7217	38.6	35.0	2.801	28.60	279.53	0.3190
信阳市	0.3160	7982	47.5	39.7	2.399	35.30	1055.88	0.4052
周口市	0.2413	6950	33.8	34.8	2.597	25.00	309.10	0.2782
驻马店市	0.3327	7437	36.1	34.9	2.613	14.96	520.40	0.3672
济源市	0.3796	11958	30.8	54.8	1.939	44.39	662.79	0.3410

注：农业产业化省重点龙头企业个数来自《河南省人民政府关于公布农业产业化省重点龙头企业名单的通知》；水资源数据来自《河南省水资源公报》；森林覆盖率数据来自各地市统计公报、政府工作报告、政府网、国土资源部网或环境状况公报等，其中，开封、新乡、濮阳、漯河、商丘数据以林木覆盖率代替，其余地市均为森林覆盖率；其他数据均来自《河南统计年鉴（2014）》。

农业发展

Agricultural Development

B.3
河南粮食生产核心区建设
五年回顾与展望

陈明星*

摘 要： 国家粮食战略工程河南核心区建设自2009年正式启动以来，在持续推进高产创建、发展农业产业化集群等一系列举措的推动下，全省实现粮食生产"十一连增"、农民收入"十一连快"，但同时也存在持续增产增收难度加大、资源环境约束持续趋紧、与预期建设目标差距较大等难题。要扎实推进粮食生产核心区建设，必须强化利益补偿，完善市场调节，深化改革创新，推进"四化"同步。

关键词： 粮食生产核心区 十一连增 十一连快

---

* 陈明星，河南省社会科学院研究员。

2008年6月底,河南省委、省政府向党中央、国务院上报了《关于加强河南粮食生产核心区建设探索建立国家粮食生产稳定增长机制的请示》和《国家粮食战略工程河南核心区建设规划纲要》。7月,由国家发展改革委牵头,财政部、水利部、农业部等16个部委组成国务院联合调研组,到河南进行了为期8天的全面深入调研。9月,编制完成《河南粮食生产核心区建设规划》(初稿),并报经国家有关部委审定,于12月底由国家发展改革委正式上报国务院。经国务院同意,国家发展改革委于2009年8月正式下发《关于印发河南省粮食生产核心区建设规划的通知》。以此为标志,河南省粮食生产核心区建设规划获得国家批准。5年来,河南粮食生产核心区建设取得突出成效,推动了全省粮食生产"十一连增"、农民收入"十一连快"。

一 河南粮食生产核心区建设的主要成效

河南粮食生产核心区主体范围涉及黄淮海平原、豫北、豫西山前平原和南阳盆地三大区域95个县(市、区),占全省耕地面积的83.5%、基本农田面积的85%,其中的89个县是国家已认定的粮食生产大县,基础条件较好,现状水平较高,增产潜力较大,集中连片。自2009年启动以来,在推进粮食生产"十一连增"、农民收入"十一连快"等方面取得了突出成效。

(一)种植面积稳定增加

近年来,随着农村税费改革的全面推行,以及对种粮农民实行直接补贴等多种惠农政策的实施,特别是粮食生产核心区建设的推进,河南农民种粮积极性再次得到激发,全省粮食种植面积逐年增长,2008~2014年,全省粮食作物播种面积从14400万亩增至15315万亩,增加了915万亩,增长6.4%。其中,夏粮播种面积由7930万亩增至8150万亩,增加220万亩,增长2.8%;秋粮播种面积由6470万亩增至7165万亩,增加695万亩,增长10.7%(见图1)。

(二)粮食产量大幅提高

近年来,全省粮食产量大幅度提高。2001~2014年,除2003年因秋粮严重受灾导致总产量减少外,其他年份均为增产,且从2004年起连续11年增

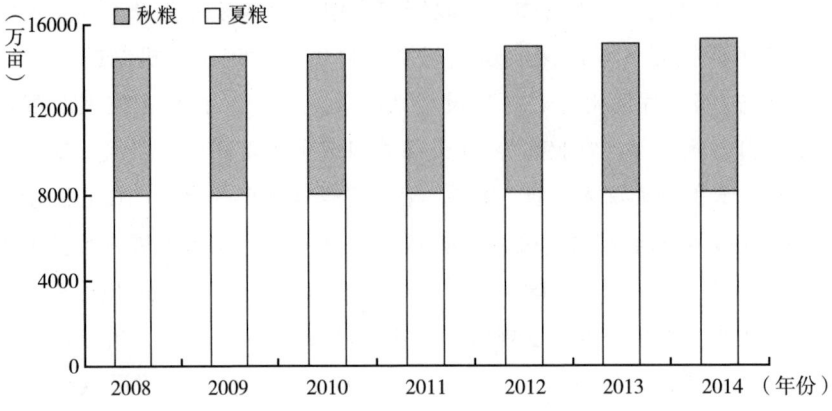

图1 2008~2014年河南省粮食播种面积情况

产,连续9年超千亿斤,连续4年超1100亿斤。2014年,全省粮食总产量达到1154.46亿斤,占全国总产量的近1/10,其中,夏粮总产量达到667.8亿斤,实现"十二连增",占全国总产量的近1/4,并成为全国夏粮唯一超过300亿公斤的省份;秋粮总产量为486.66亿斤,因旱灾原因同比减产9.04亿斤。夏粮亩产量首次突破400公斤大关,达到409.7公斤,其中小麦平均亩产410.5公斤,总产量为332.9亿公斤,比上年增加10.25亿公斤,增长3.2%,是2007年以来增产幅度最大的一年,表明全省夏粮生产水平已经实现中高产到高产的跨越(见图2)。

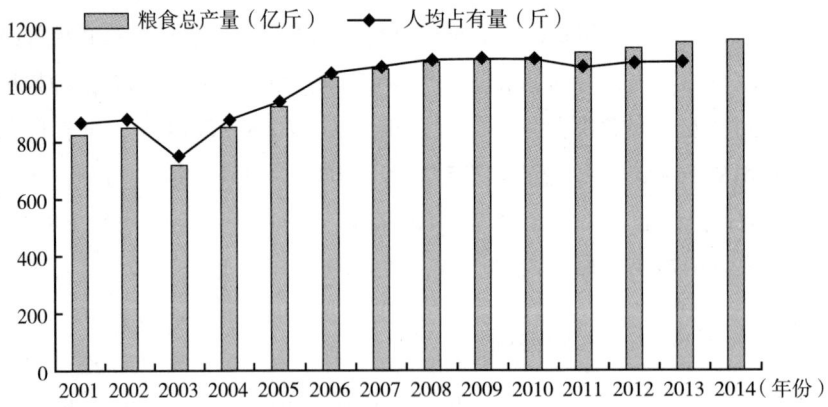

图2 2001~2014年河南省粮食产量情况

（三）生产布局更趋集中

2013年，河南省分县（市）粮食产量统计结果显示，全年粮食总产超过15亿斤的县（市）有20个，其中有9个县（市）粮食总产超20亿斤。位居全省第一、第二位的是滑县和固始县，粮食总产分别为27.98亿斤和24.28亿斤，排第三位的永城市，粮食总产23.90亿斤，分列第四、五、六、七位的是唐河县、太康县、邓州市、商水县，粮食总产分别为23.75亿斤、22.63亿斤、22.20亿斤、20.72亿斤。统计数据显示，20个超15亿斤县（市）的粮食播种面积占全省总播种面积的30.8%，总产量占全省的35.0%。从单产来看，20个县（市）的粮食平均亩产为430.2公斤，比全省377.8公斤的平均亩产多52.4公斤，高近13.9%。从地域分布看：周口市7个，驻马店市4个，商丘市3个，南阳市、信阳市各2个，安阳市、濮阳市各1个（见表1）。

表1　2013年河南省粮食总产量超15亿斤的县（市）

县（市）	播种面积（万亩）	亩产（公斤）	总产量（亿斤）	县（市）	播种面积（万亩）	亩产（公斤）	总产量（亿斤）
滑县	275.3	508.3	27.98	息县	241.5	395.0	19.08
固始县	234.8	517.1	24.28	鹿邑县	198.0	464.7	18.40
永城市	284.7	419.8	23.90	濮阳县	209.0	437.9	18.31
唐河县	332.3	357.5	23.75	虞城县	206.4	438.5	18.10
太康县	257.3	439.8	22.63	西平县	202.2	443.7	17.98
邓州市	307.6	360.9	22.20	淮阳县	199.6	446.3	17.82
商水县	227.3	455.4	20.72	沈丘县	188.0	450.6	16.95
夏邑县	228.0	445.3	20.31	正阳县	213.7	377.8	16.15
郸城县	218.4	458.2	20.02	项城市	182.8	436.9	15.97
上蔡县	243.9	409.0	19.95	新蔡县	201.7	392.1	15.82

资料来源：《河南统计年鉴（2014）》。

（四）高产作物比例日趋扩大

河南粮食作物基本为一年两熟，夏粮品种主要为小麦，秋粮品种主要有玉米、稻谷、大豆、红薯等。得益于政策支持力度的加大、社会需求的增加和经济效益的好转等多种利好因素，近年来全省高产粮食作物种植面积日趋扩大。

2013年，全省粮食作物总播种面积15123万亩中，小麦、玉米、稻谷的播种面积分别为8049万亩、4804万亩、962万亩，和2008年相比，分别增加了160万亩、575万亩和55万亩，分别增长2.0%、13.6%和6.1%，播种面积占全年粮食作物播种面积的比重也分别由2008年的54.8%、29.4%、6.3%，调整为2013年的53.2%、31.8%、6.4%（见图3）。

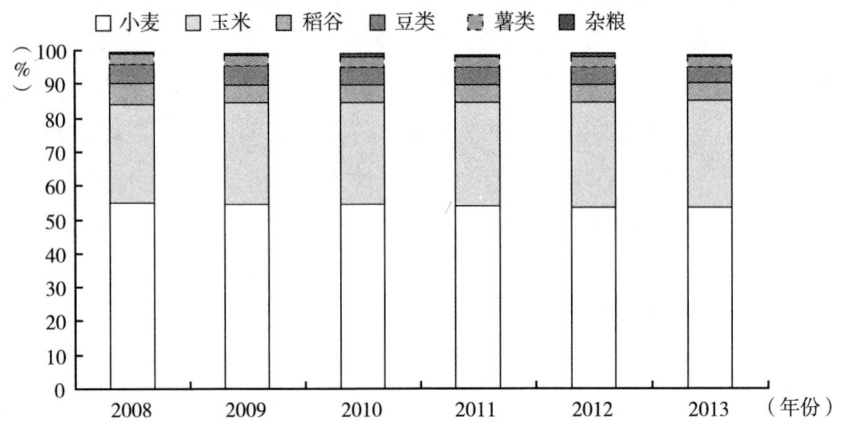

图3 2008~2013年河南粮食播种面积品种结构变化情况

（五）粮食总产量在全国位次下移，但地位依然重要

1999~2010年，河南粮食总产量连续11年位居全国第一，自2011年起，黑龙江粮食总产量取代河南跃居全国第一，但河南粮食生产在全国的地位依然十分重要。2013年，河南粮食总产量占全国的9.5%，其中，谷物总产量占全国的10.0%，居第1位；小麦、玉米总产量分别占全国的26.5%、8.2%，居全国第1位和第5位；粮食单产包括谷物、小麦、稻谷的单产均超过全国平均水平，尤其是小麦单产达到401公斤，相当于全国平均水平的119.0%（见表2）。

（六）农民收入增长态势持续向好

2013年，全省农民人均纯收入达到8475元，比上年增长12.6%，扣除价格因素，实际增长9.5%，增速降低1.8个百分点。同时，农村居民人均纯收入尽管名义增速低于14.5%的城镇居民人均可支配收入名义增速，但实际增速以近3个百分点的幅度超过6.6%的城镇居民人均可支配收入实际增速。由此，城乡居民收入之比从2008年的2.97∶1缩小到2.64∶1。从收入来源看，家庭经营纯收入仍占50.6%，其中第一产业收入仍占38.5%，表明农业收入依然是农民收入的重要来源（见表3）。2014年1~9月，全省农民人均现金收入7599.66元，比上年同期增加802.11元，增长11.8%，扣除价格因素，实际增长10.0%，全年将实现农民收入"十一连快"，且实际增速既比同期城镇居民人均可支配收入高出2.7个百分点，也略高于9.7%的全国平均实际增速。

表2 2013年河南省粮食生产情况与全国的比较

指　标	河南	全国	河南占全国的比重(%)	河南在全国的位次
粮食总产量(万吨)	5714	60194	9.5	2
谷物总产量(万吨)	5431	55269	10.0	1
小麦总产量(万吨)	3177	12193	26.5	1
玉米总产量(万吨)	1748	21849	8.2	5
稻谷总产量(万吨)	493	20361	2.4	16
粮食单产(公斤/亩)	378	358	105.6	12
谷物单产(公斤/亩)	397	393	101.0	15
小麦单产(公斤/亩)	401	337	119.0	5
玉米单产(公斤/亩)	374	401	93.3	14
稻谷单产(公斤/亩)	505	448	112.7	11

资料来源：《中国统计年鉴（2014）》、《河南统计年鉴（2014）》。

表3 2009~2013年河南农民人均纯收入增长情况

单位：元，%

收入构成	2009年		2010年		2011年		2012年		2013年	
	绝对值	增速	绝对值	增速	绝对值	增速	绝对值	增速	绝对值	增速
农民人均纯收入	4808	7.9	5523	14.9	6604	19.6	7525	13.9	8475	12.6
工资性收入	1622	8.1	1944	19.9	2524	29.8	2989	18.4	3582	19.8
家庭经营纯收入	2891	7.1	3240	12.1	3601	11.1	3973	10.3	4285	7.9
第一产业	2380	5.2	2658	11.7	2891	8.7	3102	7.3	3267	5.3
第二产业	120	4.6	137	14.4	166	21.3	187	12.6	214	14.3
第三产业	310	21.1	348	12.4	447	28.5	568	26.9	786	38.5
财产性收入	56	5.7	59	5.9	108	83.3	135	25.3	160	18.7
转移性收入	239	18.1	280	17.4	371	32.5	427	15.0	448	4.9

资料来源：《河南统计年鉴（2014）》。

注：家庭经营纯收入除三次产业外还包括其他收入来源。

二 河南粮食生产核心区建设的探索实践

5年来,粮食生产核心区建设之所以能取得较好成效,主要得益于一系列举措的谋划和实施,归纳起来主要有以下几个方面。

(一)持续推进高产创建

自2009年粮食核心区建设启动以来,河南高度重视农业基础设施建设。2012年,在全国率先启动高标准粮田"百千万"建设工程,集中打造6000万亩平均亩产超吨粮的高标准粮田,通过实施高标准粮田"百千万"建设工程,将百亩方、千亩方和万亩方划定为永久性基本粮田,确保粮食播种面积。在高标准粮田区域内,通过配套农田基础设施和农机物资装备,河南开展科技推广支撑条件建设,加强增产关键技术应用,增强抗灾减灾能力,实现稳产保收,粮食亩产超过吨粮水平,生产全程机械化,良种覆盖率、测土配方施肥、病虫害专业化统防统治达到100%,土壤有机质明显提升,农业社会化服务全覆盖,逐步推进土地流转,实现规模集约化经营,具有完善的管理机构。2012年,河南完善、巩固、建成高标准粮田1734万亩,2013年规划建设面积900万亩,实际建成面积953万亩,两年累计巩固、建成高标准粮田2687万亩,投入各类涉农资金225亿元。即使是在2013年极端不利的气候条件下,河南高标准粮田区域内,夏粮平均亩产499.91公斤,秋粮平均亩产545.49公斤,增产优势初步显现。截至2014年9月,全省整合各类农田项目建设资金集中投入到"百千万"工程建设,已累计建成高标准粮田3457万亩,确保了粮食总产量稳定在1100亿斤以上。

(二)明确粮食生产核心区的主体功能

与《全国主体功能区规划》相配套,与粮食生产核心区建设相衔接,河南将粮食生产核心区主体范围的66个国家级农产品主产县确定为农产品主产区,以提供农产品为主体功能,承担国家粮食生产核心区建设重要任务,定位为国家重要的粮食生产和现代农业基地、保障国家农产品供给安全的重要区域,坚持最严格的耕地保护制度,确保基本农田总量不减少、用途不改变、质量有提高,防止盲目圈占、浪费土地,严格禁止毁田烧砖,严格控制高耗能、重污染产业发展。

(三)加大农业产业结构调整力度

加大农业产业结构调整力度,推进大宗粮食作物生产进一步向优势区域集中;大力发展现代畜牧业,积极推进生猪、奶牛、肉牛、家禽、肉羊五大产业优势集聚区建设,加强优质安全畜产品生产基地建设,加快发展畜产品加工业和冷链物流;大力发展特色农业,加快建设优势特色农产品产业带,推进特色农产品精深加工和物流销售网络建设;加强林业生态建设,认真实施林业生态省建设规划;着力培育优势品牌和产品,实施农产品品牌战略,积极发展品牌农业。加大农业劳动力转移就业力度,积极开展技能培训,2013年底全省农村劳动力转移就业达到2700多万人,2008年以来增加700多万人,实现了由省外就业为主向省内就业为主的转变。扩大农业对外开放,加快农业"走出去"步伐,通过举办全国农产品加工业投资贸易洽谈会、中国·郑州农业博览会、豫台农业合作洽谈会等,加大农业招商引资和"走出去"力度,实现"引进一个、带动一批、富裕一方"的目标,在全国农产品出口大幅下滑的情况下,全省农产品出口出现了逆势增长的良好势头。2013年,全省出口食品农产品25413批,货值18.58亿美元,同比分别增长8.4%和35.2%,创历史新高[①]。全省已建成和在建的农产品出口示范区共71家,其中45家获得省级示范区称号,9家获得国家级示范区称号,国家级示范区数量全国第三,中西部第一。

(四)着力打造农业产业集群

在粮食生产核心区建设的进程中,河南创新发展思路,转变发展方式,借鉴工业集聚区发展模式,把工业的产业集聚与农产品加工业的产业化结合起来,打造"全链条、全循环、高质量、高效益"的农业产业化集群,积极实施"现代农业产业化集群培育工程",通过强化政策扶持、加大资金投入、深化指导服务等一系列措施,进一步加大对农业龙头企业的扶持力度,特色龙

---

① 《2013河南食品农产品出口值达18亿美元 历史新高》,《河南日报》2014年3月14日。

头、集群龙头、品牌龙头不断壮大。2013年,全省规划发展的农业产业化集群达320个,涵盖了米(面)品、肉品、乳品、果蔬等12个大类,集群式发展不但打造出一批"国人厨房"掌勺者,更成了农民增收的助推器,集群内各级龙头企业共带动农户1330万户,户均增收2179元[1];全省规模以上农产品加工企业实现营业收入1.65万亿元,同比增长16.93%[2]。农产品加工能力大幅提升,粮食、肉类、乳制品加工能力分别达到3500万吨、638万吨和308万吨。全省农产品加工已发展到24个行业、23个门类,有21个农产品品牌被命名为"中国名牌",31个农产品加工企业的产品商标被国家认定为"中国驰名商标"。目前,全国的味精、方便面、速冻水饺、速冻汤圆、火腿肠有一半是由河南制造的,农产品加工业已成为河南重要的支柱产业和经济增长点。

(五)不断完善强农惠农政策

推行农村税费改革,完善农民减负政策,根据中央的统一部署,河南从2000年开始了农村税费改革试点,2005年起全面取消农业税。加大对农民的补贴力度,完善粮食直补、农资综合直补、良种补贴、农机具购置补贴和粮食最低收购价制度等。坚持守住耕地红线不动摇,耕地面积连续15年稳定在1.23亿亩左右,小麦种植面积连续11年增加。大力支持农业生产发展,构建农业产业政策支持体系,加大农业农村基础设施投入,大力支持现代农业发展,不断增加扶贫开发投入,积极支持农业产业化、农业科技研发体系、农业技术推广体系、农产品质量安全与执法体系、农作物病虫害和外来生物入侵防控体系建设。支持发展农村社会事业,逐步扩大公共财政覆盖农村范围,加大力度支持农村教育、卫生、文化、乡村公路、饮水安全、新型农村合作医疗等社会公共事业。

(六)建立健全科技推广体系

2010年,河南率先在全国启动农业综合开发粮食增产科技支撑行动计划,为提高粮食产量、保障国家粮食安全进行了有益探索。项目实施以来,30个项目县建立小麦、玉米高产田150万亩,平均每亩增产180公斤;辐射带动

---

[1] 《粮食核心区筑强"大粮仓"》,《河南日报》2013年12月7日。
[2] 《建设现代农业 深化农村改革时间》,《河南日报》(农村版)2014年2月20日。

6000多万亩均衡增产，增产幅度达5%以上，超额完成预期粮食增产目标。加强技术集成与示范，提高粮食科技生产水平，全面提高河南省粮食生产能力。建立健全农机推广体系，积极争取中央财政项目资金，对130个县（市、区）的基层农技推广体系建设进行补助。继续推进现代农业产业技术体系建设，在完善小麦等第一批3个产业技术创新团队的同时，新启动水稻、花生等3个产业技术创新团队和培育棉花、肉牛2个后备产业技术创新团队的建设工作。稳步提升种业发展保持，着力提升优良品质供应能力，目前全省年产小麦种子16亿公斤左右，商品种子供应率达到70%。积极开展农民培训，依托农村劳动力培训"阳光工程"，开展农民素质提升培训，大力实施科技入户工程，实现技术人员直接到户、良种良法直接到田、技术要领直接到人。

三　当前河南粮食生产核心区建设存在的主要问题

当前，河南粮食生产核心区建设尽管采取了一系列创新性举措，取得了较好成效，但也存在一些不容忽视的矛盾和问题。

（一）持续增产增收难度加大

当前，全省农业人口多，人均耕地少，水资源紧缺，中低产田比重大，农业基础依然薄弱，农村社会事业和公共服务水平较低，农业结构性矛盾依然突出，农业发展方式依然粗放，农业分散经营造成户均种植面积小、生产经营规模小、生产的盲目性大，难以形成标准化生产和品牌化经营，抗御自然灾害和市场风险的能力弱。加之农业产业化经营水平较低，农产品转化增值率不高，农业产业化与农民利益联结机制尚不健全，农民增收基础薄弱。同时，伴随着农业生产成本的不断上涨，粮价上涨和国家惠农政策的效应大大消减，造成农业比较利益持续下降，种粮农民和粮食主产区政府积极性不高，"粮食大县、工业小县、财政穷县"的局面尚未根本改变，实现农业稳定发展、农民持续增收的难度越来越大。

（二）资源环境约束持续趋紧

当前，河南正处于工业化、城镇化快速发展时期，在二元体制作用、市场机制推动、经济利益驱使下，耕地、资金、人才等资源要素加速从农村向城镇流动，从粮食、农业向非农产业转移，直接影响到农业规模化经营的发展，农业资源环境约束越来越大，人增、地减、水缺的趋势难以逆转。全省人均耕地只有1.08亩，为全国的80%左右，人均水资源量只有228.69立方米，不到全国的20%。以水资源为例，水资源开发利用工程不配套、不完善、不健全。目前，全省尚有2027座水库及225座大中型水闸工程存在病险问题，蓄水供水效益不能充分发挥；引黄设施不完善，不能充分利用国家分配给河南的引黄水量；现有255处万亩以上的灌区，渠系配套不完善，老化失修，部分灌溉功能和排涝功能丧失，抗旱排涝减灾能力不能得到充分发挥；规划的一些新建大、中、小型水库水源工程尚未建设；地下水过度开采造成全省8000平方公里的地下水漏斗区，一些农灌地下水井干涸报废等。

（三）与预期建设目标相比仍有较大差距

河南省粮食生产核心区建设规划明确的总体目标是：到2020年，在保护全省1.03亿亩基本农田的基础上，粮食生产核心区粮食生产用地稳定在7500万亩，使全省粮食生产的支撑条件明显改善，抗御自然灾害能力进一步增强，粮食综合生产能力达到1300亿斤，成为全国重要的粮食生产稳定增长的核心区、体制机制创新的试验区、农村经济社会全面发展的示范区。在总目标上，2014年全省粮食总产量为1154.46亿斤，距离2015年1200亿斤粮食综合生产能力的预期目标，尚有45.54亿斤的差距，按近年来的年最高增幅来算，也是难以达到的。

四 河南粮食生产核心区建设的展望及对策

（一）河南粮食生产核心区建设的展望

尽管与预期建设目标相比仍有较大差距，但要正确认识这种差距，尤其要正确认识粮食综合生产能力和粮食产量的联系和区别，粮食综合生产能力是指在既定经济技术条件下由各生产要素综合投入所能稳定达到一定产量的粮食产出能力，它是粮食产出水平的基础支撑，但并不等同于现实的粮食产出水平，所以，也要正确认识和科学对待粮食产出水平与既定粮食综合生产能力预期目标的差距。尤其要看到，粮食生产核心区建设极大提升了农业基础设施建设和农业产业化发展水平，6000万亩平均亩产超吨粮的高标准粮田如果全面建成，将形成1200亿斤以上的稳定的粮食产出能力，再加上另外1500万亩稳定的粮食生产用地，1300亿斤的粮食综合生产能力是完全有可能稳定保证的。众所周知，确保国家粮食安全始终是治国安邦的头等大事，在全国粮食供求持续紧平衡、粮食安全战略调整的形势下，对粮食主产区的政策扶持力度将不断加大，粮食生产核心区建设将得到越来越有力的支撑。

（二）当前扎实推进河南粮食生产核心区建设的对策

当前，要抓住经济新常态下对农业农村发展方式转变的重要机遇，促进政策推动力与市场驱动力的有效对接，加大改革创新力度，持续推进粮食生产核心区建设，着力实现"四化同步"。

1. 强化利益补偿

促进粮食生产核心区建设的关键在于打破粮食和农业生产比较利益持续下降的怪圈，为此必须强化利益补偿，切实加大粮食主产区投入和利益补偿，建立健全粮食主产区与主销区之间的种粮补偿机制，推进城乡要素平等交换和公共资源均衡配置，推进城乡基本公共服务均等化。要强化政府对农业的支持保护，创造良好的务农条件和环境，健全"三农"投入稳定增长机制，完善农业支持保护体系，优化农业补贴政策，整合和统筹使用涉农资金，带动金融和社会资金更多地投入农业农村，切实减轻农民负担。加强农业基础设施建设，完善农田水利建设管护机制，在保障当期供给的同时，要更加注重农业可持续发展，不断加大生态保护建设力度，切实推进农业资源休养生息，促进生态友好型农业发展。推进农业科技创新，加快发展现代种业和农业机械化，加大农民职业培训力度。

2. 完善市场调节

促进粮食生产核心区建设，离不开发挥市场机制在资源配置中的决定性作用。要着力完善粮食等重要农产品价格形成机制，探索建立农产品目标价格制度。加强农产品市场体系建设，发展粮食等农产品大市场大流通。加大农业金融、保险支持力度，加快建立财政支持的农业保险大灾风险分散机制。要维护农民生产要素权益，保障农民工同工同酬，保障农民公平分享土地增值收益。要提高农业生产集约经营、规模经营、社会化服务水平，不断增加农民务农收入，实现富裕农民、提高农民、扶持农民，让农业经营真正有效益，让农业真正成为有奔头的产业，让农民真正成为体面的职业，让农村真正成为安居乐业的美丽家园。

3.深化改革创新

改革创新是推动农业农村发展的动力源泉，促进粮食生产核心区建设也需要不断深化改革创新。要深化农地制度改革创新，坚持农村基本经营制度不动摇，落实集体所有权，稳定农户承包权，放活土地经营权，扎实推进农地承包经营权确权登记颁证工作，积极稳妥推进农地流转，促进农地适度规模经营，保证粮食安全，促进工业化、城镇化发展，切实保障农民公平地分享农地增值等财产收益权。深化户籍制度改革，加快推动农业转移人口市民化，促进产业集聚、人口集中、土地集约。要积极创新农业业态，大力发展农民合作社和农业产业化，不断提高农业组织化程度，利用现代信息技术拓展增粮增收的空间。

4.推进"四化"同步

促进粮食生产核心区建设必然要在"四化"同步的总框架下运行。要按照工业化、信息化、城镇化、农业现代化同步发展的要求，发展壮大农产品深加工，通过外引内联、资金政策扶持等措施，大力提升大数据、云计算、物联网等对现代农业发展的催化作用，提升农业信息化水平，深化农业内部及农业与第二、三产业尤其是信息化产业的融合，大力培育农业产业化龙头企业和现代农业产业化集群，充分发挥龙头企业的辐射带动作用，建立农民合作社和农业专业协会，为农业生产提供产前、产中、产后服务，实现产业化、全链化发展，提高农产品附加值和综合效益，确保企业增利、农民增收、粮食增产、农业增效，推动农业生产由规模优势向产业优势转变、由生产优势向经济优势转变。

B.4
河南经济作物产业发展现状及对策

苗 洁[*]

> **摘 要：** 在抓好粮食生产的基础上，河南积极发展以经济作物为主的农业产业，经济作物生产的规模化、标准化、产业化水平逐步提高，极大地促进了农业增效、农民增收，但也存在一些比较突出的问题。今后，应当从基地建设、科技支撑、品牌培育、要素集聚、政府服务等方面着手，进一步发展壮大经济作物产业。
>
> **关键词：** 经济作物　现代农业　农业产业

河南既是全国粮食生产大省，也是花生、水果、烟叶等经济作物的种植大省，具有发展经济作物产业的较大潜力和广阔前景。《国务院关于支持河南省加快建设中原经济区的指导意见》中也明确指出中原经济区要"实施农产品优势产区建设规划"、"加快特色高效农业发展"。作为农业大省，在确保粮食稳产增产的基础上，不断调整和优化种植结构，因地制宜，发挥优势，加快发展以高效经济作物为主的农业产业，对改变传统农业种植模式、增强现代农业生产效益、拓宽农民增收渠道都有重要作用。

一 河南经济作物产业发展现状

近年来，河南依托传统优势、资源优势、生态优势，围绕增加农民收入，

---

[*] 苗洁，河南省社会科学院农业发展研究所助理研究员，硕士，主要研究方向为区域经济和农村经济。

在稳定粮食种植面积的前提下，积极扶持和培育以经济作物为主的农业产业，经济作物生产规模化、标准化、产业化水平逐步提高，极大地促进了农业稳定增效、农民持续增收。

（一）经济作物生产的基本情况

经过多年发展和农业结构战略性调整不断推进，河南经济作物生产逐步向优势产区集中，总的来看，2014年河南经济作物生产继续呈现平稳发展态势[①]。

1. 蔬菜生产

近年来，河南特色稀有蔬菜、精细品种和反季节蔬菜发展迅速，形成了郑、汴、洛等省辖市周围和豫东北、豫南蔬菜生产基地。2014年，虽然夏季全省旱情严重，但由于近年来菜田灌溉条件显著改善，且蔬菜生产正处于换茬期，蔬菜生产遭受旱灾整体上相对较轻。预计全年蔬菜播种面积2600万亩左右，与上年同期相比基本持平，产量与上年相比基本相当或略有增加。

2. 油料生产

河南是全国第一油料生产大省，花生、芝麻的种植面积和产量多年来均居全国第一位，已经形成了南阳、驻马店、开封、周口等优势主产区。2014年，全省油料作物播种面积约2360万亩，同比基本持平。其中花生面积约1550万亩，受夏季干旱影响，预计总产450万吨，总产量同比减少4.4%；夏收油菜540万亩，同比减少3.0%；油菜总产量93.57万吨，同比增长4.2%。

3. 特色作物

河南水果、食用菌、茶叶、蚕桑等特色经济作物总产量稳步提高，发展态势良好。预计全年水果种植面积稳定在720万亩，总产910万吨，同比增长2.2%，南阳、三门峡地区在水果种植方面具有明显优势，两市的水果种植面积约占全省种植面积的1/3。食用菌全年总产480万吨（鲜重），同比增长1.5%左右，食用菌生产由山区向平原农区转移、栽培原料由主要依靠阔叶树木屑向主要依靠农作物秸秆转移、栽培品种由单一常规菌类向多样珍稀菌类转移的步伐正在加快。茶园面积220万亩，预计产量6.1万吨，总产量同比增长

---

① 数据来源于河南省农业厅经作站。

3.4%，主产区信阳、南阳的无公害茶、有机茶生产比例大幅提高。蚕茧预计总产量达0.996万吨，同比增长14.7%。

4. 棉花生产

由于2014年临时收储政策取消，加上种植费工耗时、棉农对棉价预期较为悲观等因素影响，河南棉花播种面积继续萎缩。据统计，棉花播种面积约为260万亩，同比减少7.7%；预计皮棉总产在15.5万吨左右，同比减少4万吨。

（二）经济作物产业发展取得的成效

河南建成了一批优势突出的种植基地，形成了一批知名的农业品牌和企业，打造了一批各具特色的专业村镇，经济作物产业发展取得了显著成效。

1. 优势种植基地蓬勃发展

农业基地建设是产业化开发农产品的重要措施，存在政府承担、农业龙头企业承担、出口农产品生产加工企业承担、农业经济合作组织承担等多种建设形式。近年来，河南各地积极推进油料、蔬菜、无公害水果、中药材等优质农业基地建设，经济作物的标准化种植、规模化生产、一体化经营、公司化运作趋势越来越明显，产品品质和产量显著提升，竞争优势也更加突出。

蔬菜生产方面，洛阳市2014年蔬菜播种面积99万亩，其中蔬菜基地面积达67万亩，全市已创建5个蔬菜标准园、70个蔬菜基地检测室，有效保障了"舌尖上的安全"；果蔬之乡内黄县，已形成四大设施蔬菜生产基地、六大露地菜生产基地和四处标准化育苗基地，被农业部确定为"全国设施蔬菜重点区域基地县"，2014年全县蔬菜种植面积近60万亩，占全县耕地面积的52%，总产量207万吨，年产值达30.2亿元，农民来自蔬菜产业的人均收入已达4600元，占全县农民人均收入的60%。中药材种植上，禹州市大力推行企业连基地、药商加农户的新型生产模式，已拥有中药材种植公司和合作社36家，千亩以上种植基地12个，面积达40万亩，2014年全市中药材标准化种植率将突破80%，并将新建3个1万亩的种植基地。果品生产方面，登封市把核桃种植的产前、产中、产后全过程纳入标准化管理，通过核桃种植标准化示范区的创建、引领、带动，目前已形成万亩核桃乡镇9个、千亩专业村26个，标准化种植面积1.5万公顷，年产成品干果约3400吨，2014年该市被评定为"河南省农业标准化优秀示范区"。食用菌生产方面，陕县积极出台扶持政策，已建成2个栽培规模百万袋的食用菌生产示范基地、1个50万袋规模的示范基地、18个10万袋规模的示范基地，食用菌生产规模达2300万袋，总产量达2100万公斤。

在优势基地蓬勃发展的基础上，河南还形成了郑州蔬菜、驻马店花生、信阳茶叶、中牟大蒜、新野蔬菜、内黄辣椒、西峡香菇、鄢陵花卉、温县山药、灵宝果品、禹州中药材等一大批特色农产品批发市场，凸显了"兴一个市场，带一批产业，活一方经济，富一方百姓"的良好效果。

2. 产业化程度显著提高

在发展经济作物种植的同时，河南还重点扶持了一批农产品加工、销售方面的农业龙头企业，通过"公司+农户"、"公司+基地+农户"等模式，延长了经济作物产业链条，提高了农产品附加值。

在果品生产方面，以三门峡市为例，截至2014年9月，三门峡果品加工企业共有10家，加工能力60万吨，浓缩果汁产能40万吨，占全国的1/6；农产品出口创汇的企业达到19家，出口的农产品有苹果、食用菌、浓缩果汁等20多种[①]。中药材发展方面，作为商务部开展中药材流通追溯体系的7个试点市之一，禹州市还发展了华中、万家两家十亿级药业集团，并在此基础上筹划建立中药材电子商务服务平台，进一步提高了中药材在种植、加工、仓储、交易、物流、科研等环节的水平。蔬菜生产方面，许昌天和公司是一家集研发、种植、生产、加工、物流、销售于一体的全产业链现代农业企业，也是河南省目前规模最大的无公害、绿色蔬菜生产企业和最大的供港蔬菜生产企业；襄城县先后培育了群发实业、鸿源菜叶、鑫源冷业、旭日农贸、诚信冷藏等10多家专门从事蔬菜生产、加工、贮藏和销售的省市级龙头企业。花卉种植方面，洛阳牡丹深加工产品已经达到20多个类别，一批具有较高技术含量的牡丹茶、牡丹食品、牡丹酒、牡丹化妆品等深加工产品相继上市，形成了较为完整的牡丹产业链条；鄢陵县现拥有花木经销企业和花木专业合作社576个，花木经纪人5000多人，其中鲜切花专业合作社11家，专业技术人员100多名、花卉经

---

① 张光辉等：《丘陵山区农业发展农民增收的成功实践》，《河南日报》2014年9月30日。

纪人500多名、花农6000余户，大多实行统一建棚、统一供苗、统一管理、统一销售。

3. 知名农业品牌效应凸显

河南在发展经济作物产业的过程中，通过积极申报原产地保护、开展商标注册和"三品一标"认证，培育了一批知名品牌，农产品质量稳步提高，优势逐渐提升。

原产地保护方面，河南有不少传统特色农产品已取得了原产地标记，其中经济作物有信阳毛尖、唐河栀子、宁陵酥梨、原阳大米、新乡金银花、四大怀药、通许花生等。灵宝苹果、卢氏木耳、西峡香菇和猕猴桃还被列入国家生态原产地保护产品，根据国家质检总局的规定，这些产品可以优先进入绿色通道，并在出口检验检疫方面享有优先的便利。可见，原产地保护对提升农产品品质、创立农产品区位品牌、扩大农产品出口贸易意义重大。

商标注册方面，方城县的"方娇"牌小辣椒品质超过国家一级标准，享有"方城辣椒甲天下，质优味美誉南国"的美称，已在国家商标局注册；"裕丹神"牌丹参在国家商标局注册的同时还获得了国家原产地保护认证。通许县的"汴南翠"牌黄瓜获得了河南省著名商标认定，"金澳"牌花生在国家质量监督检验检疫总局认证注册，成为河南省花生走出国门的免检产品。作为地理标志产品，信阳毛尖获得商标注册以后的市场知名度日益提高，已成为信阳的支柱产业之一，在信阳市茶叶协会的积极推进下，还形成了"龙头企业+茶农+商标"的管理模式，有效提高了农民的市场组织化程度。

"三品一标"认证方面，截至2014年6月，河南省累计认证登记"三品一标"产品2500多个。全省在有效期内无公害农产品有1954个、产品总产量1941.1万吨；有效使用绿色食品标志的产品496个，面积达283万亩，产品总产量115.67万吨；累计登记农产品地理标志53个，总面积达545.3万亩，产品总产量达681.8万吨，其中大部分都是特色经济作物如孟津梨、新郑莲藕、杞县大蒜、封丘芹菜、张良姜、鄢陵蜡梅、卫辉卫红花、固始皇姑山茶等。

4. "一村一品"格局正在形成

近年来，河南充分发挥村镇的资源禀赋和比较优势，大力培育了一批特色明显的专业乡村，通过龙头企业、农民专业合作社等经营主体，联农民，富农村，拉动农民收入倍增，形成了"一村一品"、"一镇一业"的发展格局，大幅度提升了河南专业村镇农产品的整体实力和综合竞争力。

截至2014年，河南省被农业部命名的全国"一村一品"示范村镇已达到49个，其中39个村镇都与经济作物生产相关，如宁陵县石桥镇（酥梨）、临颍县杜曲镇龙堂村（龙云蔬菜）、新郑市龙湖镇泰山村（休闲农业）、淮阳县刘振屯乡（花生）、卫辉市唐庄镇仁里屯村（仁礼信马铃薯）、信阳市浉河区董家河镇（信阳毛尖）等，这些村镇主导产业突出、产品品质优良、区域特色鲜明、带动农民增收效果显著。以卫辉市唐庄镇仁里屯村为例，该村是目前豫北最大的无公害马铃薯生产基地，种植规模达1800余亩，全村从事马铃薯主导产业生产的农户达410户，占全村农户的89%，成立农民专业合作社5个，发展社员370户，占全村农户的80%，全村农民人均纯收入达12770元①。

二 河南经济作物产业发展存在的问题

近年来，河南经济作物产业虽然取得了长足发展，但与保供给、促增收、提活力的要求仍有较大差距，经济作物产业发展还存在一些比较突出的问题。

（一）设施生产基础薄弱

目前，河南蔬菜、食用菌、蚕桑等园艺作物生产设施简陋，棚室建造不规范，抵御灾害能力不强。尤其是设施蔬菜所占比重太小，还不到蔬菜播种面积的1/5，全省蔬菜自给率只有40%~50%，冬春淡季蔬菜产品供应缺口依然较大。水果、茶叶良种繁育基地少，造成良种占园比很低。

（二）标准化管理水平低

河南经济作物种植仍以单家独户为主，生产经营主体多而分散，缺乏必要的技术标准和产品质量检测。从事经济作物种植的农民普遍年龄比较大、文化水平比较低，大多数靠的还是传统经验，安全生产意识比较薄弱，对标准化管理的认识不到位，在生产过程中还存在过量施用化学肥料、随意使用高毒高残

---

① 数据来源：新乡市农业局，http://www.xxagri.gov.cn/。

留农药的现象，产品既没有规模优势，也没有质量优势，难以达到消费者对农产品"优质、营养、安全"的要求。

（三）创新技术转化较慢

近年来，棉花轻简育苗机械化移栽、蔬菜及食用菌集约化育苗、油料机械化配套栽培、茶树无性繁殖、蚕桑小蚕共育等瓶颈技术都取得了重大突破，但由于操作技术含量较高、一次性投入较大，个体农户和普通合作社应用的积极性并不高。

（四）产业链条短而单一

当前，河南经济作物多以"原"字号出售，产品不仅加工率低，而且加工档次也不高，产品单一，附加值小，农工商一体化、产加销一条龙的产业链还没有完全建立。此外，经济作物产品的培育、推广、储藏、包装等环节也比较薄弱。经济作物产品开发对单个或少数几个龙头企业的依赖性比较大，产业链条比较单一，缺少横向的关联、辅助产业的支撑，从事相关农业服务的辅助性中小企业数量少、发展慢。再者，河南农业生产的小规模性和分散性比较突出，与经济作物发展密切相关的生产者、企业及相关支撑机构很难在地理空间上集聚，也制约了产业链条的纵向延伸和横向扩张。

（五）品牌开发力度不够

由于从事经济作物生产及产品开发的农业产业化龙头企业数量还比较少、实力还比较弱，尚未形成具有强大竞争力的农业品牌，不少特色农产品至今仍"躲在深闺人未识"或者"有名无牌更无市"。部分农业经营主体对自主品牌和产品认证可能带来的生产效率和价值提升作用没有清晰的认知，甚至片面地认为创建品牌费时费力费钱还冒风险，宁愿为品牌企业贴牌生产或来料加工。

（六）政府服务功能不完善

在经济作物产业发展过程中，政府及相关部门单纯追求种植面积的增加和生产规模的扩大，对经济作物产业的优化布局重视不够，在标准化管理、产业指导、技术推广、品牌培育、信息发布、市场调控等方面也缺乏有效措施。

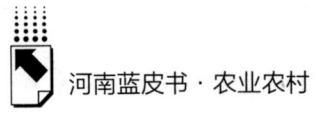

三 促进河南经济作物产业发展的对策建议

针对河南经济作物产业发展存在的问题，建议从基地建设、科技支撑、品牌培育、要素集聚、政府服务等方面着手，进一步促进经济作物产业向现代高效农业产业方向发展。

（一）提升基地质量，夯实产业发展基础

在优势产区和重点县，支持建设一批高标准、规范化的园艺作物设施生产基地。在豫北、豫中、豫南和豫西四大蔬菜基地，大力发展日光温室、大中拱棚等生产设施；在食用菌主产区，重点完善菇房、菇棚、塑料温室等栽培设施。尽快形成跨区域的特色化、优质化的高效经济作物种植区。优化改造中低产种植基地，扩大生态型产业基地，逐步实现茶叶、水果、蔬菜等从无公害生产向绿色、有机升级。通过土地、资金、技术等方面的政策倾斜，加强具有较强辐射带动能力的经济作物示范园区建设，重点做好科技应用、产业化经营、生态农业等方面的工作，使示范园区真正成为引导生产、提供信息、推广技术、带动农户、开拓市场的基地龙头。将无公害经济作物生产基地、棉花油料高产园创建、园艺作物标准园创建等重点项目向优势产区、生产大县倾斜。

（二）完善科技服务体系，增强产业发展动力

与传统粮食作物相比，经济作物对技术的要求更高、更复杂。一要增加农业科研经费，针对经济作物生产费工耗时的问题，积极开展农艺与农机相配套的现代农艺技术研究，力争在新品种培育、植物病虫害防控、生态环境建设、资源高效利用、关键农业设施和农机装备研发等方面取得新的突破。二要大力推广普及经济作物栽培管理技术，在优势产区重点组织实施蔬菜集约化育苗、棉花轻简育苗移栽、油料机械化生产等现代农艺技术集成示范；加快优良品种和各类先进适用技术在生产中的应用步伐，如名茶加工工艺改良、水果控量提质技术等，提高产品的科技含量和附加值。三要根据经济作物生产的实际和需要，鼓励农业科技人员采取巡回指导、现场示范、检查督促等形式，深入田间地头，进行科学有效的指导，降低农民学习、使用新技术的成本。四要广泛开

展特业培训，分层次培训经济作物从业人员；积极实施农村劳动力素质培训工程，培养现代农业发展所需的新型职业农民。

（三）打造优势品牌，提高产品市场竞争力

品牌可以更好地彰显特色和优势，是产品竞争力的综合体现。一要充分挖掘河南的地域和资源优势，积极培育省级和国家级名牌农产品，打造河南农产品"地域名片"，形成一批高档次、上规模、信誉好的农产品品牌，提高河南经济作物农产品在国内外市场的美誉度、知名度和竞争力，把品牌优势转化为市场优势。二要积极开展经济作物产品商标注册及地理标志保护，设立专项扶持资金，对获得知名、著名、驰名商标和地理标志证明、原产地证明的农民专业合作社和加工企业等经营主体给予一定的奖励。三要实施品牌整合战略，打造农产品区域公用品牌，规范优势品牌的使用权限，提高驰名商标的使用门槛。四是构建品牌产品的质量安全召回制度和追溯系统，建立农产品打假维权制度，推动经济作物发展由特色、特产转向高质、高效、高端。

（四）积极开展"三品"认证，提高产业生态化水平

一要按照"三品"认证的要求，尽快制定和完善经济作物生产标准，建立健全规范化的工艺流程、管理体系和衡量标准，组织农户和加工企业按标准进行生产，提高产品的质量。二要突出重点区域、重点产品，抓好"三品"培育和认证。支持龙头加工企业、出口创汇企业等经营主体积极申报无公害农产品、绿色食品及有机农产品。在经济作物生产基地认定和产品认证申报的过程中，农业部门要增强服务意识和责任意识，积极组织申报并适当减免相关的申报费用。三要践行生态保护和安全生产理念。充分挖掘经济作物在生态调节、文化传承、观光休闲等方面的功能和潜力。倡导生态循环发展模式，全面实施化肥和农药减量使用计划，争取用生物学方法防治病虫害，实现农业环境的生态平衡。

（五）加快要素集聚，提升产业的现代化水平

一要加大招商引资力度，支持和鼓励各地依据经济作物产品资源优势，积

极引进国内外资金、技术、人才，广泛寻求合作伙伴，实现经济作物产品域内加工与域外加工相结合。二要通过经济作物大规模集中生产和龙头企业的行业领先作用，统筹布局特色农业产业集群，促进土地、资金、人才、技术等生产要素聚集、合理配置、有效衔接，吸引经济作物产前、产后等相关支撑辅助服务机构如会计师事务所、律师事务所、咨询公司、人才服务机构、教育培训机构、行业协会等集中集聚。三要引导农业企业和合作组织广泛吸收农民以资金、土地、劳动力等形式入股，构建更紧密的利益联结机制，让农民从经济作物产品生产中得到更多实惠。四要支持有实力的龙头企业建立经济作物产品的旗舰店、品牌营销店及电子商务平台，提高品牌、产品、厂商、经销商的集聚度。发展与经济作物生产相配套的农产品批发市场，逐步完善农产品田头预冷、分级包装等冷链物流体系，推进农产品产销衔接、农超对接，搞活经济作物产品的市场流通。

（六）加大政策扶持力度，完善政府服务功能

各级政府要根据本地实际，制定切实可行的经济作物产业发展规划，各级相关部门要在资金、土地、技术、生产指导等方面密切配合、加强协作，合力推进经济作物种植区建设。认真抓好国家惠农政策的落实工作，加大良种补贴项目相关政策、目标要求等的宣传力度，强化监督检查，确保良种补贴政策不走样、农民实惠不减少，努力放大补贴政策的惠农效应。对有发展前景、增值潜力大的经济作物发展项目，可由政府出面担保，争取信贷支持，并根据产业特点，合理降低贷款门槛，适当延长贷款期限。随着土地确权工作的推进，把农民土地承包经营权纳入抵押品种范围。加快筹建"豫字号"保险公司——中原农业保险公司，扩大政策性自然灾害保险范围，引导保险企业为已形成发展规模且市场比较稳定的经济作物产业提供保险服务。扶持和培育以家庭农场、龙头企业或农业专业合作组织为主导的新型经营主体，对为经济作物产业发展做出贡献的农业企业和组织，予以表彰和奖励。在优势产区和主产县，建立经济作物生产的信息监测体系，通过数据采集、分析、预测和发布，提供及时、准确、全面的生产和预警信息，积极引导群众合理安排生产，避免生产大起大落和价格大幅波动，促进经济作物产业的健康发展。

参考文献

任国战、张晓霞：《内黄：果蔬产业成增收新引擎》，《河南日报》2014年11月8日。

项芬娇、江惠英等：《杭州市"十二五"经济作物产业发展的工作重点和对策措施》，《杭州农业与科技》2011年第4期。

许昌市统计局：《鄢陵县鲜切花产业发展状况调查报告》，2014年7月。

长春市人民政府：《长春市人民政府关于扶持特色经济作物种植区发展的若干意见》，2010年2月。

吴海峰、郑鑫、苗洁：《河南特色农业发展及其支持政策研究》，《特色农业发展探索》，黑龙江人民出版社，2011。

B.5 河南畜牧业现状与发展形势及对策

河南省畜牧局调研组*

摘　要： 河南是畜牧业大省，是全国农区畜牧业的典型代表。本文总结了河南畜牧业一年来取得的成就，分析了河南畜牧业发展面临的新形势和制约因素，在此基础上，厘清了河南畜牧业进一步发展的思路，提出了促进河南畜牧业持续健康发展的对策措施。

关键词： 河南省　畜牧业　中轴产业　新型农业大省

随着产业结构战略性调整步伐的不断加快，河南省畜牧业呈现持续稳定健康发展的良好态势，成为经济社会发展的热点和新的经济增长点。在由畜牧大省向畜牧强省转变的过程中，进一步发挥畜牧业作为农村经济支柱产业和承工启农中轴产业的作用，对做强工业、做优农业、推进现代新型农业大省建设具有十分重要的意义。本文通过分析河南省畜牧业发展现状、面临的形势和制约因素，提出下一步发展思路以及对策措施，以期为推进河南省畜牧业持续健康发展提供参考。

一　河南省畜牧业发展的现状

2014年河南畜牧业继续保持稳定发展，并在多个方面呈现加快发展的良好态势，主要表现为以下几点。

---

* 调研组成员：张志刚、高永革、岳中仁、赵玲、雷蕾。

（一）综合生产能力稳步提高

2014年，在生猪价格频繁波动、生猪养殖亏损周期加长、生鲜乳价格持续下滑等不利因素的影响下，河南畜牧业生产仍继续保持了持续发展的势头，畜产品市场供应充足。预计2014年河南全年肉、蛋、奶产量分别达720万吨、410万吨、345万吨。肉、蛋、奶产量在全国的排名保持稳定，其中肉类产量居全国第二位、禽蛋产量居全国第一位、奶类产量居全国第四位。河南畜牧业的快速发展，保障了全国畜产品的有效供给，其中河南肉类产量和禽蛋产量，超过新疆、内蒙古、青海、西藏、宁夏和甘肃等六大牧区之和。

（二）生产结构进一步优化

河南畜牧发展坚持强优势、补短板的思路，按照产业发展规律，着力调整畜禽生产结构，稳定生猪和家禽发展，重点加快肉牛、肉羊等草食家畜发展，突出发展奶业生产。以牛羊为主的食草型畜禽规模养殖发展势头较好，肉牛饲养量稳中有增，农户饲养母牛的积极性提高，小规模母牛养殖发展较快。据统计，2014年前三季度河南牛存栏946.6万头、出栏416万头，同比分别增长0.8%、1.14%。肉羊饲养量稳定增长，羊存栏1732.2万只、出栏1631.1万只，同比分别增长3.46%、1.83%。以猪鸡为主的食粮型畜禽稳步增长，规模养殖发展较快，河南生猪、肉鸡、蛋鸡规模饲养比重分别达到80%、97%、77%。

（三）畜产品加工业发展势头强劲

围绕畜牧业生产方式、经营方式转变，继续大力发展畜产品精深加工，不断拉长畜牧业产业链条，培育壮大畜牧龙头企业。首先，国内外知名畜禽加工企业在河南的投资强度不断加大，本土畜禽加工企业呈现链式发展、集约经营的明显趋势。2014年，河南省级以上畜牧产业化龙头企业达205家，其中国家级龙头企业24家。双汇集团、雨润集团、雏鹰集团、牧原集团等企业在河南的屠宰加工厂有21家，年屠宰加工生猪的能力3000万头；皓月公司、科尔沁公司、伊赛公司、恒都公司等肉牛加工企业生产线陆续建成投产，年屠宰加工肉牛能力达90万头；大用集团、永达集团、华英集团等禽类加工企业发展势头强劲，肉禽加工能力7亿只；河南伊利公司、焦作蒙牛公司、郑州花花牛集团、商丘科迪集团、洛阳巨尔公司、南阳三色鸽公司、新乡三元公司等乳制品加工企业加快了项目建设步伐。其次，畜牧业产业化集群加快发展。重点围绕肉品、乳品加工龙头企业，积极培育生猪、肉牛等畜牧产业化集群试点，经河南省政府认定的畜牧产业化集群达到40个。2014年以来，40个畜牧产业化集群共完成投资23.2亿元，集群发展呈现良好态势。

（四）生态畜牧业建设加快推进

首先，以2014年初《畜禽规模养殖污染防治条例》出台施行为契机，畜牧主管部门深入开展宣传，采取多种形式组织基层一线工作人员及畜禽养殖场户培训学习。其次，积极开展生态畜牧业建设试点和示范场创建工作。重点培育漯河、平顶山两个生态畜牧业建设试点，目前漯河市已创建生态养殖场54个，平顶山市已形成初具规模的循环畜牧业试验区43个。推动生态畜牧示范场创建活动，重点建设200个省级生态畜牧业示范场，同时加快实施世行生态畜牧业项目，136个养殖场已经完成建设任务。最后，秸草资源开发利用力度不断加大，全年秸秆饲料化利用2400万吨，草地建设完成53万亩。

（五）新型畜牧业经营主体加快发展

培育新型畜牧业经营主体是促进畜牧业生产方式转变的关键举措。2014年，河南新型畜牧业经营主体取得了较快发展。一是加强养殖专业合作社建设，3个省级试点共注册合作社406个，社员总数达2万户，带动农户5.2万户；29个市县级试点共注册合作社3105个，社员总数6.49万户，带动农户20.7万户。二是按照《河南省畜牧专业合作社省级示范社创建方案》，积极推进100个省级示范社创建。三是鼓励各地畜牧专业合作组织或协会建立互助基金，解决融资难问题，目前已成立担保互助基金的合作社达27个，基金总额达1.14亿元。

（六）科技支撑能力明显增强

首先，以涉牧企业为主体的科技创新能力不断增强。格林金斯生物科技有限公司等高科技企业落户河南，洛阳普莱柯生物工程股份有限公司成为我国兽药行业首家以企业为主体获批组建的国家级工程技术研究中心，12家企业建立了省级饲料、兽药工程技术中心。其次，畜禽良种繁育体系不断完善，每年可向社会提供优良种畜近300万头，优良种禽近2亿只（枚）；培育了我国第一个专用肉牛新品种——夏南牛，育成了具有自主知识产权的信阳黑猪、固始三高青脚黄鸡三号新品种，南阳黄牛研发技术取得新突破，胴体重、料肉比、繁殖成活率等技术经济指标不断提高。最后，动物疫病预防控制技术体系和畜产品检测预警能力明显加强，各级兽医实验室总数达138个，省畜产品质量监测检验中心可监测产地环境等五大类339个监测参数，该中心被确定为农业部区域性监测中心。另外，配合饲料、TMR、秸秆青贮氨化等适用技术应用率不断提高，粪污处理、病死畜禽无害化处理等技术已逐步得到应用。

（七）畜产品质量监管和信息化水平稳步提升

畜产品质量监管方面，着力构建畜产品质量安全监管的长效机制，通过宣传教育、组织培训、严格执法、专项整治、强化检测预警等工作，河南畜产品质量逐步向好的趋势更加明显。以电子出证为主线的畜产品质量安全追溯体系已基本建成，初步实现了饲料、兽药、畜产品等可追溯管理。2014年，河南猪肉、牛肉、羊肉、禽肉平均合格率分别达98.6%、99.3%、98.5%、95.2%，生鲜乳中三聚氰胺合格率为100%；农业部对全国大中城市的3次例行监测结果显示，河南省的畜禽产品平均合格率达到99.7%。信息化建设方面，省畜牧业数据中心正式建成，漯河等六个信息化建设试点地市同步推进。信息化的加快推进，有效提高了河南畜牧业的监管手段和工作效能。

二　河南省畜牧业发展面临的形势和制约因素

（一）畜牧业发展面临的形势

面对我国经济社会发展新常态以及畜禽生产结构进入深度调整期，河南畜牧业发展也必须适应新的形势需要，加快转变畜牧业发展方式，推动河南畜牧业现代化。

一是适应国际国内宏观经济形势需要。随着经济全球化向纵深发展，特别是自由贸易区的加快推进，畜牧业生产要素早已超越国界，在全球范围内自由流动，我国畜牧业受国际市场的影响越来越大，河南畜牧业必须尽快适应国际贸易格局新形势。

二是适应生态发展形势的需要。既要金山银山，更要青山绿水。畜牧业发展必须更加注重生态循环，这也要求在做好养殖粪污综合利用的基础上，以更加积极的心态优化畜牧业结构，促进猪禽等产业升级，顺势发展牛羊等草食畜禽，开发利用秸秆资源，调整居民膳食结构。

三是适应质量安全监管形势的需要。禽流感等重大动物疫情防控形势依然严峻，畜产品质量安全存在一定隐患，防控和监管的任务重。面对动物疫情隐患和畜产品质量安全隐患，重大动物疫病防控必须时刻不放松，以"四个最严"的要求狠抓"餐桌上污染"的治理，以改革的思维、法治的精神持续落实好各项措施，确保不发生区域性重大动物疫情和重大畜产品质量安全事故。

（二）河南畜牧业发展的制约因素

面对新的发展形势需要，河南畜牧业由畜牧大省向畜牧强省转变面临以下几方面制约因素。

一是发展方式转变任务重。从生产结构来看，丰富的秸秆资源没有得到充分利用，秸秆饲料化利用率不足30%，肉牛、奶牛、肉羊等草食牲畜发展相对较慢；从饲养方式看，标准化规模养殖比重不高，绝大部分还是低水平的规模养殖，尤其是肉牛、肉羊大部分还是以散养为主。

二是安全发展形势依然严峻。动物疫病比较复杂，病毒毒株变异快，疫情防控难度大；H7N9流感、小反刍兽疫对畜禽生产威胁大；中小型养殖场和散养户防疫条件差，发生传播疫情的隐患大；河南地处交通要道，病毒输入性风险大；动物疫病多为人畜共患病，对公共卫生安全影响大。畜产品质量安全监管任务重，河南畜禽饲养、收购贩运、屠宰加工和饲料兽药生产经营群体大，实施监管的点多、面广、链条长，监管任务重；部分从业人员法制观念不强，有的生产经营者诚信缺失、道德失范，生产经营行为不规范，加之违法行为隐蔽性增强，管控和查处难度大；国家对畜禽屠宰管理有了新要求，由过去重点生猪定点屠宰扩展到生猪、牛、羊、禽等畜种的屠宰管理，初步统计，河南牛羊屠宰专业村达606个、屠宰专业户约4000户，家禽屠宰场点约3500个，监管任务非常繁重。

三是资源环境等影响越来越大。玉米等能量饲料、豆粕等蛋白饲料缺口加大,原料供应趋紧,其中豆粕70%依靠进口;相对短缺的土地与畜牧业快速发展的矛盾日益突出,畜禽养殖企业发展空间受限,一些养殖项目落地困难;畜禽养殖污染治理要求越来越严,养殖场户治污投入成本增加,生产经营压力加大;融资难问题突出,政策扶持力度相对不够,尤其是牛羊扶持政策、畜禽养殖粪污治理政策、病死畜禽无害化处理政策少,畜牧业发展制约因素多。

三 河南省畜牧业发展的基本思路和关键措施

(一)基本思路

面对新形势、新任务和新挑战,2015年河南畜牧业进一步发展的基本思路是:紧紧结合河南畜牧业发展实际,以深化改革为动力,以依法治牧为准则,坚持质量导向,按照集聚发展、集约经营、产业融合、高效安全的发展方向,持续在调结构、提质量、育主体、增效益、破瓶颈、控风险上下功夫,加快畜牧业发展方式转变,持续强化重大动物疫病防控和畜产品质量安全监管,努力确保不发生区域性重大动物疫情和重大畜产品质量安全事故,强力促进畜牧产业转型升级,积极推进河南现代农业大省建设。

(二)关键措施

1. 实施规划,引导科学发展

启动实施《河南省沿黄区域绿色奶业发展专项规划(2014~2020年)》,加快实施千万吨奶业跨越工程,重点推进奶牛标准化规模养殖,培育奶牛养殖大县,布局优质饲草饲料种植基地,培育和壮大乳制品加工龙头企业,推动河南奶业健康发展。加大对奶业、肉牛、肉羊等草食性畜发展的支持力度,重点落实好《河南省沿黄区域绿色奶业发展专项规划》、《河南省肉牛肉羊产业发展实施意见》,优化畜牧业结构,提高畜牧业综合生产能力和竞争力。不断优化产业布局,鼓励、扶持龙头企业自建或联建肉牛、肉羊规模养殖场,依托优势龙头企业着力打造肉牛、肉羊产业化集群。同时,研究制定《河南省现代畜牧业发展"十三五"规划》，提高指导产业可持续发展的能力。

2. 落实政策，推动产业发展

严格落实千万吨奶业工程、肉牛基础母牛扩群增量项目、金融支持畜牧业创新项目、畜禽良种补贴、基层技术推广体系改革与建设等项目，完善管理办法，加强监督检查，确保各项政策有效落实。重点落实《国务院办公厅关于建立病死畜禽无害化处理机制的意见》，在总结病死猪无害化处理长效机制试点建设经验的基础上，不断创新机制，积极推进河南病死畜禽无害化处理工作。按照省财政厅、省畜牧局、河南保监局联合下发的《关于进一步做好财政补贴的育肥猪保险工作的通知》要求，扎实推进河南育肥猪保险工作。

3. 优化配置，突出集群发展

继续推进新野科尔沁肉牛等40个畜牧产业化集群建设，着力推进畜牧龙头企业上市融资步伐，鼓励中小企业到新三板、天交所等平台挂牌，引导企业借助金融资本做大做强。整合各项畜牧业扶持政策向集群养殖基地倾斜，支持和鼓励集群龙头企业自建或联建基地。引导鼓励龙头企业建立产业联盟，发展订单生产，完善产业链条，增强抗风险能力。

4. 因地制宜，发展生态畜牧

积极探索适合河南省情的家庭牧场发展模式，树立推广典型，示范带动河南适度规模养殖发展。加强粪污治理和资源化利用，积极探索农牧结合良性发展道路。加快漯河、平顶山两市生态畜牧业试验示范市建设，积极开展生态畜牧业示范场创建活动，选择不同畜种、不同规模、不同类型生态畜牧业发展模式。继续推进世行生态畜牧业项目建设，确保按期完成建设任务。加大秸秆资源的开发和利用力度，提高秸秆饲料化利用水平。加大对病死畜禽无害化处理和畜禽粪污综合利用的支持力度，重点落实好《国务院办公厅关于建立病死畜禽无害化处理机制的意见》和《畜禽规模养殖污染防治条例》，推动畜牧业生态发展、安全发展。

5. 强化措施，保障质量安全

在动物疫病防控方面，按照"应免尽免，不留空当"的总体要求，持续抓好重大动物疫病防控，全面开展集中免疫工作，并加强跟踪监测和补免补防，强化检疫监管、应急管理等措施，努力确保不发生重大动物疫情；强化小反刍兽疫防控，落实H7N9流感剔除计划，加强医政药政管理，积极开展人畜共患病的联防联控。在畜产品质量安全监管方面，着力落实两项责任，督促指导涉牧企业依法依规组织生产经营，建立完善覆盖全职责的质量安全监管制度，强力推进部门监管责任的落实；开展"畜产品质量安全执法监管年"活动，规范日常监督巡查，严厉打击危害畜产品质量安全行为，加强畜产品质量安全监测预警体系建设，继续开展瘦肉精、生鲜乳等专项整治，强化检打联动，提高畜产品质量安全的风险管控能力。

6. 创新机制，增强发展活力

深入推进市县两级畜禽屠宰监管体制改革，探索建立从投入品供给、畜禽养殖、收购运输到产品屠宰的全程监管体系。加强行政审批制度改革，承接好国家下放的许可职能，主动向省辖市下放职能，做好简政放权。加快创新投融资机制，总结推广省畜牧业投资担保公司的经验和做法，引导各地成立畜牧业担保机构，创新金融支持力度，重点加快构建畜牧业担保体系，解决好产业发展中的瓶颈制约问题。进一步完善育肥猪保险机制，提高育肥猪承保面。探索畜产品质量安全监管机制，研究建立畜产品收贮运环节监管制度、涉牧企业诚信体系建设等。

7. 依法治牧，提高履职水平

依法履行部门职能，进一步梳理权力清单，规范完善行政程序，强化行政权力制约与监督，确保依法行政。健全重大事项依法决策制度，完善政务信息公开制度，规范行政处罚裁量权工作，全面落实依法行政责任制和违法责任追究制。全面梳理现行相关制度规范，严格审查、规范运行。探索完善法制宣传培训教育新机制，强化高素质执法队伍建设，提高依法行政能力。

8. 搭建平台，促进信息化建设

完善河南畜牧业信息化标准体系，指导河南规范有序地开展信息化建设工作。抓好省级畜牧业综合信息平台建设，重点完善省级小型云平台硬件建设，实现河南数据集中共享。同步推进试点市县信息化建设，示范和引领河南畜牧业信息化建设。继续开发畜牧业综合信息平台应用系统，拓展信息平台功能。完善省市县三级高清视频会商和视频监控系统，对重点部位、重点场所实施远程监管。积极开展物联网应用研究，利用物联网技术指导畜牧业稳定发展。利用现代信息技术，强化畜牧业生产预警，提高河南服务畜牧产业发展的水平。

B.6 河南林业发展与生态省建设现状分析及对策

彭俊杰[*]

摘　要： 森林是陆地生态系统的主体，林业是生态环境建设和生态保护的主体，是建设生态文明、构建社会主义和谐社会的主阵地。长期以来，河南省在林业发展与林业生态省建设方面已有一些成功的实践与探索，但在森林资源总量、生态环境保护和林业产业化等方面仍然存在许多问题。因此，本文提出应从重点抓好林业生态省建设提升工程、生态脆弱区的治理与恢复、林业产业化的融合发展和林业法制建设等四个方面，加快河南省林业发展，促进林业生态省建设，实现自然—经济—社会的可持续发展。

关键词： 河南省　林业发展　生态省建设

　　加强生态文明建设、保障国家生态安全是 21 世纪人类共同面临的重大课题，也是我国实现自然—经济—社会可持续发展的重要基础。党的十八大报告提出，要把生态文明建设放在突出地位，融入经济建设、政治建设、文化建设、社会建设各个方面和全过程，努力建设美丽中国，实现中华民族永续发展。森林是陆地生态系统的主体，林业是生态环境建设和生态保护的主体，是建设生态文明、构建社会主义和谐社会的主阵地。近年来，随着全球气候变暖和人类活动的加强，我国的森林生态系统面临着生态环境脆弱、水资源短缺、

---

[*] 彭俊杰，河南省社会科学院科研处助理研究员。

生态灾害频繁、生物多样性降低等十分严峻的生态危机，对人类生存发展构成了巨大威胁。因此，促进林业发展对保障国家生态安全、加快生态文明建设、实现自然—经济—社会的可持续发展具有十分重要的意义。

一 河南加快林业发展、促进生态省建设的重要性

推进河南林业生态省建设，是省委、省政府从经济社会长远发展和人民群众切身利益出发，从全局和战略高度出发，做出的重大决策，对河南实现经济、社会、生态环境健康、协调、可持续发展，建设美丽河南，具有十分重要的理论和现实意义。

（一）建设生态文明的具体体现

党的十八大报告将生态文明建设提到了前所未有的高度，并将其与经济、政治、文化、社会建设一起列入"五位一体"的总体布局。生态文明建设地位的提升，表明党对生态发展规律的认识更加深刻。林业是生态文明建设的主体，承担着生态环境建设和林产品有效供给的双重任务。林业兴则生态兴，生态兴则文明兴。加快林业发展促进生态省建设既是改善当前脆弱的生态环境、积极应对全球气候变暖、保障国土空间生态安全的战略举措，又是改善人居环境、提高人民群众的生活水平和质量、为子孙后代提供资源环境的永续利用、实现全面协调可持续发展、建设生态文明的客观要求。

（二）保障国家粮食安全的现实需要

随着国家促进中部地区崛起战略和国家粮食战略工程河南核心区、中原经济区、郑州航空港经济综合实验区三大战略规划的实施，对土地和环境资源的需求日益趋紧。其中，建设粮食核心区和中原经济区，其核心思想就是要走不以牺牲农业和粮食、生态和环境为代价的新型工业化与新型城镇化的道路，真正做到生态环境不破坏、粮食产量不下降、农业地位不削弱。这是河南建设国家粮食生产核心区的庄严承诺，也是河南对国家和民族应当承担的重大责任。2014年，河南省粮食总产量达到1154.46亿斤，增幅为1%。到2020年，河南粮食综合生产能力要达到6500万吨，这意味着未来几年内，河南的粮食产

量要年均增长约10万吨，但在资源环境约束加大、生产风险和市场风险提高、科技进步有限的背景下，实现这一目标是有很大难度的。河南林业发展与生态省建设为粮食生产创造了良好的生态环境，有效地保障了国家粮食安全。促进林业发展与生态省建设，构建完善的防护林体系一方面能有效降低田间风速，减少蒸发，增加湿度，调节温度，为农作物生长发育创造良好的生态环境；另一方面大大增强农业生产抵御诸如高温、干旱、冻害等自然灾害的能力，促进农作物增产稳产平均约10%。加快林业发展，促进生态省建设，不仅能促进农业稳产高产，而且其提供的大量林果产品降低了粮食消耗，为维护全省经济社会稳定和保障国家粮食安全提供重要支撑。

（三）实现经济社会永续发展的内在要求

绿色发展是当今世界发展的主题，是一个国家综合实力和国际竞争力的有力体现。纵观世界发展的实际经验，生态环境已经成为评估国家发展潜力的重要组成部分，并把生态安全作为国家安全的基本战略之一。尤其是我国的出口贸易正面临着来自发达国家"绿色壁垒"的挑战，对外贸易发展受到了很大的冲击。因此，在这一国际国内发展环境下，要想继续保持河南经济持续健康的发展势头，吸引更多的外地企业来这里扎根落户，就必须更加注重生态环境建设与保护，努力建设美丽河南。林业是最大的绿色经济体，承载着潜力巨大的生态农业、循环工业和内容丰富的服务业功能，对现实经济社会永续发展和人类生存具有不可替代的作用。推进河南生态省建设、构建稳定的森林生态系统要求我们必须遵循生态学理论和方法，充分运用现代科学技术手段，深化产业结构调整和经济转型升级，发展循环经济和绿色经济，有效改善生态环境，加快实现资源与环境的永续利用，为中原崛起、河南振兴、富民强省提供更广阔的生态环境容量和生态发展空间。

（四）解决生态环境瓶颈制约的必然选择

河南在经济快速发展的同时，也面临着一系列的生态问题。据2013年河南环境状况统计公报显示，全省18个省辖市与上年相比，PM10（可吸入颗粒物）、二氧化氮、二氧化硫年均浓度分别上升36.6%、24.2%、4.4%。河南人地矛盾十分突出，森林覆盖率严重不足，水体污染、大气污染和土壤污染比较严重；山地森林林相单一，林分质量不高，低质低效林多，防护效能较差；城市的热岛效应明显，林网、通道绿化没形成完整的网络；城镇防护林体系建设质量不高；城市和农村的人居环境与经济发展不相适应等。在日益加剧的生态环境现实压力的倒逼下，如何更好地发挥林业的生态功能是一个亟待解决的现实问题。因此，在科学推进新型城镇化发展过程中，迫切需要林业生态系统发挥改善城市生态环境、缓解热岛效应等功能；在实现工业转型升级过程中，迫切需要林业生态系统发挥合理高效的生态隔离、生态缓冲和生态修复等功能；在发展生态旅游中，迫切需要林业生态系统发挥旅游、休憩、度假和观光等功能；在发展现代农业中，迫切需林业生态系统发挥生态调节和生态防护等功能。

二 河南林业发展与生态省建设的主要成效

河南林业生态省建设自2007年11月启动以来，至今已经过7年的探索实践，在一系列政策措施的作用下，已取得了显著成效。

（一）造林绿化成效显著

根据河南省林业生态省建设的总体部署，按照主体功能区的规划定位，构筑"桐柏—大别山地生态区、伏牛山地生态区、太行山地生态区、平原生态涵养区、黄河滩区生态涵养带、南水北调中线生态走廊和沿淮生态走廊"四区三带区域生态网络。全面启动了9个国家林业重点工程项目建设，以农田防护林体系改扩建工程、防沙治沙工程、森林抚育和改造工程为抓手，在环城防护林和城郊森林、村镇绿化、铁路和高速公路防护林、生态能源林建设等项目建设方面整体推进河南林业生态省建设。2008~2013年，全省共完成造林2546.6万亩，完成森林抚育改造764.3万亩，5年新增森林面积906.8万亩、森林蓄积量1291万立方米，森林覆盖率增加3.62个百分点。2013年底，全省森林面积达到5756.5万亩，森林蓄积量达到14227万立方米，森林覆盖率达到22.98%，全年林业总产值达1088亿元。

（二）林业产业稳步发展

林业产业集群效应初显。2013年，全省经济林总面积达1300万亩，年产量达到665万吨，森林覆盖率为21.5%，林业总产值已达1258亿元。全省各地依据当地森林资源优势，坚持生态建设产业化、产业发展生态化理念，逐步发展起一批以骨干企业为龙头的林产品加工企业，初步形成新郑、灵宝等地的果品加工集群，濮阳、商丘、长葛、尉氏、邓州等地的林板与家具加工集群，武陟、濮阳高新区等地的林纸加工集群，信阳浉河、新县等地的茶叶加工集群，西峡等地的森林药材加工集群等，有效地提高了当地林产品资源的转化率和附加值，推动了当地经济发展。森林旅游业发展迅速。截至目前，共建立了30处国家级、67处省级森林公园和11处自然保护区生态旅游区，接待游客由2001年的407万人次增加到2013年的2170万人次，森林旅游业直接经济收入达到5亿元。嵩山、云台山、白云山、龙峪湾、鸡公山、宝天曼、老界岭等林区，已成为全省乃至全国的名牌景区。

（三）固碳减排效应明显

气候变化和二氧化碳浓度升高已成为全球共同关注的焦点和世界各国面临的共同挑战，《京都议定书》为工业化国家规定了减排任务。充分发挥森林的碳汇功能是实现降耗减排的战略选择。对河南省来说，随着经济快速增长，碳排放量不断增加，节能减排任务越来越重。1993~2013年，河南省活立木蓄积量和森林蓄积量呈上升趋势。活立木蓄积量从1993年的11748.64万立方米上升到2013年的22880.68万立方米；森林蓄积量从1993年的5047.12万立方米上升到2013年的17094.56万立方米（见图1）。截至2013年底，全省共有森林5386万亩，通过光合作用每年固定二氧化碳8700万吨，全省湿地植物年固定二氧化碳451.00万吨，相当于全省当年总能耗排碳量的12.64%左右，林业生态效益总价值超过4750亿元。在固定二氧化碳的同时，全省林木资源、湿地植物每年还释放氧气4097.78万吨（其中森林资源年释放氧气3767.58万吨，湿地植物年释放氧气330.20万吨）。并且随着树木的不断生长，幼龄林、中龄林会存储更多的二氧化碳，将发挥重要的碳汇功能（见图2）。这就足以说明河南林业在间接减排上的作用巨大，提升了经济社会发展的生态承载能力，拓展了中原经济区经济发展的容量和空间。

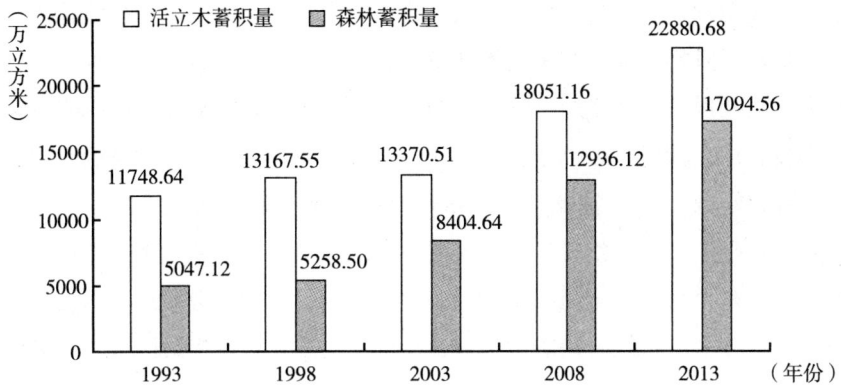

图1　1993～2013年河南省森林、活立木蓄积量变化

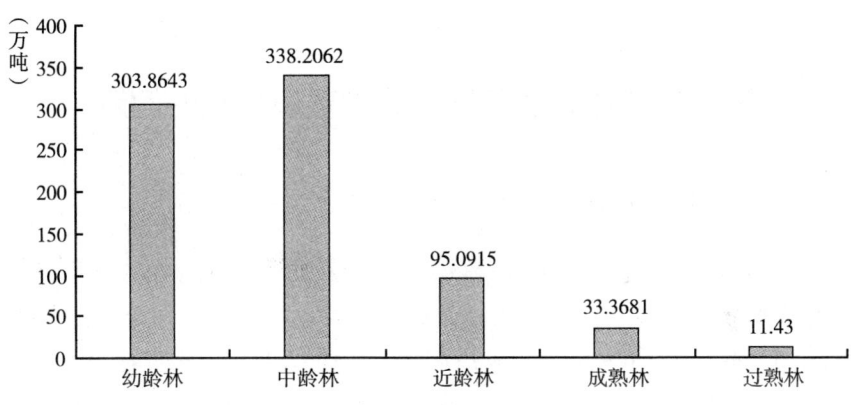

图2　河南省各林龄树种碳吸收能力对比

（四）环境意识不断增强

河南省委、省政府坚持把环境保护和生态建设作为落实科学发展观，转变经济发展方式，加快中原崛起、河南振兴、富民强省的重要抓手，积极探索不以牺牲生态和环境为代价的"四化"同步科学发展路子，相继出台了《河南省减少污染物排放条例》、《关于建设美丽河南的意见》、《河南林业生态省建设提升工程规划（2013～2017）》，组织实施了"蓝天、碧水、乡村清洁"三大工程，生态文明建设取得积极进展，全省环境意识不断增强。全省各地紧紧

围绕生态文明建设、总量减排重点项目建设、大气污染防治专项执法检查开展环境保护新闻宣传活动；利用世界环境日创新开展"公众环保体验"、"青年引领未来　建设美丽河南"、中原环保世纪行等公众参与体验活动；积极开展绿色学校、绿色社区、绿色企业创建工作，先后命名24家省级绿色企业、44家省级绿色学校、19家省级绿色社区；加强环境教育培训，举办企业社会环境责任、青年环境友好使者、环保新闻发言人等培训班，致力于提高社会公众环境意识。截至目前，全省上下已逐渐达成了"生态环境保护、林业生态省建设与经济社会可持续发展协调推进，以林业生态省建设推动区域生产力优化布局，以林业生态省建设推动产业结构调整，以林业生态省建设推动经济发展方式转变，在加快林业生态省建设中不断推动工业化、城镇化、信息化和农业现代化'四化'同步发展"的共识。

三　河南林业发展与生态省建设存在的问题

（一）资源总量不足，森林覆盖率低

据第八次全国森林资源清查资料（2009~2013）显示，2013年河南省林业用地面积为504.98万公顷，森林面积为359.07万公顷，在全国排名第22位，人均占有林地面积约占全国平均水平的1/5；森林覆盖率只有21.5%，在全国排名第20位，低于全国平均水平0.13个百分点（见图3）。在林地资源总量上表现明显不足，林业用地面积只占全省土地总面积的29%，林业发展空间有限，严重制约经济社会发展对环境质量不断增长的需求。森林资源分布也不均衡，森林资源丰富的地区主要集中在豫西山地、伏牛山一带，其林业用地面积、有林地面积、活立木蓄积量分别占全省总量的68.3%、68.2%、57.4%；豫北的太行山地区，土壤较为贫瘠，立地条件较差，森林资源贫乏，其林业用地面积、有林地面积、活立木蓄积分别只占全省总量的10.3%、6.8%和8.8%。森林资源总量不足，森林覆盖率低且林业资源分布不均，严重影响了河南省林业生态功能的整体发挥，制约了林业发展与生态省建设的进程。

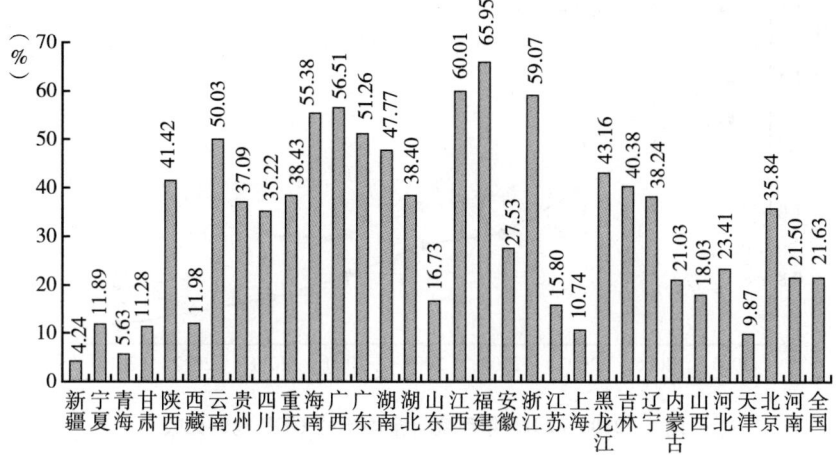

图3 全国不同省份森林覆盖率的比较

(二)生态环境脆弱,自然灾害频发

河南作为人口大省,在经济不断发展的同时,面临着资源、能源和环境的现实压力,环境退化和资源耗竭引起的生态环境脆弱依旧严峻。具体表现为大气污染较重,雾霾天气多发频发;水污染问题突出,部分河流水质超标,农业面源污染、重金属、地下水、土壤、持久性有机物污染仍处高发态势;产业结构不合理,能源利用效率不高。就单位 GDP 能耗指标来看,2005～2013 年,河南单位 GDP 能源消耗均高于全国平均水平 7.8%～16.7%(见图4)。另外,随着人类活动的加剧和气候变暖的影响,干旱、洪涝、寒潮等自然灾害频发,给粮食生产、水资源、森林生态系统以及人类健康造成了诸多不利影响,阻碍了经济社会的可持续发展。据统计,河南省每年因自然灾害而造成的经济损失为 30 亿～40 亿元,受灾最严重时高达 70 亿～80 亿元。

(三)产业进程缓慢,产业结构不合理

林业产业化发展进程缓慢,总体水平较低,大多数林产品加工企业规模小、产品档次低、附加值低,呈"多而散,小而全"的态势,缺乏龙头企业的带动作用。林业产值占全省国内生产总值的比重很低。2013 年,河南生产

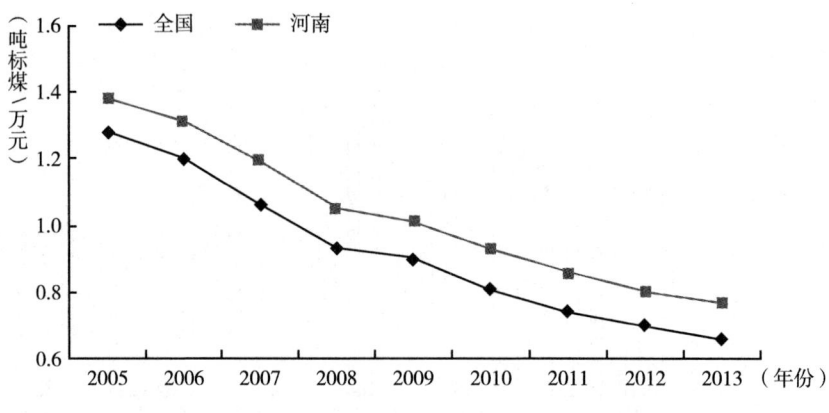

图4 2005~2013年河南与全国单位GDP能耗比较

总值为32155.86亿元，其中林业总产值为1263亿元，比重仅为3.9%，和浙江（比重为9%）等林业产业发达省份相比差距较大。整体来看，河南省林业产业结构不合理，林业产业之间发展不平衡。2013年，河南省林业产业结构中一、二、三产业的比重为5:4:1，第一产业比重大，第二、三产业严重滞后，并且一、二、三产业之间缺乏有机整合。目前，第二产业链条较短，生产能力不足，技术装备水平落后，还处于起步阶段，还没有形成真正的林业产品优势，缺乏核心竞争力；第三产业基础设施和服务体系不健全，林业生态旅游发展缓慢，辐射带动能力较弱。

四 河南加快林业发展、促进生态省建设的政策建议

（一）重点抓好林业生态省建设提升工程

重点抓好林业生态安全体系提升工程。根据河南省生态环境现状和区域特征，一方面要继续推进国家林业重点工程建设，加快林业生态廊道网络建设、"百千万"农田防护林体系建设、城镇社区绿化与美化建设和山区营造林体系建设，努力形成"四区三带"区域生态安全网络（"四区三带"即：太行山地生态区、伏牛山地生态区、桐柏—大别山地生态区、平原生态涵养区和黄河滩区生态涵养带、南水北调中线生态走廊和沿淮生态走廊）；重点抓好绿色富民

产业体系提升工程。依托河南省独具特色的林业资源优势,建立林业种植、林业加工、林业旅游和林业信息化一体化发展的林业产业化集群,促进林农增产增收;重点抓好林业生态文化体系提升工程。依托河南省丰厚的历史文化底蕴,开展生态文明教育示范基地建设,积极引导和教育人民牢固树立珍爱自然、崇尚文明的生活习惯和消费方式;进一步加强林业资源管理,建立健全全省林业资源保护与管理体系。加强林业生态系统动态变化的监测工作,建立林业防灾减灾机制,高度重视林业科技创新和人才队伍建设。

(二)重点加强生态脆弱区的治理与恢复

深入推进沙化土地治理,加大林草植被保护力度,充分发挥生态系统自我修复功能。继续实施退耕还林、天然林保护、水土保持等一批与防沙治沙相关的重点生态建设工程,建立完善的林业防护体系。加大水土流失治理力度,按照"预防为主、全面规划、综合治理、因地制宜、加强管理、注重效益"的水土保持方针,以小流域为单元,以治理低丘缓坡为主攻方向,开展豫北太行山、豫西伏牛山、豫南桐柏山和大别山等水土流失严重地区的综合治理。加强矿山生态保护与恢复治理,促进矿山开发与环境保护协调发展。建立矿山生态保护和次生地质灾害控制的综合治理体系和生态环境动态监测体系,加强脆弱地区生态环境的监督与管理,严格执行生态脆弱区的生态环境影响评价和潜在次生地质灾害发生可能性评估制度、开发利用过程中的"三同时"制度、土壤修复制度和污染物排放收费制度。加强重大自然灾害防治能力建设,积极应对气候变化及其由此引发的极端气候事件能力建设。加强旱、涝、低温等农业防灾减灾设施与管理体系建设,建立自然灾害预警系统,健全监测网络,提高防灾、减灾和应急水平。

(三)积极促进林业产业的内外融合

积极促进林业与工业、旅游业、信息化的融合发展,增强林业发展活力。加快林业与工业的融合,运用工业理念与经营方式进行林业生产和管理,实现林业土壤环境、林业品种选育、林业栽培管理等一系列生产过程的全程控制,实现林业的生产、加工、运输和销售的有机衔接,进而提高林业产业化水平,加快推动传统林业向现代林业转型升级,从而实现林业经济效益、社会效益、生态效益的有机统一。加快林业与旅游业的有机融合，积极发展以林业为主题的观光、旅游、休闲、度假、科教等多种形式的林业产业，大力培育和扶持森林公园、自然保护区、国有林场等有地方特色的森林生态旅游景区，促进林业产业和旅游业的融合发展，优化和提升森林旅游区的品位。加快林业与信息化的融合，坚持以信息化带动林业产业化健康发展。建立以林业地理信息系统为主体的林业信息化基础平台和森林资源、林业统计、工程项目等林业数据库体系和省林业数据交换中心，建立健全林业应急指挥、森林资源和野生动物疫病疫情监测与管理、工程项目管理、林政资源管理、森林公安网络执法与业务管理、造林质量监测等应用系统和网上行政审批等电子政务系统。

（四）扎实推进林业法制建设

积极推进林业生态立法，完善林用地流转、退耕还林补偿、林业生态补偿、林业生态环境保护、森林旅游与林产品开发等方面的政策。提高林业执法能力，加强服务型林业执法建设、林业综合执法机构和队伍建设，创新林业执法机制，坚决打击与林业有关的一切违法犯罪行为，为林业生态安全提供保障。加强林业执法规范化建设和林业行政执法与监督综合管理系统建设，建立健全执法公示制度和执法责任追究制度，落实执法责任，强化执法监督，建立权责明确、行为规范、监督有效、保障有力的林业行政执法体系。

参考文献

栗朋朋、李博、朱卫勇等：《河南乔木林生长现状及生长碳吸收研究》，《创新科技》2013年第3期。
河南省人民政府：《河南林业生态省建设提升工程规划（2013~2017年）》，2013。
河南省人民政府：《河南生态省建设规划纲要》，2013。
河南省环境保护厅：《2013年河南省环境状况公报》，2014。

B.7 河南农产品加工业现状分析与发展对策*

赵予新**

摘　要： 农产品加工业已成为河南最重要的支柱产业。然而，河南农产品加工业的产业集中度不高，产业集群发育程度较低，农产品精深加工能力亟待提高。河南农产品加工业要由大变强，必须走出以往"以农为主"的资源主导型发展模式，以新型工业化为引领，推进产业转型升级。

关键词： 农产品加工业　转型升级　河南省

农产品加工业，以粮棉油、肉蛋奶、果蔬菜等特色农产品的加工增值、资源转化、深度开发为主，包括农副食品加工业、食品制造业、饮料制造业、烟草制品业等子行业。近年来，河南从农业大省的实际出发，积极发展农产品加工业，延长农业产业链，增加农产品附加值，开辟了一条农业增效、农民增收的有效途径，农产品加工业已经成为带动河南经济发展的重要支柱产业，对促进河南经济社会持续发展、加速新型城市化、新型工业化和农业现代化进程发挥了积极作用。

一　河南省农产品加工业取得的成效

（一）农产品加工业已成为最重要的支柱产业

河南各地依托具有优势的农产品资源，大力发展以农副食品加工、食品制

---

* 数据整理与表格绘制：马琼、赵志强、李文琦、宋晓丹、邵赛娜。
** 赵予新，河南工业大学院长助理，博士，教授，研究方向为农业经济。

造、纺织等为主的农产品加工业，有效地促进了地方经济发展。2013年，河南从事农产品加工业的企业单位有7100个，资产总计13739.82亿元，利润总额1473.99亿元。当年河南农产品加工业主营业务收入为13599.40亿元[①]，是全省农业总产值3958.95亿元的3.44倍；是当年全省规模以上企业工业销售产值50770.49亿元[②]的26.8%，农产品加工业已经成为河南经济的支柱产业。表1列示了2013年河南农产品加工业各子行业的主要经济指标。

从农产品加工业各子行业近年来的发展速度上来看，除了造纸及纸制品业近两年主营业务收入增速有所下降以外，近年来河南农产品加工业各子行业的主营业务收入总体上呈现增长态势，有些年份增长速度较快（见表2）。2013年，农产品加工业中各子行业主营业务年收入居前三位的是：农副食品加工业、纺织业和食品制造业，三者合计的主营业务年收入为9200.65亿元，占农产品加工业主营业务年收入13599.40亿元的67.7%。根据河南省统计局《2014年第一季度河南工业经济形势分析》提供的数据，在2014年第一季度拉动全省工业经济增长的前10个行业中，农副食品加工业同比增长12.1%，较2013年同期增加2.60个百分点，对全省工业经济增长的贡献率为7.7%，是拉动全省工业经济增长的主要力量之一。

表1　2013年河南省规模以上农产品加工业主要经济指标

单位：个、亿元

行　　业	单位数	资产总计	主营业务收入	利润总额	本年应交增值税
农副食品加工业	1989	2479.40	4973.19	403.86	88.23
食品制造业	731	1070.58	1951.20	202.81	48.36
酒、饮料和精制茶制造业	456	862.39	1208.06	113.06	27.57
烟草制品业	19	349.01	448.38	78.29	50.48
纺织业	988	1529.62	2276.26	163.55	44.41
纺织服装、服饰业	496	437.12	765.42	63.04	17.07
皮革、毛皮、羽毛及其制品和制鞋业	474	1157.62	1075.98	112.90	25.50
木材加工及木、竹、藤、棕、草制品业	547	413.72	728.17	69.40	15.66
家具制造业	292	279.85	466.87	51.33	10.47
造纸及纸制品业	380	645.88	900.91	74.10	23.63
橡胶和塑料制品业	728	808.26	1442.17	141.65	35.43

资料来源：《河南统计年鉴（2014）》。

[①] 根据《河南统计年鉴（2014）》提供的数据汇总得出。
[②] 《中国工业统计年鉴（2013）》，第302页。

表2　2008~2013年河南省农产品加工业部分行业主营业务收入及增长情况

单位：亿元，%

行业	2008年		2009年		2010年		2011年		2012年		2013年	
	主营业务收入	比上年增长	主营业务收入	比上年增长	主营业务收入	比上年增长	主营业务收入	比上年增长	主营业务收入	比上年增长	主营业务收入	比上年增长
农副产品加工业	2138.18	—	2322.22	8.6	3024.34	30.2	3949.84	30.6	4202.10	6.4	4973.19	18.4
食品制造业	716.79	—	856.26	19.5	1131.84	32.2	1501.21	32.6	1592.80	6.1	1951.20	22.5
酒、饮料和精制茶制造业	447.29	—	510.87	14.2	672.84	31.7	911.64	35.5	1008.61	10.6	1208.06	19.8
烟草制品业	212.03	—	241.28	13.8	280.93	16.4	337.44	20.1	414.03	22.7	448.38	8.3
纺织业	914.22	—	1041.13	13.9	1316.69	26.5	1931.68	46.7	1935.26	0.2	2276.26	17.6
纺织服装、服饰业	141.15	—	197.58	40.0	319.83	61.9	464.59	45.3	592.23	27.5	765.42	29.2
皮革、毛皮、羽毛及其制品和制鞋业	300.02	—	379.79	26.6	497.36	31.0	688.92	38.5	913.90	32.7	1075.98	17.7
造纸及纸制品业	622.84	—	653.78	5.0	807.64	23.6	1025.30	27.0	922.70	-10.0	900.91	-2.4

资料来源：《河南统计年鉴（2009~2013）》。

（二）农产品加工业为保就业、惠民生做出了贡献

2009年，河南农产品加工业中的农副食品加工业，食品制造业，酒、饮料和精制茶制造业，烟草制品业，纺织业，纺织服装、服饰业，造纸及纸制品业等七类行业从业人数为92.49万人，2013年达到143.36万人，后者比前者增长了55.0%。

2013年，河南农产品加工业中占从业人数比例最大的三个行业是农副食品加工业（30.3%）、纺织业（23.1%）、食品制造业（16.8%）。从七个行业从业人员的增长速度来看，纺织服装、服饰业从业人数2013年（16.94万人）是2009年（5.20万人）的3.26倍。农副食品加工业，酒、饮料和精制茶制造业，食品制造业2013年的从业人数分别比2009年增长了69.3%、66.9%、64.5%。从表3列示的七类行业2013年与2009年从业人员数量的对比可以看出，农产品加工业的发展为保就业、惠民生做出了重要贡献。

表3 2009年、2013年河南省农产品加工业部分行业从业人数及所占比重对比

单位：万人，%

行业	2009年		2013年	
	从业人数	所占比重	从业人数	所占比重
农副食品加工业	25.64	27.7	43.40	30.3
食品制造业	14.64	16.0	24.08	16.8
酒、饮料和精制茶制造业	7.83	8.5	13.07	9.1
烟草制品业	1.66	1.8	2.01	1.4
纺织业	27.72	30.0	33.08	23.1
纺织服装、服饰业	5.20	5.6	16.94	11.8
造纸及纸制品业	9.80	10.6	10.78	7.5

资料来源：《河南统计年鉴（2010、2014）》。

（三）主食工业化发展态势良好

2012年，农业部发布了《关于实施主食加工业提升行动的通知》（农企发［2012］号），将河南作为全国实施主食加工业提升行动的四个试点地区之一。河南省把主食工业化发展作为推进食品工业结构升级的重要途径，出台了《河南省人民政府关于大力推进主食产业化和粮油精深加工的指导意见》（豫政［2012］33号）和《2012~2020年河南省主食产业化发展规划》。为适应市场需求的变化，河南主食加工业转变了以生产传统米面制品为主的局面，生产的品种越来越多样化。在主食工业化方面，成长起来一批领军企业。仅在省会郑州的周围就形成了"思念"、"三全"、"白象"、"多福多"等一批品牌企业，这些企业已经成为引领主食加工业发展的骨干力量，借助与中原地区交通便利的条件，产品覆盖全国大部分地区[①]，形成一批中国名牌产品，如"思念"、"三全"、"兴泰"、"白象"等。其中"思念"、"三全"食品在全国速冻食品生产企业中居于领先地位。河南省的方便食品制造业总产值居全国第一位，超过全国总产量的1/4。与此同时，主食工业化生产的技术装备水平继续提升。

---

① 《中国农产品加工业年鉴（2013）》，第68页。

（四）农产品加工企业规模逐步扩大

全省农产品加工业持续向主要原料产区、重点销售区域和重要交通物流节点集中，企业规模逐步扩大。2009～2013年，平均每个企业的从业人数、主营业务收入、资产总额总体上均有较大幅度的增加。2013年，农副食品加工业，食品制造业，酒、饮料和精制茶制造业，烟草制品业，纺织业，纺织服装、服饰业，造纸及纸制品业的平均每个企业的资产总额分别是2009年的3.05倍、1.92倍、2.39倍、1.92倍、2.67倍、2.84倍、1.93倍。企业规模的扩大增强了竞争实力和对产业的带动能力。然而，需要指出的是，从平均每个企业的资产总额来看，除了烟草制品业以外，其他各类企业规模总体上仍然不大。

（五）农产品加工业出口创汇稳步增长

2013年，河南省农副食品加工业等七个子行业的出口交货值合计为209.38亿元。就出口交货值的构成来看，2013年占全省农产品出口交货值比例较大的三个行业是皮革、毛皮、羽毛及其制品和制鞋业（30.9%），纺织业（17.7%），纺织服装、服饰业（13.7%）。从七个子行业的出口交货值占全国的比例来看，虽然不同年份有所波动，但总体上变化不大；食品制造业，酒、饮料和精制茶制造业，纺织业，纺织服装、服饰业，皮革、毛皮、羽毛及其制品和制鞋业，造纸及纸制品业出口交货值占全国的比重在波动中有所提高，但总体上所占份额不高。2014年以来，一些行业的出口创汇继续呈现良好的发展态势。以农副食品加工业为例，2014年第一季度河南省农副食品加工业出口交货值达5.02亿元，同比增长28.8%。[1]

二 河南省农产品加工业存在的问题

（一）多数企业技术水平不高，产业链条短

河南大部分农产品加工企业的技术力量弱，生产效率低；相当一部分农产

---

[1] 《2014年1～3月河南农副食品加工业主要经济指标》，中研网，2014年5月15日。

品加工企业没有建立研发机构，缺乏必要的技术装备，难以利用先进的科技成果进行高端产品的生产；许多企业长期以来习惯于采用传统的加工方式和手工生产技术，作坊式的加工比较普遍，只能生产"大路货"，这类产品门槛低，导致产品在市场上缺乏竞争力。值得注意的是，许多企业缺乏技术储备和技术创新意识，缺乏新产品研发人才，特别是十分缺乏从事农产品精深加工的科研和技术人才。

由于技术水平不高，农产品精深加工的数量所占的比例较小，大多数农产品加工产品只是经过简单的初加工就投入市场，多层次开发的产品为数很少，资源加工转化和综合利用效率低，产业链条短。据业内人士介绍，全省农产品精深加工产品的比例仅占20%左右。河南省南部的一些地区，优质稻米加工的附加值是中籼稻米的几倍，然而，许多农产品加工企业采用自我经营模式，缺少实力强的龙头企业带动，难以实行产业化经营，使粳稻、香稻加工发展缓慢。河南作为全国最主要的小麦主产省，许多小麦产区多年来习惯于主要销售原粮，从事精深加工的很少，高附加值产品就更为少见。

（二）农产品加工业产业集中度低，企业实力不强

河南的农产品加工业总体上规模小，产业集中度低，企业辐射带动能力不强。"多、小、散"是农产品加工企业的总体特征，多数加工企业停留在"小而全"的生产经营模式上。在中粮协公布的全国大米加工50强企业（2012年）中，河南只有河南山信粮业有限公司一家。在全国小麦粉加工50强企业（2012年）中，河南有5家。在全国植物油加工50强企业（2012年）中，河南有3家。在全国造纸行业10强企业（2012年）中，河南省没有一家。在全国啤酒产量20万kL以上、啤酒销售收入3亿元以上的企业（2012年）名单中，只有河南金星啤酒集团有限公司榜上有名。在中国饮料工业协会公布的2012年饮料工业产量及销售收入前20强企业名单中，河南省没有一家企业入选。在中国造纸协会公布的我国重点造纸企业产量排名前30的企业名单中，只有河南漯河银鸽实业集团有限公司入选。在我国印刷机械企业实现销售收入前10名企业中，河南省没有一家。

（三）加工原料生产分散，产业集群发育程度较低

河南的许多农产品加工企业没有原料生产基地，原料分散生产，导致农产

品加工业需要的专用、优质原料不足;一些企业虽有生产基地,但是建设水平不高,规模化、标准化程度低,原料数量和质量难以满足加工要求,没有形成区域性的农产品加工优势。尽管在省内不少地区已经初步形成了具有一定规模的农产品加工产业集群,但总的看来,产业集群的发展普遍存在发育程度不高问题。一些企业"扎堆"形成的"集群"只是同类企业在地域空间上的简单集中,集群内缺乏有效的专业化分工,农产品加工转化能力比较低,产业集群的发展层次较低,可持续发展的能力不强。

(四)知名品牌少,品牌培育需要加大力度

骨干企业数量少,河南农产品加工企业自主品牌少,品牌支撑能力不强。以食品工业为例,河南省食品企业众多,有些食品品牌在全国已有一定的影响力,如"好想你"、"三全"、"思念"、"双汇"等,然而,这些著名品牌只是由为数不多的企业所有,众多的中小型农产品加工企业由于不重视品牌战略,同类食品商标众多,影响力有限,没有在全国形成良好的整体形象。例如,河南酒类企业遍布全省,然而,在中国酒类流通协会公布的2012年白酒十大名牌、中国轻工业联合会信息中心公布的2012年酿酒行业10强企业中,河南没有一家。在中国纺织工业协会等10个专业协会发布的我国纺织工业各行业"企业竞争力"排名前列企业名单(2012/2013)中,只有许昌裕丰纺织有限公司和河南新野纺织集团股份有限公司榜上有名。而在印染业、毛纺织和毛针织业、麻纺业、长丝织造业、针织业、服装业、家用纺织品业、产业用纺织品业等行业"企业竞争力"排名前10的企业名单中,均无河南企业。

(五)行业可持续增长缺乏强有力支撑

在国内外市场需求不足的叠加影响下,农产品加工业市场受到挤压。一些子行业产能过剩问题比较突出,市场需求不旺,企业资金紧张,经营成本上升,盈利能力不足,亏损比较严重。以纺织业为例,2013年在国内外棉花价格差距拉大的情况下,企业订单状况改善不明显,库存增加,效益下滑,中小纺织企业开工不足,停产、转产现象增多。① 其他行业也存在类似情况。在此

---

① 河南省统计局:《2013年全省工业经济形势分析》,河南省统计网,2014年1月28日。

背景下，一些行业的经济增长缺乏有力的支撑，下滑压力大。根据河南省统计局《2013年全省工业经济形势分析》提供的数据，2013年全省农副食品加工业、食品制造业、烟草制品业、纺织业、皮革、毛皮、羽毛及其制品和制鞋业的增长速度均低于全省平均水平，纺织业、农副食品加工业增速与2012年相比，分别回落15.90个和6.10个百分点。

三 河南省农产品加工业发展的思路与对策

当前，河南农产品加工业既面临着转型升级的良好机遇，也面临着日益激烈的竞争压力。笔者认为，发展河南农产品加工业的基本思路是：以促进农业增效、农民增收和农村发展为目标，以提升产业发展质量为主线，以推进产业转型升级为主攻方向，以科技创新为重要支撑，以体制机制创新为动力，培育全产业链骨干企业，积极发展农产品精深加工，建设特色优势产业集群，进一步优化政策环境，把河南建设成全国领先、具有国际竞争力的农产品加工业强省。

（一）以优势地区为依托发展农产品加工集群

结合河南产业集聚区的规划布局，以农产品生产大县（市、区）为依托，发展一批特色农产品加工业产业集群，培育一批农产品加工科技创新基地和产业化示范基地，实现农产品加工与原料基地的有机结合。第一，优化农产品生产基地。根据农产品加工业发展的需要，促进土地和劳动力的合理流动，形成连片种植和规模经营，提高农民的农产品生产组织化程度；打造一批专业化、标准化的优质农产品生产基地，坚持集中化生产，通过统一管理、统一布局、统一生产、统一销售来实现生产基地的规范化。第二，优化农产品加工基地。将农产品加工基地建设与新型城镇化有机结合，创造条件推动农产品加工业向原料产地集中。把农产品生产、加工、物流作为一个完整的产业链，探索实施"品种培育—种植（养育）—管理—运输—加工—储存—销售"一体化管理模式。

（二）着力培育全产业链农产品加工企业

应积极推进农产品加工企业的战略重组。着力推动农产品加工企业与关联企业开展上下游联合协作，形成紧密的协同发展机制。采取切实有效的措施，培育一批在研发设计、生产制造、品牌经营、专业服务、产业链整合等方面具有核心竞争力的大型农产品加工企业。通过建立全产业链骨干企业，实现粮食贸工农一体化经营。将农产品产业链上游、中游、下游的各类企业进行战略重组、并购或联合，组建全产业链的大型企业集团，使河南的农产品加工企业在产业竞争、区域竞争以及国际竞争中占有一席之地。

发展中小型农产品加工企业，有利于创业与就业，有利于生产与生活，有利于投资多元化。中小型农产品加工企业应走"专、精、特、新"的发展道路。根据中小农产品加工企业的实际，可分三种情况：一是转型升级，这类企业虽然规模小，但是具有良好的技术和经营基础，应支持和引导它们优化结构，实现转型升级，支持这类企业做精做优；二是挖掘特色，有些中小型农产品加工企业具有鲜明的地域特色，应鼓励这类企业努力挖掘，采取措施保护和改造具有民间特色的传统工艺，形成"人无我有"的特色产品和特色服务；三是淘汰落后，鉴于河南省农产品加工业产能过剩的情况，应通过实施企业退出机制，淘汰粗放落后的产能，关停不能达标的小企业，引导中小企业在细分市场上做到专业化，在产品质量上做到精细化，在产品品种上做到特色化，在产品开发上做到创新化。

（三）大力提升农产品加工业科技创新能力

企业的自主创新能力是提高农产品加工业核心竞争力的中心环节，也是发展农产品精深加工的前提。应进一步强化企业在技术创新中的主体地位，建议设立农产品加工产业转型升级专项资金；鼓励和支持农产品加工企业加大研发投入，引导社会资源和创新要素向企业转移；支持科研院所、高等院校和企业大力开展农产品种子技术、生化加工技术、精深加工关键装备，粮油、果蔬、畜产品等大宗农产品的农产品深加工关键技术研究；支持企业采用先进技术、生产工艺和设备提高产品质量，开发新产品。积极开发具有自主知识产权的新技术和新产品，鼓励以知识产权等无形资产作价出资创办农产品加工企业；鼓励科技人员通过多种途径参与农产品加工技术研发；加大财政对农产品加工业共性技术的研发、引进技术消化吸收再创新、初创型科技中小企业的支持力度，完善创业投资退出、收益保障和风险承担机制，加快发展创业风险投资，建立以政府投入为引导，企业、社会投入为主体的市场化科技创新投融资体系。

（四）完善农产品质量安全保障体系

一是健全责权明晰的农产品质量管理责任体系。按照农产品所在地政府负总责、生产基地或农产品加工企业负首责、监管部门各负其责的原则，健全农产品质量安全责任体系。有序推进农产品加工企业质量诚信体系建设工作，建立企业质量安全诚信档案；加快推进产品质量诚信评价体系建设，逐步建立企业社会责任信息披露制度。二是健全农产品质量标准和检测体系。建立粮食质量安全标准体系、检验检测体系和认证认可体系。建设好省、地（市、县）和企业三级农产品质量检验检测系统。省级农产品质量检验检测机构应能够承担国家农产品质量、卫生标准规定的全部参数检测任务，并承担对地（市、县）农产品检测机构的业务指导和培训工作。企业农产品检验检测建设的工作重点是：推进良好作业规范（GMP）和危害分析关键控制点（HACCP）管理，强化对农产品加工全过程的控制。三是健全产品质量监督体系。加强产地环境和农业投入品监督，严控源头污染；加强产品包装标识管理，强化质量安全追溯；加大产品质量安全监督力度，加快建立产品质量安全预警机制、质量安全事故处置机制、产品溯源制度、缺陷产品召回制度等。

参考文献

河南省人民政府：《河南省农业和农村经济发展"十二五"规划》，2011年7月。

河南省人民政府：《河南省食品工业调整振兴规划》，2009年9月。

王雅鹏、尹宁、吕明：《大力发展农产品加工业促进农村工业化、城镇化和农业现代化协调发展》，《物流工程与管理》2013年第10期。

杨辰：《河南农产品加工业发展的思考与建议》，《农村·农业·农民》2011年第12B期。

赵予新等：《产粮大省粮食产业链优化研究》，中国农业出版社，2013。

B.8
河南省都市生态农业发展思路及对策

孔喜梅*

摘　要： 都市生态农业是连接都市和传统农区的纽带，河南都市生态农业发展前景广阔，受市场和政府的双重重视，呈现明显的多产业融合发展的特征。但同时，也存在发展的盲目性和同质化等问题，过分重视都市生态农业的多功能性特征，忽视都市生态农业的初衷，都市生态农业各企业之间的协作性不足。未来，河南都市生态农业发展应重视长期规划，引导都市生态农业企业之间的协作，并加强都市生态农业发展的统计和研究工作。

关键词： 都市生态农业　河南省　新型农业

关于都市农业、都市生态农业和其他新型农业之间的关系，学界有两种看法。一种看法是将都市农业、现代农业、生态农业、有机农业和其他新型农业相互替代，没有明确区分他们之间的不同；另一种看法认为都市农业是比现代农业、生态农业等范围更广的农业（于静涛，2005）。《河南省人民政府办公厅关于推动全省都市生态农业发展的指导意见》认为："都市生态农业是城市化发展到一定阶段，适应城乡一体化发展的要求，在都市区域范围内紧密依托城市科技、人才、资金、市场优势，进行集约化生产的农业，是以服务城市、繁荣农村、富裕农民为导向，以现代农业产业体系为载体，以现代科学技术、物质装备、人才队伍、经营方式为保障，以经济效益、社会效益、生态效益相

---

* 孔喜梅，郑州大学商学院教授。

统一为目标的新型农业形态。"这一界定与学术界第二种看法相同，笔者也持同样的观点。因此，本文中所指的都市生态农业是指都市经济辐射范围之内，以服务都市居民的各类需求为生产和经营目的的、集约化和专业化程度较高的各种农业类型。简言之，只要在都市经济辐射影响范围内的农业，无论其采取何种经营形式，都被称为都市农业。

一 河南省都市生态农业发展的现状

河南作为内陆城市，有意识发展都市生态农业的时间较晚，对都市生态农业的研究和关注也是近年来的事情。随着河南省城市化进程的不断推进，城市居民对都市生态农业需求的增加，加上发达地区都市生态农业发展模式和成功经验的影响，河南省都市生态农业的发展在理论和实践层面都取得了长足的进展，进入了新的发展阶段，逐渐呈现以下几个方面的特征。

（一）都市生态农业发展前景广阔

按照日本学者青鹿四郎的观点，都市农业的范围一般是都市面积 2~3 倍[1]。2013 年，河南省城市数量为 38 个，建成区面积 2289 平方公里，照此估计，全省都市农业的地域范围为 4578 平方公里到 6867 平方公里，即 686.7 万亩至 1030.1 万亩，约占全省耕地面积总量的 8.42%[2]。随着城镇化的快速推进、城市建成区面积的扩展，越来越多的传统农区被纳入到城市经济辐射范围之内。以郑州市为例，2013 年，郑州市的建成区面积为 365.61 平方公里[3]，按照 2012 年 2 月通过的《中原经济区郑州都市区建设纲要（草案）》，2020年，郑州市建成区面积将扩展到 1000 平方公里，人口规模将到达 1500 万，相应地，郑州市都市农业的区域也将从 2013 年的 109.68 万~164.52 万亩增加到

---

[1] 俞菊生、张占耕、白尔钿等：《"都市农业"一词的由来和定义初探——日本都市农业理论考》，《上海农业学报》1998 年第 2 期。
[2] 根据《河南统计年鉴（2014）》相关数据计算，其中，河南耕地面积采用的是 2012 年的数据，其他数据均为 2013 年。
[3] 河南省住房和城乡建设厅：《郑州市城市建成区规模出炉》，http：//www.hnjs.gov.cn/zwdt/sxjsdt/2014 - 08 - 19 - 41487.html。

2020年的300万~450万亩。越来越多的原来并不属于郑州市区的农地会变成郑州市都市农业的发展区域，都市人口规模的增加、区域的扩展，为都市生态发展提供了广阔的发展空间和前景。

（二）新建的都市生态农业园区起点较高

经营形式上，都市农业存在传统的"家庭经营"和"园区经营"两种模式。大多数的都市农业采取的仍是家庭经营模式，都市周边的农户在自家的耕地上种植新鲜蔬菜、瓜果，再到城市销售。但都市农业作为一种经营模式受到各方关注和研究的，则是"园区经营"模式。"园区经营"模式建立在规模经营之上，其前提是土地的流转和土地的集中，其经营主体的来源有三种：一是当地有经济实力的居民；二是当地稍微有权势的人，如村委会主任或者其他人；三是外来的工商业资本。这些经营主体将土地集中起来，进行基础设施建设和开发，建立以某一特色农业为基础，以休闲、体验、采摘为一体的多功能农业园区。

河南省都市农业发展之初，虽然也呈现明显的都市服务型特征，如生产的产品多是都市居民日常所需的鲜活农产品，农业的休闲、体验、采摘等多功能性特征明显，但当时的都市农业在基础设施、农业园区技术、管理、服务水平、服务意识和园区配套服务方面都比较落后。果树的盛花期和瓜果蔬菜集中采摘时期，或者逢周末、节假日，园区的道路由于人流增加"进得去、出不来"甚至"进不去、出不来"，游客吃不上饭、上不了厕所也是常见的现象。但近年来新建的一些都市农业园区，无论是硬件设施，还是服务意识、服务能力，都有很大提高。如位于郑州荥阳市的新田城农夫乐园，集农事体验、科普教育、观光旅游、休闲娱乐于一体，占地130亩，按照功能划分为不同主题区域，如私家农场认养区、农耕文化展示区、浪漫花田欣赏区等。从郑州市各个方向都可以方便到达该园区，园区空间指示标识简单明确，卫生间、垃圾桶设置科学有序，园区的员工能简单明确地回答游客的问题，游客出入园区、停车、就餐、娱乐、休闲等可以顺畅进行。

（三）都市生态农业呈现多产业融合发展的特征

都市生态农业的产业归属虽然是农业，但其生产、经营、管理、服务、功能呈现多产业融合的特征。新兴的都市生态农业在经营方面实现了"三次产业的融合发展"。笔者以君源有机农场为例阐述这一点,君源有机农场是由河南君和投资集团投资建设的一家生态农业园区,也是河南省第一家取得欧盟和中国双重认证的有机农场(见表1)。

表1 君源有机农场基本情况

项　目	基本情况
资源基础	位于新郑市观沟,950亩耕地,生活、灌溉用水、电、路、网络设施齐全,餐饮、娱乐、停车位配套,在新乡、安阳、睢县有三个配套基地
设施条件	日光温室120座120亩,连栋温室5栋5万平方米,塑料大棚200座200亩,私人农场3000个,立体全景式高科技农业展览馆正在建设中
农场定位	中国和欧盟双重认证,有机产品
产品类型	私人农场、养殖场、珍奇果蔬种植、蔬菜配送、会员服务、非会员体验服务、参观、休闲、娱乐教育拓展服务
营销模式	有机概念宣传推广,私家农场打理,会员配送,免费陪同参观农场
种植方式	露天种植、温室种植、水培、雾培、基质培、立体种植
农场管理	信息化、现代化、标准化、360度全程可视

资料来源:根据君源有机农场官方网站及参观访谈资料整理。

首先是生产方面的"工业化"。这体现在"标准化"的农场生产管理和服务流程方面。与传统的农区不同,君源有机农场的园区经过科学合理的论证和设计,各区的农地都有专门的编号,每个区域有一个专业工人负责农田日常管理,有一名营销人员负责与客户沟通和联系,就园区种植的作物种类、采摘和配送时间及其他具体要求进行沟通和协调,整个园区有专门的技术人员负责田间技术指导,如何时灌溉、何时施用有机肥和何时技术除虫等。园区日常管理方面,园区对不同生产作业场区的田间管理规范、园区管理、服务和后勤保障人员的工作规范和流程都有清晰的规定,操作规范涉及采摘工具如一把铲子的申领、收发和归还程序。

其次是园区管理的"信息化"。这体现在园区开放、互动式的管理和服务方面,园区的私家农场设有360度摄像头,私家农场主可以通过网络全方位全流程了解自家农场的生产和管理情景。

最后是园区经营的"服务化"。园区的运转不仅依赖于其规范、标准的服务流程，也体现在园区良好的服务水平和服务能力方面。目前，园区的会员或非会员客户，无论是个人、家庭或者团体，若事先与园区联系好参观时间，园区会有专门的工作人员接待，并有免费的导缆车带领参观并介绍园区概况和有机农业的知识，参观结束后客人可以按照个人意愿自行游览。这一过程是该园区一种非常重要的教育、宣传生态有机农业概念和公司自身的行为模式。

为了吸引游客，很多都市生态农业园区不断创新园区活动内容，针对不同年龄层次的游客设计活动内容，如前文提到的新田农夫乐园将农耕文化、动漫人物、经典童话故事与园区充分结合，体现了农业与教育、传承和文化创意产业的结合。采用"园区经营"的都市生态农业，实质上是农业企业，按照企业的标准生产产品，开拓市场，做好售后服务。因此，都市生态农业的产业融合性特征将会越来越多地呈现出来。

（四）都市生态农业发展受到市场和政府的双重重视

2014年9月5日，河南省政府办公厅下发了《关于推动全省都市生态农业发展的指导意见》，该文件对未来河南都市生态农业发展的重点区域、产业方向、发展思路、发展目标和保障措施都做出明确的规定（见表2）。早在2012年，郑州市委、市政府已提出建设现代都市农业示范区的任务，并将都市生态农业作为农业系统的"一号工程"来抓，拟在郑州市农业资源条件优越、产业基础较好的区域，集中规划10个万亩以上的现代农业示范区、30个

表2 河南推动都市生态农业发展的政策措施

项　目	政策措施
重点区域	以郑州、开封、洛阳、许昌、新乡、焦作、郑开都市区和航空港核心都市区一小时交通圈城市为试点
产业方向	提高"菜篮子"、水果、肉蛋奶等生鲜农产品的自给保障能力 发展会展农业、创意农业、设施农业和休闲观光农业
发展思路	产业方向明确，试点城市带动，辐射中原城市群中心城市和城乡一体化区域的县城
发展目标	"菜篮子"产品重要供给区、农业先进生产要素聚集区、农业多功能开发先行区、农业标准化样板区、农产品物流核心区和生态农业示范区
保障措施	产业配套能力、政策法规支持

资料来源：根据河南省政府办公厅《关于推动全省都市生态农业发展的指导意见》整理。

3000亩以上的主导产业突出的产业集聚区和60个500亩以上的充分体现现代农业发展水平的特色产业园，郑州市将园区建设项目作为农业招商引资的载体①。

市场是最好的风向标，都市生态农业吸引越来越多的工商业资本投资，位于新郑市梨河镇陈庄村的君丰农业科技生态园依托航空港经济区，发展"临空农业"，专门生产"供港蔬菜"，其生产的菜心、芥蓝、学斗和鹤斗白等蔬菜生产周期只有28天，平均每天运往广州15吨新鲜蔬菜②。2014年3月，周口开始打造"半小时都市农业生态圈"。截至2013年底，洛阳都市生态农业项目已达938个，从业人员3.8万人，年营业收入26亿元③。

二 河南省都市生态农业发展存在的问题

（一）都市生态农业发展的盲目性和同质化

在都市生态农业渐成行业"新宠"之时，都市生态农业发展也成为各地方政府积极推动的发展项目，并采用"产业集聚区"的方式发展都市生态农业园区。这种由政府主导推动的、"一哄而上"的发展模式，其明显的优点是快速和高效，但其弊端也是显而易见的。由于都市生态农业受到政府的认可和支持，围绕都市生态农业建设的项目也受到过分追捧，导致私人工商业资本大量进入。但是，由于都市生态农业的发展需要流转农户的土地，前期也需要大量基础设施的投入，投资回报期较长，需要详细的发展规划，盲目跟进的资本很容易陷入困顿的境地，导致资源的损失，从而造成都市生态农业发展的盲目性。同时，都市生态农业发展也呈现越来越明显的趋同性。为了吸引游客，各园区不断增加游览项目和内容，使不同的都市农业生态园区呈现"千园一面"

---

① 朱桦、柴琳琳：《我市转变农业发展方式，大力发展现代都市农业》，http://zzwb.zynews.com/html/2013-09/07/content_501348.htm。
② 《都市生态农业成新宠，国企高管辞职"抢滩"新郑》，http://hn.ifeng.com/jiankang/pinzhishenghuo/detail_2014_08/05/2710921_0.shtml。
③ 《河南省都市生态农业现场会在洛阳召开》，http://henan.farmer.com.cn/details/2014092915091353578328.html。

的现象，园区特色不明显，呈现同质化倾向。在都市生态农业的发展方面，政府的角色不应是积极的行动者，而应该是一个站在基于对土壤、水利、自然的可持续和长期生态平衡评估基础上的战略规划者。

（二）过分强调都市生态农业的多功能性，忽视了都市生态农业发展的初衷

多功能性是都市生态农业的基本特征，但是，都市农业的首要功能是满足都市居民对农副产品的需求。城镇化的发展、城市人口聚集，一方面对农副产品的供给能力提出新的要求和压力。以郑州市为例，2013年底，全市户籍人口为751万人，常住人口919万人，同期，河南省城镇居民家庭平均每人购买各种肉类（猪、牛、羊、鸭、鱼）28.56公斤、鸡蛋14.62公斤、鲜菜106.83公斤、鲜乳品14.21公斤，919万人需要以上商品的供给总量分别为各种肉类26246.64万公斤、鸡蛋13435.78万公斤、鲜菜98176.77万公斤、鲜乳品13058.99万公斤。2013年，河南蔬菜单位面积产量为40741公斤/公顷，为了满足郑州市民对蔬菜产品的需求，需要2.41万公顷的蔬菜种植面积，约占郑州市全部耕地面积的7.3%。另一方面，城市化的发展也造成城市郊区耕地面积的减少，同样以郑州市为例，2009年郑州市耕地面积为340.51千公顷，2012年减少到331.79千公顷，减少了8.71千公顷。对农副产品需求的增加和耕地面积下降的双重压力，导致都市农副产品供给紧张。因此，都市生态农业发展的首要目的，是满足城市居民对鲜活农产品的需求。2014年7月我国《新一轮"菜篮子"工程建设指导规划（2012~2015）》和河南省《关于推动全省都市生态农业发展的指导意见》都明确了这一点。都市生态农业应是都市居民的"菜篮"、"奶桶"、"肉筐"和"鱼池"，但现实是，其发展实践却在一定程度上偏离了这一初衷，越来越多的园区强调在休闲、生态、旅游、体验、景观等方面的功能，实际上越来越多地集中体现在"休闲、旅游"功能之上，导致部分都市生态农业企业借"都市生态农业"之名跑马圈地，占用了大量的土地资源。

（三）都市生态农业企业各自为政，发展的协作性不足

都市生态农业虽然紧邻都市区，但与都市居民仍有一定的空间距离。

前文分析指出，都市生态农业的主要功能是满足都市居民对鲜活农产品的需求，鲜活农产品的生物属性要求在其产出后以尽可能短的时间运送到都市居民的家中，否则鲜活的农产品就会腐烂、变质。因此，对都市生态农业企业而言，拥有尽可能多的客户资源，拥有配套的采摘、初级处理加工（净菜）、分包、仓储、冷链运输的配送体系非常关键。为了满足这样的条件，有配送服务的都市生态农业企业大多数建立了自己的冷链物流体系。但都市居民在城市中的居住空间是相对分散的，加上城市交通的拥堵，单个都市居民家庭单次需要的蔬菜数量少、种类多，对新鲜蔬菜需求的频繁性特征，导致单个企业配送成本高昂。高昂的配送成本，同时伤害了都市生态农业企业和消费者，不利于产业的发展。目前，都市生态农业各企业大多数采用"区—点"配送模式（将都市居民需要的新鲜蔬果从园区配送到固定的地点，居民从配送点取货），而"点—户"模式由于配送成本高昂，尚不能实现。

除此之外，都市生态农业企业间在生产、产品分享、技术合作和交流等各方面都存在合作的空间。都市生态农业企业的技术水平较高，对农业相关技术的依赖性较强，大部分都市生态农业企业都与农业院校或科研院所有密切的合作，或者聘有自己的专家团队，受农业生产的季节性特征影响，单个企业聘用专家团队也导致专家资源不能充分利用。产品分享方面，由于都市生态农业各企业的产品定位不同，加上农业生产的季节性、周期性、土地资源空间依赖等特征，都市生态农业企业无法满足客户对产品多样性的要求，因此，都市生态农业企业可以实现产品服务分享，以自己的所余换自己的不足，以更好地满足消费者的需求。

因此，各生态农业企业间的联合变得非常必要，客户资源相当的都市生态农业企业可以在生产、产品、客户、配送等各个层次展开联合与合作，就像各个航空公司共建"空间联盟"共享客户资源一样。

三 进一步发展河南都市生态农业的建议

发展都市生态农业，既能保障都市居民对鲜活农产品的需求，又能美化都市的景观和生态环境，给都市居民提供就近休闲、娱乐、放松和体验农事生活的自然空间。因此，都市生态农业是联系城乡之间的纽带，是我国广大传统农区未来发展的方向，是现代农业科技、管理和未来发展方向的示范和引领，做好都市生态农业具有重要意义，要切实采取有效举措，促进河南都市生态农业发展。

（一）做好都市生态农业的发展规划

在都市生态农业的发展方面，政府的角色不应该是积极的行动者和倡导者，应是一个理性的规划者。首先，政府应研究随着都市建成区面积的扩大和都市人口规模的增加，什么范围内的区域会变成都市农业区域，对这个区域的空间特征、土地、水资源、资源承载能力和未来发展定位，做好前期发展规划，规划的内容包括该区域适合发展的产业类型，土地资源整理方式，灌溉设施、交通设施的通达性和公共服务的支持能力论证等具体内容。

其次，对都市生态农业区的生态景观进行前瞻性规划。在这一方面，日本的"MIDORI"模式值得借鉴。日本的"MIDORI"模式是建立在土地整理的基础之上的，根据日本的《土地改良法》和不同区域的发展规划，将不规则的、破碎的地块按照不同的标准进行整理，实现"园田化"，该项目的主体是农户，费用由国家、省、市分别负担50%、27.5%、10%，农户负责12.5%。通过土地整理，实现土地、水资源的精细利用，园田化的地块使田园风光如画，实现农业的生产、生态、景观功能，都市生态农业的多功能性也得以呈现。

再次，设置都市生态农业的进入和长期动态管理规范。河南省2014年9月出台了引导都市生态农业发展的政策文件，在政策文件的指引下，各地方政府都很支持都市生态农业的发展项目。如对土地流转，园区基础设施如道路修建、水、电、网络设施的建设，都给予支持。这引致大量闲置的工商业资本进入生态农业，有些进入的工商业资本占用大量的农用土地，套用补贴资金，但这些土地并没有用在生态农业建设项目之上，而真正想从事都市生态农业发展的项目却由于各种原因缺少资金支持难以发展起来。因此，应设置都市生态农业项目的进入和长期动态管理规范。对都市生态农业园区的土地使用结构进行长期动态平衡监控，严格限制园区中非农业用地面积，保障都市生态农业的"农业"发展初衷。

（二）引导都市生态农业企业之间的联合和协作

都市生态农业的发展是开放性的，虽然都市生态农业的生产局限在园区空间范围内，但其生产的专业化和市场化，导致都市生态农业对市场产业链和产业环境的依赖。都市生态农业企业若单独组建从生产至消费整个产业链服务网络，各环节均需大量的投资，占用大量人力、物力和财力，而单个园区覆盖的消费者数量有限，必然导致资源不能充分利用。比如，君源有机农场蔬菜的单公斤配送价格为36元。这样高昂的蔬菜价格远远超出普通消费者家庭的承受能力。因此，各园区应采用协同发展策略，在生产、技术、资源等方面积极探讨融合发展的可能性，在物流、配送领域，可考虑和农业之外的其他企业如物流、商超、社区便利店之间的联合，实现低成本运作。

（三）重视都市生态农业的统计和研究工作

河南省对都市生态农业的发展尚未发布过官方统计数据，因此，尚无法全面了解河南都市生态农业发展的水平和进展状况，这极大地限制了对都市生态农业发展支持政策的指向性和精准度。因此，河南省应重视都市生态农业的统计工作，将都市生态农业发展的基本情况纳入农业统计工作中去，科学设置统计标准和统计指标，定期发布都市生态农业发展的报告和动态，以便更好地指导全省都市生态农业的发展。

参考文献

许圣道、孔喜梅：《河南省城市化进程中的都市农业发展问题》，《河南社会科学》2010年第4期。

孔喜梅、刘霜：《城郊农业基本理论考察》，《经济研究导刊》2011年第32期。

石嫣等：《生态型都市农业发展与城市中等收入群体兴起相关性分析——基于"小毛驴市民农园"社区支持农业（CSA）运作的参与式研究》，《贵州社会科学》2011年第2期。

全斌、李壁成、陈其春：《日本"MIDORI"模式对华南现代都市生态农业发展的启示》，《热带地理》2010年第1期。

B.9
"十三五"时期河南建设现代农业大省的思路和对策

吴海峰*

摘　要： 推进现代农业大省建设,既是河南经济社会发展的客观要求,也是河南站位全国服务大局的重要体现。必须紧紧抓住2015年和"十三五"这一重要战略机遇期,在建设现代农业大省上,审时度势,厘清思路,明确目标,把握原则,不断加大支农惠农强农力度,采取切实有效对策措施,提升农业的质量、效益和竞争力,在推进现代农业大省建设上取得显著成效,促进河南由农业大省向现代农业强省跨越。

关键词： 转变农业增长方式　发展现代农业　促进农民增收

2015年和"十三五"时期,是深入推进社会主义新农村建设、如期全面建成小康社会的关键时期,也是实现中原崛起、河南振兴的重要阶段。河南推进现代农业大省建设,充分发挥农业现代化的基础作用,既是立足本省省情和发展阶段的必然选择,也是协调推进新型工业化、新型城镇化的客观要求,对维护国家粮食安全、促进现代农业发展、实现富民强省意义重大。河南作为农业大省,必须紧紧抓住这一重要战略机遇期,努力走出具有中原特色的新型农业现代化道路。

---

* 吴海峰,河南省社会科学院研究员,研究方向为农村经济和区域经济。

一 河南建设现代农业大省的背景意义

21世纪以来，在国家"以工促农、以城带乡"的大背景下，河南统筹工农业发展，深化农村改革，不断加大"三农"投入力度，千方百计地稳定粮食生产，大力推进农业结构调整，农业发展取得了显著成效。特别是近年来，河南把"主攻单产、提质提效"作为推进农业发展的重要举措，粮食和农业获得连年丰收，实现了农村经济较快发展，为推进现代农业大省建设和国民经济平稳较快发展奠定了良好基础。

在看到河南农业发展取得巨大进步的同时，也需要正视河南在农业发展中存在的一些深层次问题。而且，随着国内外环境条件变化，农业持续稳定发展面临的挑战前所未有，必须深刻认识到河南推进现代农业大省建设的艰巨性。一是农业的基础设施还比较薄弱，农业抗御自然灾害的能力不强，农业的生产条件亟待改善。二是农业发展的比较效益下降，尤其是种粮比较效益日益低下，农民种粮务农的动力仍然不足。三是农业资源环境约束越来越大，尤其是人增、地减、水缺等一些不可逆转因素，严重影响着河南农业发展。四是由于城乡之间和地区之间的差距大，农村资金、人才等生产要素净流出现象加剧，农业发展缺乏后劲。五是农民组织化程度较低，农业发展方式落后，耕作方式比较粗放，应对市场风险能力较弱。六是农业发展科技创新能力不强，基层农技服务推广体系不健全，农民科技文化素质低。七是农村环境污染日趋加重，农产品质量安全问题愈加突出，生态环境劣化严重危害农业发展。八是农村社会保障体系建设、城乡公共服务均等化、改善农村民生的任务，仍然任重道远。九是河南经济发展效益较低，以工哺农、以城带乡能力有限，不适应农业农村发展的要求。解决上述问题，必须转变农业增长方式，加快现代农业大省建设，这既是全省经济社会发展的客观要求，也是农业自身发展的必然趋势。

当前，我国正处于经济社会转型的关键时期。解决好"三农"问题，是如期全面建成小康社会、实现河南振兴的重点和难点，在这背景下河南推进现代农业大省建设意义重大。一是有利于维护国家粮食安全，保障农产品供给，满足居民对农产品数量、质量和多样化种类的需求，这也是河南站位全国服务大局的重要体现。二是有利于加快转变农业发展方式，提升农业综合生产能力，发展壮大现代农业，提高农业经济效益，促进农民持续增收。三是有利于推进工业化城镇化，促进"四化"协调发展，在新型工业化、新型城镇化的深入发展中同步推进新型农业现代化。四是有利于不断扩大市场需求、培育新的经济增长源，加快全省经济社会发展步伐。

二 河南建设现代农业大省的基本思路

2015年和"十三五"期间，是如期全面建成小康社会的关键阶段，也是实现中原崛起、河南振兴的重要时期。河南作为农业大省，要紧紧抓住这一重要战略机遇期，审时度势，厘清思路，明确目标，把握原则，加快转变农业发展方式，发展壮大现代农业，不断提升农业的质量、效益和竞争力，在推进现代农业大省建设上取得显著成效。

（一）指导思想

河南推进现代农业大省建设的指导思想是：以科学发展观为指导，坚持以工促农、以城带乡方针，加快转变农业发展方式，以大力发展现代农业、增加农民收入为中心任务，以有效保障农产品供给、促进农业可持续发展为主要目标，以现代产业体系、现代科学技术、现代物质装备为重要支撑，走好产出高效、产品安全、资源节约、环境友好的新型现代农业发展道路。不断加大对农业的支持保护力度，全面改善农业生产条件，深入推进国家粮食核心区建设，调整优化农业产业结构，积极构建新型农业经营体系，全面推进农业科技进步，不断提高农民素质和技能，逐步提升农业的规模化、集约化、产业化水平，着力提高农业生产率、耕地产出率和资源利用率，不断增强农业的抗风险能力、市场竞争力和可持续发展能力，进一步巩固农业基础地位，全面发展农村社会事业，促进农业稳定发展、农民持续增收、农村全面繁荣，实现河南由农业大省向现代农业强省的跨越。

（二）总体要求

河南推进现代农业大省建设的总体要求是：稳粮增收、提质增效、深化改革、创新驱动,加快转变农业发展方式,着力提高农业综合效益和市场竞争力,不断壮大现代农业产业体系。经过六年的努力,全省农业生产规模化、农业经营产业化、农业装备设施化、农业发展循环化、农业服务社会化等方面显著提高,初步实现农业现代化,大体上实现以下五个转变。

一是促进农业发展由主要依靠资本投入、资源消耗向技术进步、资源节约转变。加快农业发展方式转变,提高农业劳动生产率、土地产出率、资源利用率。积极发展循环农业、生态农业和节约型农业,加大农业资源保护力度,改善农业生态环境,努力实现农业资源永续利用和农业可持续发展。

二是促进农产品供给由偏重总量的增长向数量、效益、质量、安全等并重转变。不断提高农业综合生产能力,为保障国家粮食安全和农产品有效供给做出更大的贡献。同时,努力调整和优化农业产业结构、产品结构和区域布局,更加注重农产品品质和质量安全,提升农业的市场竞争力。

三是促进农业经营方式由土地细碎分散化向多形式适度规模化转变。推进农业经营机制创新,培育扶持种养大户、家庭农场、农民专业合作社等新型农业经营主体,引导土地经营权有序流转,健全农业社会化服务体系,提高农业组织化程度和竞争力,引领农业向规模化、集约化、市场化、专业化、产业化、社会化的方向发展。

四是促进农业生产条件由主要"靠天吃饭"向提高物质设施装备水平转变。加快推进农业水利化、机械化,全面提高农业信息化水平,坚定不移地用现代科学技术改造农业、用现代物质条件装备农业,大力发展设施农业,完善农业防灾减灾体系建设,不断增强农业预防和抵御自然风险能力。

五是促进农业劳动者由传统的农民向高素质的新型农民转变。河南的农村劳动力比较丰富,但总体上科技文化素质偏低。要积极扶持新型农业经营主体发展,把提高农民文化科技素质放在重要位置,加强培养农业科技和经营人才,不断提升农民职业培训质量,造就和壮大适应现代农业发展的高素质职业农民队伍。

(三)战略目标

河南推进现代农业大省建设的战略目标是:到2020年,第一产业增加值年均增长率为4.5%,基本实现从农业大省到农业强省的转变,粮食综合生产能力进一步提高,农、林、牧、副、渔全面发展;农民人均纯收入达到16000元以上,农业增加值达到6000亿元左右,稳定提高粮食综合生产能力,在确保国家粮食安全上发挥更大作用,基本实现传统农业向现代农业的转变,形成农业基础设施完善、农业科学技术先进、农业产业结构优化、社会服务体系健全、农村生态环境优美、农民生活富裕文明的发展格局,把农业打造成具有较高经济效益、生态效益和社会效益的现代产业,农村经济社会走向全面繁荣,具体为实现九大目标。

——粮食生产能力稳定达到1300亿斤以上。坚持把保障粮食安全作为首要任务。到2020年,建成6000万亩平均亩产超吨粮的高标准粮田,届时在充分调动农民的种粮积极性、没有不可抗御的自然灾害、具备各种生产要素的前提下,确保年粮食生产能力在2014年的基础上新增150亿斤以上,稳定达到1300亿斤以上。那时,每年河南生产的粮食,不仅能够满足本省用粮需要,而且能够向外调出原粮和粮食加工品500亿斤以上。①

——实现农业生产区域化。强化"两个基地"建设,积极发展油料、蔬菜、林果、花卉、棉花、中药材等高效经济作物,因地制宜地培育发展一些具有较大优势的特色农产品产业带,创出一批河南特色农业、优质农业、绿色农业的品牌,满足消费需要的各种优质农产品更加丰富多样。2020年,在农业总产值中,畜牧业产值比重达50%以上。

——实现农业科技现代化。农业的科技整体水平明显提升,农业科技的重点领域和一些关键部分要达到国内领先和国际先进水平。农业劳动力技能不断提高,种业发展实现新突破,农业科技成果转化率明显提升,现代适用的主要农业先进技术得到广泛应用,良种覆盖率达到100%,农业科技贡献率达到63%左右。

——实现农业经营产业化。农业产业化达到较高水平。工厂化、设施化农业快速发展。农民的组织化程度明显提高,参与产业化经营的农户达到80%以上。粮、肉、油、奶加工能力不断提升,农产品加工业增加值与第一产业增加值之比达到2.8:1。形成一批较大规模的农业产业化集群,培育一批较强竞

---

① 河南省社会科学院课题组:《支持河南农业发展的财政政策研究》,《经济研究参考》2011年第57期。

争力的销售收入超50亿元的现代农业龙头企业。①

——实现农产品质量安全化。健全农业质量安全标准体系。农产品全部实行市场准入制，全面实现无公害农产品、绿色食品、有机食品按标准化组织生产。完善省、市、县和企业"三级四层"农产品质量安全检测体系。完善农产品质量安全突发事件应急处置机制。绿色食品、有机食品比重达到55%以上。

——实现农业生产机械化。加快农业机械装备发展，促进农机农艺相结合，推进农机服务产业化。2020年，每公顷耕地农机总动力达到15千瓦左右，主要农作物综合机械化程度达到90%以上，农业机械的智能化水平大幅度提高。全省农业机械化位居国内先进水平。

——实现农业可持续发展。节约农业、生态农业得到迅速发展。农村固体废弃物处理利用率达到90%左右，肥料、农药和农膜的面源污染治理率达到85%以上，秸秆等有效利用率达到95%以上；森林覆盖率达到27%左右，宜林荒山荒滩荒地全部绿化；村容村貌有较大改观，生态环境明显改善；确保耕地总量动态平衡，保持基本农田面积稳定。

——实现城乡发展一体化。农村富余劳动力不断转移，农业转移人口市民化得到基本落实，工业化、城镇化水平得到显著提高。在国民经济中第一产业的比重降到10%以下，在社会劳动力中农业劳动力占的比重降到40%以下，城镇化率达到56%左右。② 基本实现城乡基本公共服务均等化。

——实现农民生活全面小康。农民收入持续增加，农民生活全面改善，农村居民恩格尔系数小于30%；自来水普及率达到90%以上，农户电话普及率达到99%以上，基本普及高中阶段教育，新型农村合作医疗覆盖率达到100%，农村养老保险覆盖率达95%左右，健全农村医疗体系和各项社会保障制度。基本解决全省农村人口饮水安全问题，绝大多数农户用上卫生安全的燃料。

---

① 河南省社会科学院课题组：《支持河南农业发展的财政政策研究》，《经济研究参考》2011年第57期。
② 河南省社会科学院课题组：《支持河南农业发展的财政政策研究》，《经济研究参考》2011年第57期。

（四）主要原则

为了实现河南推进现代农业大省建设的目标，必须坚持以下原则。

市场导向，政策激励。以市场需求为导向，优化农业生产要素，调整农业产业结构，走高产、优质、生态、高效、安全的现代农业发展之路，着力提高农业综合效益。完善强农惠农富农政策，深化农村各项改革，充分调动广大农民和新型农业经营主体的积极性，为加快发展现代农业提供良好的政策环境。

科学规划，统筹协调。立足中长期，着眼于近期，科学制定和发挥好规划对现代农业大省建设的指导作用。统筹兼顾新农村建设、土地资源利用与生态环境保护之间的相互关系，协调推进新型农业现代化与新型工业化和新型城镇化，优化配置农业生产要素，促进农业规模化、农业产业化。

发挥优势，突出重点。积极推进国家粮食核心区建设，稳定粮食和主要农产品产量，切实保障粮食供给和城市基本农产品供给。优化农业区域布局，加快优势特色农业集群集约发展，加快传统农业向现代农业转型，重点扶持产业化发展关键节点和农业核心竞争力，促进粮食增产、农业增效。

拓展功能，产业融合。因地制宜地发展现代农业，依据区域优势和资源特色，积极拓展、深度开发农业的生产、生活、生态和人文等多重功能，大力发展绿色农业、高效农业、休闲农业、观光农业、体验农业、乡村旅游业，促进一、二、三产业间相互渗透与融合，延长农业产业链条，提高竞争能力，增加农民收入。①

科技支撑，改善环境。加快转变农业发展方式，完善现代科学技术应用所必需的基础设施和基础条件建设，促进产学研用密切结合，健全科技创新机制和科技推广体系。强化农业面源污染治理，提高农业废弃物综合利用率，不断减少农村环境污染负荷，因地制宜地加快生态农业、循环农业发展，展现农村优美田园风光，实现农业农村可持续发展。

---

① 吴海峰、陈明星：《河南农业生态调节功能及其分布研究》，《黄河科技大学学报》2009年第4期。

三 关于河南推进现代农业大省建设的对策建议

河南是我国重要的农业大省,农业发展具有比较优势,农业将始终是基础产业和支柱产业。必须不断加大支农惠农强农力度,采取切实有效的对策措施,为河南推进现代农业大省建设提供强有力的保障。

(一)加大种粮务农补贴力度,提高财政支农资金效率

国家的各项强农惠农政策要继续向粮食核心区倾斜,要进一步加大对种粮务农的补贴力度,继续增加粮食直补、良种补贴、农机具购置补贴和农资综合直补,逐步实现补贴的全覆盖。完善农业补贴方式,农业补贴向实际务农者倾斜,谁种的面积大,就给谁补贴多。新增补贴资金要与粮食产量、商品量和优质量等直接挂钩。产粮越多、商品量越大、优质粮比例越高,得到的补贴就应该越多。扩大国家粮食增产奖励基金,从增量上完善粮食增产激励措施。完善农业金融保险服务体系。

健全金融支农制度,创新农业投融资机制,提高农资投入效率。支农惠农的财政资金,必须管好,实现用活、高效的目标。统筹整合财政支农资金,推行农业财政的透明操作,突出解决重要的现代农业发展问题。推动财政支农创新和科学化,规范农业支持方式,不断提高服务水平。建立财政支农绩效考核机制,实行财政支农资金事前、事中、事后各环节的全过程监管,保障支农资金合理、高效、安全运行,更好地促进现代农业大省建设。①

(二)调整优化农业产业结构,积极拓展农业多功能性

加强优质粮食生产和加工基地建设,大力发展高效特色农业,积极培育消费需求大的特色农产品品牌。加快实施优质粮食产业工程,延长粮食产业链,拓宽粮食增值空间。引导优势特色农产品集中,优化农业区域布局,形成优质专用小麦、专用玉米、双低油菜、棉花、苹果等优势农产品

---

① 吴海峰、陈明星:《加强粮食主产区建设 确保国家粮食安全》,中国经济网,2008年10月20日。

或特色农产品产业带。① 加快现代农业产业化集群建设。积极实施现代畜牧业跨越工程，加快优质畜产品生产和加工基地建设，构建现代畜牧产业体系。支持规模化、标准化养殖场区建设，推进产业合理布局和集群发展。加大对规模养殖企业、畜产品加工企业、物流企业、饲料兽药企业和畜牧专业合作组织的金融扶持力度。②

积极拓展农业多种功能。满足居民的观光、娱乐、健身等多元化的消费需求，积极发展与生态保护、文化传承等密切相关的生态农业、休闲农业、观光农业、体验农业、乡村旅游业等，促进一二三产业融合互动，提高农业竞争能力和整体效益。按照依托城市、服务城市的要求，构建产业圈层分布特征明显、大中小城市相结合的都市农业发展格局，打造辐射城郊及周边地区的都市生态农业圈。③

（三）深化农村土地制度改革，培育新型农业经营主体

推进农村土地制度改革，总的方向是落实集体所有权、稳定农户承包权、放活土地经营权；核心是保护好农民土地权益，保护好耕地。要具体界定农民土地承包经营权的权能、权责、权益，因地制宜地做好农地承包权确权工作，从制度上强化农民土地权益保护，确保农民顺畅行使土地转包、转让、出租、入股和抵押等权利。推进农地经营权依法自愿有序流转，形成合理适度的农地经营规模。

大力培育新型职业农民。积极扶持发展种养专业大户、家庭农场、农民专业合作社、农业企业、农业社会化服务组织等新型农业经营主体。推动土地、人力、资金、技术和装备的联合和合作。鼓励农地向新型农业经营主体流转，发展多种形式的适度规模经营。财政应对农业规模经营主体进行专项奖励，金融部门应采取农业贷款贴息、村民联保互保、土地经营权担保等形式，满足新型农业经营主体发展的信贷需求。

---

① 河南省社会科学院课题组：《支持河南农业发展的财政政策研究》，《经济研究参考》2011年第57期；《中共河南省委河南省人民政府关于推进农业现代化建设的意见》，《河南省人民政府公报》2004年第11期。

② 《中共河南省委、河南省人民政府关于全面深化农村改革加快推进农业现代化的实施意见》，《河南日报》2014年2月28日。

③ 《中共河南省委、河南省人民政府关于全面深化农村改革加快推进农业现代化的实施意见》，《河南日报》2014年2月28日。

（四）搞好农田基础设施建设，建立生态环境保护机制

加快推进中低产田改造，推进农业综合开发、土地整理和复垦开发，推进高标准粮田"百千万"建设工程。以搞好农田水利建设为重点，集中力量搞好大型农田基础设施建设，彻底改变农业基础设施薄弱局面。加大灌溉工程建设投资力度，完善防洪排涝工程体系，加快大中型灌区节水改造，建立节水型农作制度和与之相匹配的技术体系、工程体系。加强农田水利设施管护。

建立有利于现代农业发展的自然生态环境保护机制，强化农业资源节约利用，加快发展循环农业。强化农区农业主体功能，严格保护耕地。推广以节水、节地、节肥、节药、节能、节种为重点的节约型农业技术。积极扶持秸秆还田，加大农村面源污染防治力度，形成城乡一体化的节能减排格局。完善综合农田防护林体系，打造功能多样、资源节约、环境友好型的现代农业，促进农业农村可持续发展。①

（五）加快推进农业科技进步，提高农业机械化水平

加快现代农业科技体系建设。加大农业科技投入力度，加强优良品种繁育和推广，完善农业科技服务体系。密切产学研用结合，创新成果转化机制，形成开放、竞争、协作、高效的农业科技发展运行机制。加快发展现代种业，提高良种覆盖率，基本实现良种化。完善基层农技推广体系，深入实施农业科技入户工程，多渠道切实解决农技推广"最后一公里"问题，提高农民科学种田水平。

加大机械化保护性耕作、机械化收获技术的推广力度。按照大农业、大农机的思路，推进大田作物生产全程机械化。加快科技含量高、节能环保、操作安全的农机研制及其推广，提升农机装备的数字化、智能化水平，实现农作物品种、栽培技术和机械装备的集成配套。健全农机社会化服务网络，创新农机服务机制和模式，促进农机服务产业化发展。②

---

① 吴海峰：《加强政策支持　优化粮食稳定增产的生态环境》，《红旗文稿》2008年第23期。
② 吴海峰、苗洁：《新型农业现代化发展研究》，《中州学刊》2013年第1期。

（六）促进农业产业化、标准化，健全信息和流通服务体系

发展多种形式的农业产业化经营，拉长农业产业链条，挖掘农产品增值潜力。努力打造"全链条、全循环、高质量、高效益"的现代农业产业化集群。引导龙头企业广泛吸收农民入股，与农户建立新型利益分配机制，让农民从中得到更多实惠。制定优势特色农产品和原产地农产品的地方标准。搞好农业标准化示范县和示范乡建设，带动全省农业标准化生产。强化农产品质量安全，完善农产品质量安全检验检测体系，全过程、全方位监测农产品质量。

加快农村信息化进程，健全农业信息服务体系。推进农村信息化示范工程建设，着力打造农业信息服务平台，使农业信息服务实现覆盖最大化、政务网络化、应用平民化、效果最优化。完善农产品流通服务体系，加快各类农产品市场建设。充分发挥市场机制的作用，提高农村流通组织化程度。

（七）提升工业反哺农业能力，统筹推进城乡发展一体化

建设现代农业大省，必须完善以工哺农、以城带乡机制，实现工农业的协调发展。河南作为我国第一人口大省，又是第一粮食转化和食品工业大省，河南实现工业化需要立足于农业现代化，围绕"农"字做足工业文章，着力提高农产品加工能力。要健全现代农业发展投入增长机制，大力发展涉农工业，增强工业反哺农业的能力，推进农业生产手段和生产条件的现代化，走好工农业互动协调发展的路子。积极引导城市现代生产要素向农业农村流动，充分发挥新型城镇化带动现代农业发展的作用。

完善公共财政普照新农村建设的长效机制，统筹推进城乡一体化发展。促进城乡公共产品投入均等化。积极建立以政府为主导、社会广泛参与农村发展的投入体系，努力改善农民生产和生活条件。加快农村公益事业建设，确保城乡居民在就业、居住、教育、医疗、文化和卫生等方面享受同样待遇，构筑城乡平等的公共服务体系，形成城乡社会事业协调发展的新格局。[1] 把发展第二、三产业与扩大农业经营规模有机结合起来，健全促进农村人口转移就业市民化机制。

---

[1] 吴海峰：《粮食主产区实现农民增收的系统研究》，《中州学刊》2014年第10期。

参考文献

河南省社会科学院课题组:《支持河南农业发展的财政政策研究》,《经济研究参考》2011 年第 57 期。

韩长赋:《毫不动摇地加快转变农业发展方式》,《求是》2010 年第 10 期。

习近平:《走高效生态的新型农业现代化道路》,《人民日报》2007 年 3 月 21 日。

吴海峰、苗洁:《新型农业现代化发展研究》,《中州学刊》2013 年第 1 期。

农业部市场与经济信息司:《全国农业农村信息化发展"十二五"规划》,2011 年 12 月 6 日。

中国现代化战略研究课题组:《中国现代化报告 2012——农业现代化研究》,北京大学出版社,2012。

农村发展
Rural Development

B.10
河南农产品流通与市场体系建设现状分析及对策

任秀苹*

摘　要：	农产品流通事关农业增效、农民增收和居民消费，在河南省经济社会发展中具有十分重要的地位。本文通过对河南省农产品流通和市场体系建设现状的分析，明确了规划缺失、流通主体组织化程度低、信息滞后等存在的主要问题，提出了健全法律规划体系、培育主体、完善信息体系、创新政策措施等有针对性的对策建议。
关键词：	农产品流通　规划缺失　创新政策措施

---

* 任秀苹，河南省商业经济研究所中级经济师，硕士研究生，主要研究方向为商贸流通、农产流通、农村市场。

一 建设现状

近年来,河南省农产品流通规模不断扩大,流通网络日益完善,设施水平明显提升,流通管理进一步规范,初步形成了以批发市场为骨干,生鲜超市、便利店、农贸市场为基础,农产品流通企业、加工企业、运销大户、农民专业合作社、经纪人和职业零售商贩为主体,农产品出口和农产品电子商务为辅助的多形式、多层次、多渠道的农产品流通体系,对促进农业增效、带动农民增收和保障城乡居民生活消费的作用日益凸显。

(一)农产品流通规模不断扩大

随着农业生产社会化程度和农村市场化水平的不断提升,河南省农产品产量稳步提高并逐步走向市场,2013年全省粮食、油料、肉类产量分别达到5713.69万吨、589.08万吨和699.05万吨,位居全国前列(见表1)。伴随着经济快速发展和人民生活水平的日益提高,以往农产品生产消费自给自足的农户也逐渐成为农产品消费的重要群体,同时迅速发展的食品加工业对农产品的需求愈来愈大,农产品的商品化率不断提高。作为连接生产和需求重要环节的农产品流通,其范围越来越广,流通规模越来越大,河南省"买全国、卖全国"的市场流通格局已经形成。2013年,河南省限额以上批发和零售企业实现农产品销售额597.25亿元,同比增长29.9%。其中粮油类360.08亿元,同比增长29.2%;肉禽蛋类124.49亿元,同比增长20.0%;水产品类10.03亿元,同比增长25.2%;蔬菜类54.06亿元,同比增长39.9%;干鲜果品类48.58亿元,同比增长58.3%。其中批发额367.02亿元,同比增长27.5%;零售额230.22亿元,同比增长33.8%。

表1 2013年河南省主要农产品产量及居全国位次

单位:万吨,%

项目	粮食	棉花	油料	水果	肉类	奶类
产量	5713.69	18.97	589.08	2599.66	699.05	328.77
河南占全国比重	9.5	3.0	16.7	10.4	8.2	9.0
河南居全国位次	2	8	1	2	2	4

资料来源:《河南省统计年鉴(2014)》。

（二）农产品批发市场逐步壮大

目前，农产品批发市场仍是河南省农产品流通的主渠道，全省经由批发市场交易的农产品比重高达70%以上。郑州万邦国际农产品物流园、商丘农产品中心市场、周口黄淮物流港农产品批发市场、南阳中商农产品批发市场和郑州信基调味食品城等为全国主要集散中心，以洛阳通河农副产品物流产业园、新乡宇鑫农贸综合批发市场、鹤壁四季青农产品批发市场、焦作金土地农产品批发市场等区域性批发市场为重要节点的批发市场格局初步形成，促进了河南省农产品流通和农业产业化发展。截至2013年底，河南省亿元以上农产品市场达45个（见表2），其中综合市场7个、专业市场38个（粮油市场5个，肉禽蛋市场1个，水产品市场3个，蔬菜市场19个，干鲜果品市场6个，棉麻土畜、烟叶市场1个，其他农产品市场3个），全年农产品市场实现交易额1078.3亿元。单体市场规模不断扩大，由2008年的8.85亿元提高到2013年的23.96亿元（见图1）；亿元以上农产品市场尤其是专业市场在中部地区具有较大影响力和辐射力，2013年成交额占中部六省亿元以上农产品市场年成交额的36.9%。

表2　2008~2013年河南省亿元农产品市场交易情况

年份	农产品综合市场					农产品专业市场				
	市场数量（个）	总摊位数（个）	年末出租摊位数（个）	营业面积（平方米）	成交额（万元）	市场数量（个）	总摊位数（个）	年末出租摊位数（个）	营业面积（平方米）	成交额（万元）
2008	4	2511	2381	113000	162416	29	14998	14118	1462795	2758855
2009	6	2917	2593	193360	234351	31	16642	15422	1542398	2805282
2010	5	3083	3068	172580	213921	40	21479	19318	2355392	4019044
2011	8	7903	7764	928488	1828214	40	23124	20398	1774690	3786936
2012	8	7980	7215	928538	2224903	40	25582	22712	2056159	7621522
2013	7	7278	6970	1E+06	2337543	38	28424	25435	2573709	8445305

资料来源：2009~2014年中国商品交易市场统计年鉴。

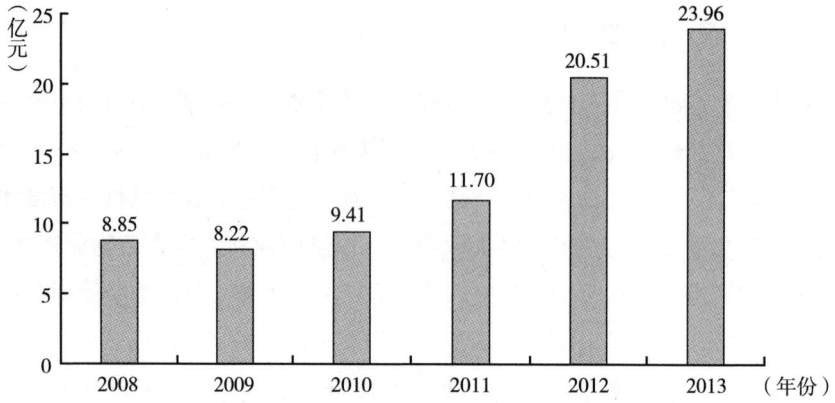

图1　2008~2013年河南省亿元以上农产品市场单体规模

资料来源：2009~2014年《中国商品交易市场统计年鉴》，中国统计出版社。

（三）农产品零售网络日益完善

当前，全省形成了以生鲜超市、社区便利店、农贸市场为主，蔬菜早市、蔬菜直销市场、车载市场、肉类品牌连锁店、果蔬超市、网上销售等为辅，业态丰富、覆盖广泛的终端网络。截至2013年末，各类经营生鲜的超市、便利店（限额以上企业）达1417个，农产品通过便利店、连锁超市销售占终端零售的份额也在逐年提高。据河南省商务厅初步统计，截至2013年末，全省经营农产品的农村网店有1.8万家，2014年末有望突破3万家。

（四）农产品进出口不断增加

随着对外开放水平的不断提升，河南省农产品进出口规模越来越大，农产品进出口已经成为全省农产品流通的一个重要组成部分。截至2014年10月末，河南省农产品进出口152.7亿元，比上年同期增长5.2%；其中出口76.7亿元，比上年同期增长16.4%；进口76.0亿元，比上年同期下降4.0%。2009~2013年，河南省农产品进出口由12.93亿美元增加到29.98亿美元，出口由5.07亿美元增加到13.84亿美元，贸易逆差由2.78亿美元扩大到2012年的5.1亿美元（见图2）。随着农产品出口规模的扩大，河南省逐渐形成了干鲜蔬菜、活猪及鲜冻猪肉、果汁、调味品等具有比较优势的出口品牌，形成了以三门峡果汁、南阳香菇、周口和驻马店调味品、鹤壁和信阳禽肉、漯河猪肉等为代表的优势出口产品及其产业基地，带动了全省农业产业化和农产品加工业发展。

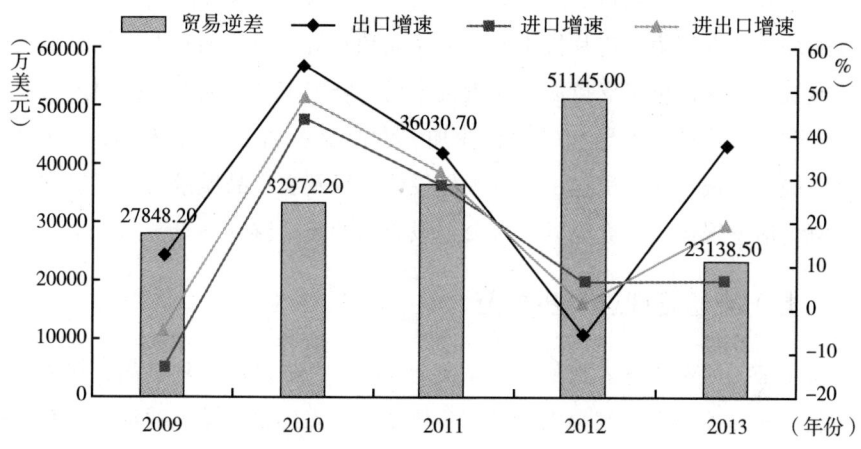

图2　2009～2013年河南省农产品进出口情况

资料来源：商务部对外贸易司《中国进出口月度统计报告》（农产品）。

（五）流通主体多元化发展

随着农产品流通市场化发展，全省形成了由农产品流通企业，加工企业，运销大户，农民专业合作社，农民经纪人，职业零售商贩以及季节性、临时性的农民运销队伍组成的流通大军。受《农民专业合作社法》实施和中央一号文件关于扶持发展新型农业经营主体政策的影响，全省农业新型经营主体增长迅速。截至2014年9月末，全省农业产业化国家级龙头企业达到60家，省级龙头企业达到760家；截至2014年6月末，全省共有新型经营主体9.83万户，其中农民专业合作社8.63万户、家庭农场1.2万户，同比增长68.5%，高出全国增速12.30个百分点；出资总额2539.97亿元，同比增长91.0%，高出全国增速42.80个百分点（见表3）。

表3　截至2014年6月末河南省新型农业经营主体登记情况

项目	数量（万户）	数量占比（%）	出资额（亿元）	出资额占比（%）
农民专业合作社	8.63	87.8	2360.93	93.0
家庭农场	1.20	12.2	179.04	7.0

资料来源：河南省工商行政管理局编《河南省新型农业经营主体发展分析报告》，2014年8月。

（六）流通设施水平明显改善

近年来，河南省通过实施国家"双百市场工程"、"农超对接"、农产品现代流通综合试点和集中连片推进农产品流通和农村市场体系建设试点，加大政策资金扶持力度，重点支持农产品批发市场、农贸市场、大型连锁超市企业和产地集配中心建设，引导和带动企业加大农产品流通设施投资力度，交易厅棚、仓储、冷藏、加工配送中心等硬件设施，以及农产品质量安全可追溯、检验检测、信息报送、废弃物处理等公益设施均明显改善。

（七）流通管理进一步规范

近年来，河南省深入整顿农产品流通秩序，开展食品专项整治，加大农产品质量检测力度，建立健全农产品储备体系，试点建设肉菜流通追溯体系，推广实施农产品流通标准，严格执行农产品流通"绿色通道"等，市场调控监管逐步走上制度化、规范化道路。

二 主要问题

（一）农产品市场网点布局失衡，流通设施功能不尽完善

由于缺少统一规划与管理，随着城镇框架进一步拉大和农产品市场投资主体的多元化发展，市场无序建设、重复建设现象严重，有市无场与有场无市并存，城乡市场发展不均衡，恶性竞争与竞争不足时有发生，制约了农产品市场的健康发展。虽然近几年全省农产品市场发展较快，但流通设施仍不尽完善，社会化、专业化服务程度低。批发市场主要满足市场供应和农产品集散需要，信息发布、电子结算、检验检测、物流配送等功能不尽完善，对农业的引导、带动作用难以有效发挥，农贸市场等零售终端消费环境也有待改善。

（二）农产品流通环节多、费用高、速度慢，流通效率有待提升

河南省订单农业发展不足，大多数农产品流通需经过4~5道流通环节（见图3），流通渠道环节多、费用高，物流成本一般占产品总成本的30%~

40%，鲜活产品则占到60%左右。据典型调查，订单销量占比仅为农民专业合作社或农业生产基地农产品总销量的1/3左右，农产品出售仍以产地收购商收购为主。以蔬菜流通为例，蔬菜流通一般经过产地收购商、产地市场批发商、销地批发商、销地零售商四个环节甚至更多环节，受人工费、摊位费、油价、房租等多种因素影响，每个环节加价25%左右，蔬菜整个流通费用占终端零售价格的50%~70%，流通费用居高不下，同时流通环节多导致流通时间长、速度慢，流通效率有待提升。另外，多环节的流通渠道由于渠道成员之间没有形成紧密的合作关系，渠道成员关系不稳定，导致产销衔接不畅，进一步增加了交易成本。

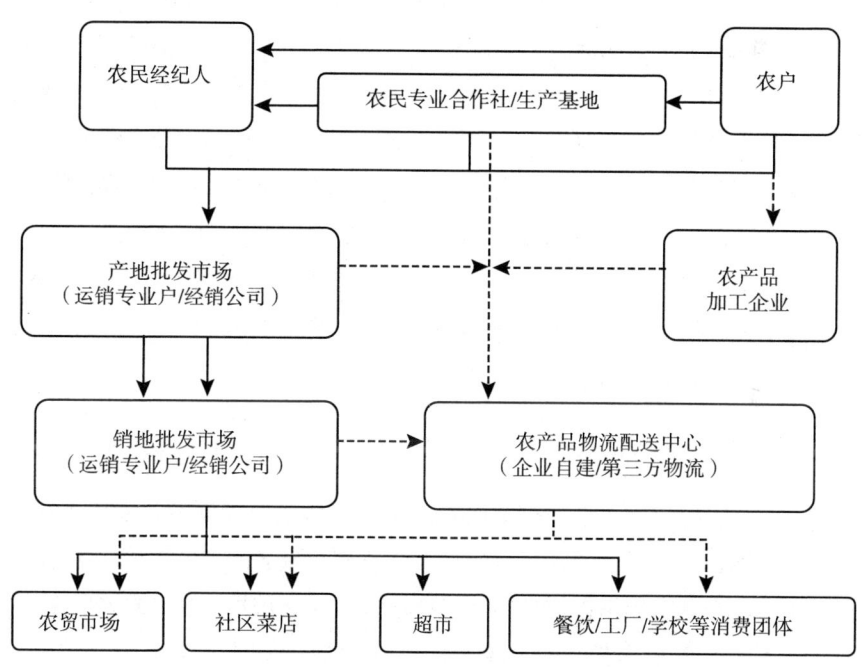

图3　河南省农产品流通渠道结构

（三）专业物流发展不足，农产品冷链体系建设滞后

2013年，河南省农产品物流总额达到5894亿元，占全省全社会物流总额的7.4%，但物流设施建设与发达地区相比还有很大差距，专业性农产品物流

设施不足，特别是农产品专用仓库、保鲜库、低温物流配送中心等设施不足，标准化、系统化的冷链物流体系尚未形成。目前，河南省大部分生鲜农产品仍在常温下流通，冷链流通率与全国19%的平均水平基本相当，造成损失率居高不下，远远高于发达国家生鲜产品损失率5%的水平。

（四）流通主体组织化程度低，龙头企业缺乏

河南省农产品流通主体以运销大户、农民经纪人、个体商贩为主，总体上呈小规模、大群体格局，龙头企业少，竞争能力弱，抗风险能力低。从新型农业经营主体的覆盖率看，全省每万户农民拥有的新型农业经营主体仅为18.16户，在全国排名第21位，在中部六省排名第4位①。农民专业合作社作为新型农业经营主体的主要组成部分，组织松散、功能欠缺、成员数超过50人的仅627户，占全省农民专业合作社比重不到1%。新型农业经营主体占比偏低，难以改变农户的弱势市场地位，无法真正带领农民进入市场、分享收益。农产品批发市场虽然在中部地区具有优势，但缺少像寿光农产品批发市场这样航母级的大型批发市场。2013年，全国城市农贸中心联合会发布的全国农产品批发市场百强中，河南省仅6家市场入围，广东、北京、江苏、山东分别有13家、12家、9家和8家；蔬菜市场50强中仅2家市场入围，而河北、江苏、山东分别有8家、7家和5家。

（五）农产品产销信息体系滞后，对农业生产指导性欠缺

目前，全省统一、集中、权威的农产品信息体系建设滞后，对农业生产、流通指导性不强，难以适应规模日益扩大的农产品流通的现实需要。主要表现在：发布的农产品市场销售信息中价格指标多、成交量指标少，农产品来源与流向指标不足，不能全面、有效地反映市场动向。加之"买全国、卖全国"的市场流通格局，河南的农产品销售还受到来自国内其他产区农产品产销，甚至农产品进出口的影响，农产品产销信息已经不再局限于省内市场。另外，由于农产品流通的信息化程度不高或农产品电子结算系统应用普及率低，农产品产销信息的准确性和时效性难以得到保证。

---

① 河南省工商行政管理局：《河南省新型农业经营主体分析报告》，2014年8月。

（六）农产品扶持政策、流通管理手段有待完善

虽然近年来河南省农产品流通领域扶持政策日益增多，但与国际上发达国家和国内先进省份相比，仍有许多需改进、完善的地方，尤其是在公益性农产品市场建设方面扶持政策有待创新。在日本、韩国，多数批发市场由政府投资兴办，欧盟也以政府投入资金和企业合营多见，运营中亦是多强调市场的公益性和非营利性。浙江省规定，将农贸市场纳入各地城市总体规划和区域详规，建立一套新的农贸市场建设和管理体制，政府全资投入或以成本价控制产权，并出台了《浙江省公益性农产品批发市场建设实施方案》。农产品流通涉及商务、农业、发改、工商、交通等多个部门，河南省在形成管理合力方面仍显单薄，并且农产品流通行业协会发展滞后，功能有待发挥。而日韩、欧盟和美国等发达国家农产品行业协会在组织农户、传递信息、与政府沟通等农产品流通方面起到了非常重要的作用。

三　发展对策

随着全省集中连片推进农产品流通和农村市场体系建设试点以及电子商务进农村综合示范等工作的深入开展，2015年河南省农产品流通设施水平继续改善，农产品市场体系更加完善，农产品流通主体特别是新型农业经营主体发展加快，农产品流通规模继续扩大；尤其是农产品电子商务发展加快，原产地农产品电子商务将实现较快发展，专业化的农产品电子商务服务商将会涌现。

（一）健全农产品流通法律和规划体系

加快出台河南省地方性农产品市场法规，将农产品零售市场作为新建小区的公益配套建设纳入城市控制性详细规划，将农产品产地集配中心纳入村镇规划，为规范农产品市场投资主体资格和市场交易行为、运营管理和公益化发展提供法律依据。

科学制定农产品市场体系建设规划，合理布局流通网络。依据河南省主要农产品主产区和主销区实际发展情况，将农产品批发市场、产地集配中心、冷链物流中心等农产品流通网点纳入各地城乡建设规划，逐步构建布局合理、功

能配套、畅通高效、竞争有序的农产品流通体系。切实加强和加大郑州、商丘、周口、南阳等地骨干农产品批发市场建设和升级改造力度，规划建设一批全国性和区域性的产地市场，统筹考虑与周边省市农产品批发市场的联系，加快形成与全国骨干市场互联互通的农产品批发市场骨干体系，提升河南农产品批发市场在中部乃至全国的影响力和辐射力。统筹规划城乡农产品零售网络，以便民利民为出发点，综合考虑人口规模、消费能力等因素，整合、优化布局省辖市标准化菜市场、农贸市场、生鲜大卖场、社区生鲜超市、便利店、直营菜店等零售终端网点，不断完善农村农产品零售网络。

（二）加大基础设施投入力度

加大对农产品市场基础设施的扶持力度。重点支持骨干农产品批发市场加工配送、冷链储运、电子交易、商品展示、信息管理、检验检测等设施建设，逐步完善商品集散、加工配送、交易展示、价格形成、信息发布等功能。在农产品优势集中产区，依托农民专业合作社和产地市场，鼓励企业建设产地综合性集配中心，实现集货、预冷分级、仓储加工、包装配送等诸多功能于一体，加快产地市场转型升级。支持农贸市场升级标准化菜市场，鼓励发展社区便利店、生鲜超市、直销菜店等新型零售网络。针对大型农产品流通设施、农村物流配送中心和电子商务平台等重要流通基础设施建设，政府在资金、信贷、税收等方面应给予大力支持。

（三）积极培育农产品流通主体

培育发展一批具有核心竞争力的大型农产品流通企业和第三方冷链物流企业，提升农产品流通的组织化水平。鼓励农产品流通企业跨区域兼并重组、投资合作，参股控股，提高产业集中度。

大力培育龙头市场，逐步培育一批设施先进、功能完善、管理规范、辐射面广、信誉好的现代化大型农产品批发市场和物流配送中心。鼓励农产品批发市场创新服务模式，搭建物流、信息、金融、商流等服务平台，与商户合作共建农产品流通产业链，建立市场和商户稳定、合作、共赢的长效机制，实现两者共同发展。创新批发市场交易模式，引导市场由对手交易逐渐向合约、订单交易发展，在条件成熟的大型农产品批发市场探索试行拍卖交易制度，推动批发市场向现代化市场转型升级。鼓励个体运销户和摊位批发商向公司化、品牌化方向发展，扩大营销规模。

扶持发展多种类型的农业新型经营主体，鼓励农民专业合作社通过跨区域联合、成立营销中介组织等方式增强组织实力，开展产销一体化经营，提升合作社在集中采购、统一销售、金融保险和技术服务等方面的综合功能，增强农户获取市场信息、参与市场竞争、增加收益的能力。大力发展农户和企业之间返利型和合作型为主的利益分配模式。

（四）大力发展农产品电子商务

把农产品电子商务作为减少农产品流通环节、提高流通效率和构建现代农产品流通体系的战略重点，积极开展农产品电子商务示范培育和电子商务进农村综合示范工作。大力发展特色品牌营销型、县域服务驱动型等农产品电子商务模式。重点支持农产品电子商务应用平台建设，重点建设交易平台和管理信息系统，积极配套网络和通信设备，培育发展一批知名农产品电子商务平台，逐步扩大农产品交易品种和规模。深入推进农村商务信息服务。

鼓励有条件的农产品批发市场建立电子商务平台，依托加工配送中心、有形市场开展线上线下相结合的一体化经营。引导和鼓励农民专业合作社、农民经纪人、家庭农场、农业生产基地、农产品加工企业和流通企业等农产品流通主体借助第三方电子商务平台，扩大网上销售规模。借助淘宝"特色中国·河南馆"等知名第三方平台，推动河南名优特农产品走向全国。引导和鼓励消费者、宾馆饭店、机关学校等客户网上订购、预售等新型消费模式发展。

（五）创新农产品流通模式

逐步完善"农超对接"，探索扩大对接的农产品品类及区域范围。积极推动农企对接、农批对接、农校对接、基地配送等形式多样的产销衔接模式，鼓励开展农产品加工、定制、配送等业务。举办农产品洽谈会、展销会、网上推介会等产销对接活动，扩大销售范围，开拓新的销售渠道。鼓励农产品流通企业向上游生产领域延伸，切实加强与农民专业合作社和农业生产基地的合作，积极发展订单农业。鼓励农产品流通与生产主体建立风险共担、利益共享的联结机制，形成稳定的产销关系。

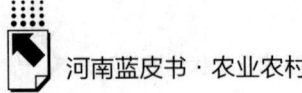

支持农产品流通主体创新农产品流通模式，搭建对接平台，开展农产品联盟销售、共同配送、网上销售、社区直供直销等业务。支持有条件的农业生产基地、农民专业合作社在批发市场、超市、社区菜市场直供直销农产品，或建立农产品直销连锁店，积极引导农产品流通企业和农业产业化龙头企业发展农产品连锁经营。引导和鼓励农产品加工企业对鲜活农产品进行深加工，缓解集中上市压力。鼓励农产品出口企业创建农产品品牌，设立境外营销网络，提升农产品出口竞争力。

提升农产品标准化、品牌化水平。加快提升农产品流通标准化水平，可考虑从等级、包装标识标准化入手，选择一批规模大、产销链条全的龙头企业和新型农业经营主体率先实施农产品流通标准，为实现农产现代化交易和提高流通效率奠定基础。鼓励农产品批发市场、专业菜店等经营场所设立标准化销售专区。鼓励和支持农产品生产加工企业、农民专业合作社注册农产品商标，开展农产品质量认证，推广农产品品牌，提升农产品营销水平。

（六）加快发展农产品物流

重点支持有竞争力的农产品物流、流通企业参与大型农产品物流设施建设和运营，鼓励发展专业化的农产品第三方和第四方物流企业，提高农产品物流专业化水平。完善鲜活农产品冷链物流体系，支持各类投资主体加大投入力度，加强产地预冷、销地冷藏、保鲜加工和运输等冷链物流基础设施建设，加强传统冷冻冷藏仓储设施、冷藏运输装备等的技术改造，推动传统冷库向冷链物流快速配送中心转型。在重要流通节点，建设一批具备集中采购、跨区域配送能力的大型低温物流配送中心，培育一批农产品重点品种冷链物流集散中心。开展农产品冷链示范工程，重点支持流通企业整合上下游资源，推动农产品冷链与物联网、互联网、供应链的协同发展。鼓励流通企业使用专用运输车辆运输鲜活农产品。

（七）完善农产品信息体系

建立联通全省农产品批发市场在线实时交易系统的网络平台，加强采集点、信息通道、网络中心相关基础设施建设，规范信息采集标准，健全信息采集和发布制度，提升流通环节信息发布的及时性，形成权威的信息发布渠道。

完善重要农产品产销统计制度，建立健全全省重要农产品主产区生产统计机制，研究对接外省市驻产区生产、销售信息，完善全省重要农产品产销信息的监测统计和分析预警，逐步形成连接国内外市场，覆盖生产、流通和消费的信息网络。

（八）健全农产品流通管理体系

建立商务、工商、发改、农业、粮食、国土、住建等多部门联动协调机制，形成管理合力。严格落实农产品索证索票和购销台账制度，加强农产品质量安全追溯体系建设。完善农产品储备体系，适时增加储备品种和扩大储备规模，健全储备调运制度。切实加强应急管理体系建设，建立健全重要农产品产、供、销监测预警体系，健全跨区域应急调运的运行机制，增强市场调控和应急保供能力。探索扶持发展农产品流通行业协会，将其作为完善农产品流通管理的重要支撑，健全行业协会各项管理制度，使其在制定标准、行业自律、行业统计、协调价格、衔接产销、开拓市场方面充分发挥作用。

（九）创新支持政策

创新财政投入方式，探索以政府投资参股、股权回购、公建配套、建立基金、土地支持、委托经营等方式建设公益性农产品市场，带动社会资本投资公益性农产品市场。严格落实国家和河南省出台的有关农产品市场和批发商的税收政策和土地政策。鼓励银行类金融机构创新开展农产品订单、仓储设施抵押、仓单质押贷款等多种信贷产品和"农产品流通企业+农产品批发市场+专业大户"等供应链融资模式，支持银行业金融机构通过银团融资、批发市场商户银行卡刷卡手续费优惠等方式促进农产品流通企业发展和农产品市场建设。支持融资担保公司对农产品市场及商户提供担保增信服务。鼓励保险机构研究开发鲜活农产品保险产品。保障鲜活农产品配送车辆在城区便利通行和停靠。

参考文献

蔡荣、虢佳花、祁春节：《农产品流通体制改革：政策演变与路径分析》，《商业研

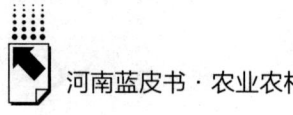

究》2009年第8期。

曹阳、王春超：《市场化和正在市场化的中国小农：理论与计量研究》，《华中师范大学学报》（人文社会科学版）2009年第6期。

陈薇、杨春河：《基于第四方物流的农产品流通模式研究》，《商业经济与管理》2008年第9期。

甘小冰、钱丽玲、王沿、马利军：《我国生鲜农产品供应链一体化模式研究》，《物流技术》2013年第15期。

郜红梅：《湖北省农产品电子商务模式研究》，华中科技大学硕士学位论文，2013。

李彦普：《基于供应链管理的河南农产品流通体系建设研究》，《商业经济》2012年第11期。

李春海：《制约农产品流通效率的制度瓶颈及其消减》，《财贸研究》2005年第3期。

王杜春、迟凤敏：《论农产品现代流通体系建设水平的评价指标》，《商业研究》2008年第9期。

B.11
河南农村劳动力转移就业现状分析和发展对策

吕志华 严海英*

摘　要：	2014年，河南省农村劳动力转移就业形势基本稳定，转移就业规模继续扩大。但整体来看，河南农村劳动力转移形势依然严峻，转移就业工作还存在公共服务不健全、农村劳动力技能素质不高、就业稳定性不强等问题。下一步要从强化就业服务、提升技能素质、拓宽就业渠道、推进基本公共服务均等化等方面加大力度，进一步做好农村劳动力转移就业工作。
关键词：	农村劳动力　转移就业　河南

河南是农业大省、人口大省，人力资源特别是农村劳动力资源比较丰富，农村劳动力转移的滞后与迟缓，是制约河南"三化"进程的主要障碍，也是造成河南农村人口贫困的主要原因。因此，进一步加快河南农民转移就业的步伐、增强农民转移就业的稳定性，不仅是城镇化发展的重要动力，也是解决"三农"问题的根本要求。

一　河南农村劳动力转移就业基本状况

河南是全国户籍人口第一大省、劳动力转移输出第一大省。全省农村劳动

---

* 吕志华，河南省人力资源和社会保障厅农民工工作处处长；严海英，河南省人力资源和社会保障厅农民工工作处主任科员。

力总量为4800多万人，农村富余劳动力为3200多万人。截至2014年10月底，全省农村劳动力转移就业规模达2741万人，其中省内转移1589万人，省外输出1152万人。实现农村劳动力新增转移就业81万人，其中约66万人省内就近就业，约占新增转移就业总数的81%。

（一）人员结构情况

从性别结构上看，全省农村劳动力转移就业人员男多女少，男女比例为1.3∶1；从年龄结构上看，当前转移就业的农民以中青年为主，呈年轻化趋势，年龄在30岁以下的，占转移就业总人数的49%，30~50岁的占39%，50岁以上的占12%；从文化程度来看，新一代农村转移劳动力受教育程度较上一代农民有所提高，但与城市劳动力相比，整体文化素质仍然偏低，初中及以下文化程度者占转移就业总数的61%，高中及以上文化程度者占39%。

（二）人员分布情况

随着河南经济社会发展和产业结构调整，以及经济收益的地区间差距逐渐缩小或拉平，就近就业、返乡创业成为部分农民的优先选择。据统计，目前省内转移就业1589万人，其中约48%跨市县转移就业，约52%在本县域内就地就近就业；省外就业1152万人，主要集中在东部地区，其中长三角350万人、珠三角350万人、京津地区200万人、东南沿海100万人、中西部地区100多万人。他们主要集中在电子加工、服装加工、制造及建筑、服务业等二、三产业中，分别占农村劳动力转移就业总人数的53.8%和35.9%。

（三）劳务收入情况

近年来，河南外出务工人员劳务收入持续提高（见表1）。2013年，全省劳务总收入为3100亿元，是2009年的1.83倍，人均劳务收入11654元，是2009年的1.55倍。年外出劳务收入占农民人均纯收入的近52%。据统计，收入水平较高的是采矿业、交通运输业和建筑业的农民工，月均收入都超过了2500元；收入较低的是住宿餐饮业、服务业和制造业的农民工，月均收入1800~2300元。

表1 2009~2013年河南省劳务收入情况

单位：%

年份	转移就业人数(万人)	劳务总收入(亿元)	人均劳务收入(元)
2009	2258	1695	7507
2010	2363	1980	8379
2011	2465	2340	9493
2012	2570	2810	10093
2013	2660	3100	11654

二 河南农村劳动力转移就业采取的措施和取得的成效

河南通过强化就业服务、实施全民技能振兴工程、扶持回乡创业、推进公共服务均等化等一系列措施，提升了农民工就业技能，促进了农村劳动力有序转移和稳定就业。

（一）强化就业服务，促进农村劳动力有序转移就业

一是构建公共就业服务体系，推进覆盖城乡的公共服务平台建设。全省18个省辖市、158个县（市、区）、522个街道、1912个乡镇、2236个社区和大部分中心村基本建立了人力资源社会保障服务工作机构，形成了省、市、县、乡、村五级协调联动的工作服务机制。二是不断创新服务内容，依托全省公共就业服务平台探索建立人力资源市场日常招聘门市、大型专业招聘会集市和人力资源网上超市的多种招聘形式，完善就业创业微信、微博、QQ群，使现代数字技术与传统就业服务方式合为一体，为农民工就业提供便利化服务。三是开展专项活动，促进农村劳动力转移就业。每年1~3月农民工外出高峰期，在全省集中开展"春风行动"，帮助农村劳动力实现转移就业。2014年春风行动期间，全省各级各类公共就业服务机构共为农村劳动者免费发放"春风卡"、外出务工维权手册等宣传资料207万份，组织举办专场招聘会1519场，免费为148万人提供就业服务，直接帮助200多万人实现转移就业。

（二）实施全民技能振兴工程，提升农民工就业技能

一是深入实施全民技能振兴工程，坚持六路并进，协同配合，资源共享，扩大培训规模，提高劳动者技能。大力实施农民工职业技能提升计划，针对产业集聚区产业发展用工需求，开展专业技能培训，使大多数农民工由普工成长为新型技工。二是以校企合作为突破口，持续"三改一抓"，实现需求有机结合。着力在完善校企合作机制上下功夫，推动建立政府和企业共同对校企合作先进学校给予补贴和奖励制度。持续开展服务产业集聚区"百校千企"合作活动，在全省职业院校大力推行"订单培养"、"联合共建"、"工学交替"等多种校企合作培养模式。三是结合各地人文历史和行业特色，开展有针对性的培训，打造劳务品牌，促进劳务经济健康发展。四是全省加大培训资金投入力度，加强农民工培训项目管理，提升培训质量，提高培训资金使用效益。目前，全省累计培训农村劳动力1300多万人。

（三）扶持回乡创业，带动农民工就地就近转移就业

一是积极为部分外出就业积累了资金、技术和经验的农民工回乡创业创造条件。制定出台一系列促进农民工回乡创业的政策，实施回乡创业工程，积极引导农民工回乡创业。二是以产业集聚区、孵化园区为依托开辟农民工创业园区，不仅解决了农民工创业中的场地问题，而且可以为农民工提供创业指导、创业培训、工商登记、税费减免等一站式服务。三是以小额担保贷款为抓手，解决农民工创业中的资金问题。三年来，全省农民工专项小额担保贷款规模达120亿元，帮助近30万农民工回乡创业，带动100万左右农村劳动力就地就近转移就业。

（四）推进公共服务均等化，促进农民工稳定就业

一是农民工子女平等接受义务教育得到切实保障。全省义务教育阶段进城务工农民随迁适龄子女入学率达到99%以上，入公办学校比率保持在85%左右，基本实现了"应入尽入"。二是农村留守儿童学习和生活状况进一步改善。全省建立留守儿童服务阵地9870个，爱心志愿者与留守儿童结对13万多对，开通"亲情电话"和视频电话1000多部。三是认真开展农民工疾病防控

和流动儿童免疫。强化农民工子女免疫规划和管理，把农民工子女纳入当地的免疫规划中实施免费预防接种。四是农民工计划生育管理服务进一步增强。广泛开展农民工"关怀关爱"活动，落实农民工计划生育家庭应享有的奖励优惠政策，切实维护农民工计划生育合法权益。五是农民工精神文化生活进一步丰富。努力把农民工纳入城市公共文化服务体系。六是农民工居住条件进一步改善。多渠道改善农民工居住条件。七是农民工进城落户稳步推进。在户籍管理上逐步实行城乡统一的户籍登记管理制度和居住证制度，居住人口在就业创业、劳动保障、子女就学等方面享有当地居民平等的待遇和权利。

三 当前河南农村劳动力转移工作存在的问题

河南农村劳动力转移尽管取得了明显成效，但也存在一些不容忽视的问题，如公共服务不健全、农村劳动力技能素质不高、就业稳定性不强等。

（一）转移就业服务平台建设滞后，农村劳动力外出盲目性较大

当前超过65%的农民工是通过亲友等关系获得就业信息的，主要原因是乡镇机构编制人员少、经费严重不足，尤其是村级大部分没有专职人员，职能作用无法充分发挥；部分乡（镇）村（社区）劳动力市场建设滞后，信息网络不完善、不连通，缺乏必要的就业指导、就业服务和便捷可靠的信息渠道。

（二）待转移劳动力年龄偏大，文化和技能偏低，转移开发难度加大

河南农村还有400万富余劳动力，但多以年龄偏大、文化和技能偏低，尤以初中以下文化程度、45岁以上中年妇女和55岁以上男性群体为主，年龄、技能、家庭等主客观因素决定了对他们转移开发就业的难度很大。

（三）培训补贴标准低、兑付难，培训积极性不高，培训效果不佳

目前，河南已转移的农村劳动力中有近1300万人没参加过相应的技能培训，但当前培训补贴标准偏低、补贴资金兑付复杂，再加上招用农民工的企业门槛普遍不高，致使农村劳动力或农民工参加培训、培训机构组织培训的积极

性不高，培训效果不佳，50%以上的转移就业人员不同程度地处于流动就业和不稳定就业状态。

（四）农村劳动力转移就业质量不高，流动性大

一方面，这与农民工从业的行业企业密切相关。农民工主要在制造业、建筑业和服务业就业。这些吸纳农民工就业多的企业主要是中小企业，这些企业利润率总体不高，抗风险能力较弱，改善劳动者待遇的能力有限，往往不签劳动合同，不缴纳社会保险，克扣或拖欠工资等，以牺牲农民工权益来获取利润，从而导致多数农民工收入和待遇偏低，劳动环境差，参保率低，缺乏职业发展空间。另一方面，农民工即使长期在城镇就业，仍难以和城市居民一样享受城市教育、医疗、住房等方面的公共福利和均等化的公共服务，这影响到农民工在城里长期生活和稳定就业。

四　农村劳动力转移就业形势分析

从就业转移的形势来看，未来几年，河南就地就近转移就业人数将逐步增多，但农村劳动力转移速度将持续放缓，转移就业"招工难"和"找工难"的结构性矛盾也将长期存在。

（一）转移就业"招工难"和"找工难"的结构性矛盾将长期存在

从需求看，大量需要农民工的就业岗位多数依然是收入水平较低、福利待遇较差、工作强度较大、劳动条件较差、发展前景较差的岗位；而工作条件较好的岗位，数量相对较少，对劳动者技能要求高。从供给看，一方面，总体上农民工技能水平还比较低，农民工多数没有参加过任何技能培训。另一方面，目前农民工的主体已经是新生代农民工。他们的利益诉求发生了变化，不再满足于经济上的获得，更加注重自身的职业发展，融入城市的渴望强烈。因此，大量需要农民工的岗位与农民工就业期望相差较大，农民工特别是新生代农民工不愿前往就业。工作条件相对较好的岗位数量较少，难以满足大量农民工的求职需求；而对技能要求高的岗位，也匹配到符合条件的劳动者。

（二）就地就近转移就业人数将逐步增多

河南是劳务输出大省，从 2008 年至 2010 年河南省农村劳动力省外输出人数稳定在 1200 万以上。自 2011 年开始，河南省内就业人数已连续四年超过省外输出人数（见表 2）。主要原因：一是河南农村劳动力资源充足，加之近些年来统筹城乡就业的政策体系不断完善，为河南农村劳动力转移和稳定就业奠定了基础；二是中原经济区建设的快速推进及城镇化步伐的不断加快，为河南农村劳动力转移就业带来新的机遇，就业岗位相对充足；三是各种服务业的持续发展，成为扩大就业、吸纳农民工新增就业的主渠道；四是大批农民工回乡创业，带动了大量农村劳动力就地就近就业。预计未来几年内，河南农村劳动力就地就近转移就业人数还会逐步增多。

表 2　2008～2014 年河南省劳动力省内外转移分布情况

单位：万人

年份	转移就业人数	省内转移人数	省外输出人数
2008	2155	946	1209
2009	2258	1020	1238
2010	2363	1142	1221
2011	2465	1268	1197
2012	2570	1451	1119
2013	2660	1523	1137
2014	2741	1589	1152

（三）农村劳动力转移速度将持续放缓

一方面，潜在经济增长率的下降，会导致就业需求的进一步下降，并使劳动力转移的速度放缓。另一方面，劳动力年龄人口的下降将成为未来 10 年最为明显的特征。由于劳动力年龄人口数量的下降和劳动年龄人口的老龄化，劳动力转移就业的速度也将放缓。2008 年，河南省农村劳动力转移就业新增 215 万人，是历年新增转移的最高峰。随后四年，转移就业规模稳定在 100 万人左右。2013 年，河南农村劳动力转移新增人数开始降至 90 万，2014 年降至 81 万（见表 3）。2015 年，河南新增农村劳动力转移目标任务是 70 万人。预计"十三五"期间，河南农村劳动力每年新增转移就业人数平均在50万人左右,转移就业人数将达到3000万人的峰值。同时,现有农村富余劳动力年龄偏大、技能偏低等,未来几年,扩大农村劳动力转移就业的压力和难度加大。此外,已转移就业农民工多数技能偏低,在当前国内经济结构调整以及国际经济形势不确定性的情况下,农村劳动力转移就业的稳定性不容乐观,农民工大量回流的可能性不能排除。综合以上因素,我们预测,今后几年农村劳动力转移速度将持续放缓。

表3　2008~2014年河南省新增农村劳动力转移情况

单位:万人

年份	转移就业人数	新增转移人数	年份	转移就业人数	新增转移人数
2008	2155	215	2012	2570	105
2009	2258	103	2013	2660	90
2010	2363	105	2014	2741	81
2011	2465	102			

五　加快河南农村劳动力转移就业的对策和建议

当前,河南农村劳动力转移形势依然严峻,下一步要从强化就业服务、提升技能素质、拓宽就业渠道、推进基本公共服务均等化等方面加大力度,进一步做好农村劳动力转移就业工作。

(一)健全公共就业服务体系

加强各级公共就业服务机构的场所和功能建设,大力推进乡镇、村就业服务平台建设。加强就业服务能力建设和人员队伍建设,拓展服务功能,建立健全精细化、长效化服务机制,为农民工和用人单位提供优质高效服务。加快建立覆盖全省的公共就业服务信息网络,实现就业服务经办信息化,促进与全国各地就业信息对接,实现互联互通。加强就业信息服务,收集、汇总和发布及时有效的人力资源市场信息。加强就业指导和用工指导服务,创新服务手段,提高服务的有效性和针对性。健全公共就业服务制度,增加政府财政投入,实行政府购买公共服务模式。

（二）提高农村劳动力和农民工技能素质

要将提高农村劳动力和农民工技能作为促进农民工稳定就业、农民收入增长的战略措施和重要职责。继续深入实施全民技能振兴工程，进一步完善职业技能培训制度，健全培训机制，整合培训资源，统一认定培训机构，扩大培训规模。大力推行就业导向的培训模式，强化职业培训基础能力建设，特别是加强县级培训机构的培训能力，建立培训质量考评制度，努力提高培训质量。加大职业培训资金支持力度，完善职业培训补贴政策，加强职业培训资金监管，努力提高资金使用效率。要根据当地产业发展特点，及时调整培训专业，增强培训的针对性和有效性，充分调动农村劳动力和培训机构参与培训的积极性。

（三）进一步拓宽就业渠道

坚持将经济结构调整和就业结构调整相结合，统筹协调产业政策和就业政策，鼓励发展劳动密集型产业、服务业，扶持中小企业，鼓励、支持和引导非公有制经济发展，增加就业岗位。抓住河南承接产业转移的机遇，大力发展壮大县域经济，加快小城镇建设，为当地农村劳动力提供更多的就业机会。围绕产业集聚区和中原经济区发展，有针对性地开展技能培训和就业服务，促进人力资源需求有效对接。结合各地城镇化建设规划，强化城市产业支撑，千方百计地增加就业岗位。充分发挥服务业最大就业容纳器的作用，加快服务业发展，扩大产业规模和就业规模。深入挖掘农业内部就业机会，大力发展以农产品加工业、农村服务业为主的农村第二、三产业，支持各地因地制宜地发展休闲农业、乡村旅游，促进农村劳动力就地就近就业。

（四）推进基本公共服务均等化

改善公共服务，完善户籍、社保、住房、教育等相关制度，促进农民工在城镇安居乐业和稳定就业。指导企业建立健全工资正常增长机制和支付保障机制，随着企业的利润增长同步增加职工的工资，让劳动者分享企业发展的成果，提升劳动者收入水平。指导企业尊重保护职工，改善劳动条件和用工管理，落实和维护职工的合法权益。全面落实异地就业和流动就业人员社保关系的转移和接续，将社会保险覆盖到所有就业的劳动者。规范劳动用工管理，畅通农民工维权渠道，维护农民工合法权益。推动农民工平等享受城镇基本公共服务，在农民工相对集中的城市，建立农民工综合服务平台，整合各部门公共服务资源，为农民工提供管理服务、权益维护、文化教育、党团活动等"一站式"服务。保障农民工民主政治权利，丰富农民工精神文化生活，加强对农民工的人文关怀，促进农民工逐步融入城市。

B.12
河南省乡村旅游发展现状、问题与对策措施

许韶立*

摘　要： 河南是农业大省，具有发展乡村旅游的优势条件。本文通过对河南省乡村旅游发展的现状及主要类型和特色的分析，剖析河南省乡村旅游存在的主要问题，在此基础上，提出了河南省乡村旅游发展的总体思路，明确了河南省乡村旅游进一步发展的对策措施。

关键词： 河南省　乡村旅游　农业娱乐

一　引言

目前，河南省乡村旅游，以其较强的关联带动效应和就业效应，已成为推动新农村建设的有效途径和切入点。河南是农业大省，农村人口多，原始淳朴的农耕文化底蕴丰厚，多彩的中原乡土民俗、地方戏曲、民间杂技、民间工艺、乡土节庆等乡土民俗文化旅游资源十分丰富，再加上良好的生态环境、宜人秀丽的田园景观，使河南具有发展乡村旅游的基础，开发优势十分明显。

乡村旅游的客源目标市场在城市。河南省有大中城市近20个，2013年全省城镇常住人口为4123万人，从城镇居民的可支配收入到闲暇时间，都已具备开展旅游的条件，这为以城市居民为主要服务对象的乡村旅游，提供了巨大

---

* 许韶立，理学学士，研究方向为旅游资源开发、旅游经济。

的客源市场。特别是政府提出的新农村建设、美丽乡村建设，已成为河南乡村旅游面临的重大机遇。2014年，《国务院关于促进旅游业改革发展的若干意见》明确指出：要"依托当地区位条件、资源特色和市场需求，挖掘文化内涵，发挥生态优势，突出乡村特点，开发一批形式多样、特色鲜明的乡村旅游产品。推动乡村旅游与新型城镇化有机结合，合理利用民族村寨、古村古镇，发展有历史记忆、地域特色、民族特点的旅游小镇，建设一批特色景观旅游名镇名村。加强规划引导，提高组织化程度，规范乡村旅游开发建设，保持传统乡村风貌。加强乡村旅游精准扶贫，扎实推进乡村旅游富民工程，带动贫困地区脱贫致富"。国务院关于乡村旅游的意见，为河南发展乡村旅游指明了方向。

乡村旅游，不但可以提高农民的经济收入、保护传统乡村景观与乡村文化的完整性、改善农村生态环境，同时也是一种教育和交流的形式，旅游者从中能够发现、认识传统文化和生态价值的重要性，当地居民因旅游收益而为自己所拥有的自然环境和独特文化而感到自豪，还可以学到许多来自城市的知识、观念和文明生活习惯，乡村旅游不仅丰富了旅游供给，而且对研究河南省的农业、农村问题具有一定现实意义。

二 河南省乡村旅游发展现状及主要类型

（一）河南省乡村旅游发展现状

目前，河南大部分地区都有不同程度和规模的乡村旅游，2008~2012年，河南乡村旅游由"农家乐型"向"农业娱乐型"转变，即城市居民到田园风光优美的农村参观游览，与农民同吃同住，转向到各类农业观光园采摘水果、钓鱼、种菜、野餐、学习园艺等。其中，省内游客参与率和回游率比较高的乡村旅游项目是以"住农家屋、吃农家饭、干农家活、享农家乐"为内容的民俗风情旅游；以收获各种农产品为主要内容的务农采摘旅游和以民间传统节庆活动为内容的乡村节庆旅游。

2013~2014年，河南乡村旅游不断升温，旅游经营者已注意到乡村旅游的巨大发展空间，传统的乡村旅游，已经不能满足旅游者的时尚需求，从而加速进入"乡村度假型"旅游阶段,即将观光、休闲、度假、娱乐参与等旅游活动有机结合,以到乡村度假为主要目的。

目前,河南太行山、伏牛山区以及大中城市郊区,都有一定的乡村旅游度假设施,一些新的亮点、热点不断出现。郑州郊区的金鹭鸵鸟园、富景生态园、丰乐农庄等城郊老牌休闲景区不断翻新;许昌鄢陵花卉、新郑市枣园游、荥阳市的樱桃沟、石榴峪等生态游园项目越来越丰富;三门峡陕县天井窑院风情游、新乡太行山郭亮农家游、洛阳栾川重渡沟乡村风情游等,不同类型的乡村旅游遍地开花,已成为河南旅游大家庭中的一大亮点。

(二)河南省乡村旅游的主要类型及特色

河南乡村旅游的类型多样,主要可分为乡村林果采摘游、乡村花卉观光游、乡村民俗文化游、以餐饮为主的乡村游、综合性乡村度假游等几种类型。

1. 乡村林果采摘游

以林果业为主的乡村休闲游在河南省比较多见。目前,具有代表性的主要有郑州的樱桃沟、新郑的枣园、荥阳的石榴园、商丘宁陵的梨园等。这种类型主要以观光采摘为主。就拿商丘市宁陵县刘花桥村的梨园来讲,已成功创建"全国休闲农业与乡村旅游示范点",花开季节观花,果实成熟季节采摘,拓宽了旅游的发展空间,同时也达到了推进农业功能拓展、农村经济结构调整、社会主义新农村建设和促进农民增收的目的。再如,荥阳邙岭以石榴为主的经济林产业带,东起广武镇唐垌村,西至高村乡枣树沟村,长达15公里,每年举办河阴石榴文化节。石榴盆景(盆栽)重点户达到16户,每年生产石榴盆景(盆栽)500多盆;由石榴发展带动的农家乐、渔家乐、石榴养生酒、榴叶茶等加工产品的开发,为河阴石榴增加了附加值,为河阴石榴产业的发展增加了后劲。

2. 乡村花卉观光游

河南省地处中原,是我国重要的气候过渡带,牡丹花、菊花、蜡梅、杜鹃等各类花卉具有栽培、苗木种植、盆景制作等优势,适宜开发以花木观光、生态采摘、花艺设计等为主题的各类乡村旅游活动,构建河南独一无二的气候过渡带花木旅游优势,树立"花木之乡"品牌,强化提升河南乡村旅游的品质及特色。目前,以花卉为代表的景区(点)有洛阳的牡丹园、鄢陵的蜡梅园、汝阳的杜鹃园、开封的菊园等，还有信阳黄川卜塔集的花卉游、嵖岈山的薰衣草婚纱摄影基地游等，这类旅游，往往与民俗文化相结合，展现传统淳朴又具有时代新意的乡村风情以及农业现代化生产方式，注重游客的深层体验感受。如鄢陵种植花卉始于唐宋，盛于明清，有"鄢陵蜡梅冠天下"之美誉。鄢陵以花卉观光为主，目前已有30多万亩花卉种植园，花卉品种2100多种，已成为我国北方最大的花卉苗木生产地；再加上地热温泉的开发，使这里成为河南省乡村休闲体验旅游区。河南省乡村特色节庆活动，也是乡村旅游的重要组成部分。如洛阳牡丹节、信阳桂花节、汝阳杜鹃节、开封菊花节等，直接吸引眼球、带动人气，为河南乡村旅游增添活力。

3. 乡村民俗文化游

中原民俗文化形式多样、内容丰富，如豫南地方戏、光州大鼓，豫西社火、豫北节庆等民间曲艺、民歌、小调、锣鼓等，火绫子、花伞春牛等民间舞蹈，剪纸、剪影、布制品、面（糖）人等民间工艺美术。将这些民俗文化包装打造和挖掘创新，推出内容新颖、形式丰富、特色鲜明的系列民俗文化旅游产品，增色河南乡村旅游的人文内涵和农家风情。同时，河南省有众多的特色村镇，而特色村镇往往是民俗文化游的重要舞台，借助现有的原始村镇，利用农村特有地域风俗习惯、民俗活动，让游客充分享受浓郁的乡村风情和民俗文化。这种乡村旅游类型，省内影响比较大的有陕县天井窑院民俗文化村，渑池县的古村落，辉县市郭亮村、回龙村，濮阳市西辛庄以及许昌市神垕镇，开封市朱仙镇，镇平县的石佛寺镇，滑县的道口镇等，都具有开发乡村民俗游的条件。例如，陕县的天井窑院民俗村及孟州市古周城民俗文化村，都是利用当地的乡村环境，兴建手工磨坊、油坊、酒坊等旧式作坊，丰富乡土风情、农事体验、科普教育等内涵，形成不同风格和特色的旅游项目。

4. 以餐饮为主的乡村游

这种类型的乡村旅游，往往以城郊乡村生态游为主。由于资源的普遍性、基础市场的本地性、消费的重复性，郊区乡村游憩成为乡村旅游中产业规模最大的一种类型。而这种类型是以餐饮为主要内容，以生态休闲观光为主要形式。一般是城郊生态环境较好的地方，农户利用庭院或增加必要的接待设施，开展旅游接待；也有越来越多的企业在郊区乡间建设一些具有一定农家色彩的度假村，利用产业化经营的菜园、果园开展城郊休闲餐饮游。还有的以特产养殖为基础的乡村美食旅游，巧妙创新出"城郊乡村游"美食大餐，如郑州樱桃沟、四季通达、丰乐农庄、富景生态园、烤鱼沟、新乡龙泉等都属于这种类型。

5. 综合性乡村度假游

真正单一的乡村旅游类型，其实并不多见，一般都是以一种为主，其他形式为辅。而综合性乡村度假区，就是集休闲度假、农业观光、无公害农产品生产、培训、教育为一体，为游人提供良好的生产、观光、休闲、度假和农业生产体验环境。这种类型的乡村旅游地，目前发展迅速，正在由比较单一的乡村旅游形式向综合类发展。如栾川县从景区多为农家乐的实际出发，特别推出"生态田园"、"生态采摘"、"农家乐"等旅游项目，重点打造重渡沟、寨沟等乡村休闲度假旅游品牌。还有的依托河南境内的河流、水库、森林，开发有氧健身、水上休闲运动等项目，以康体疗养和健身娱乐为主题，如嵖岈山温泉小镇、许昌花都温泉、陕县温溏村、南湾湖度假区、石人山温泉度假区等。

三 河南省乡村旅游发展中存在的主要问题

河南省乡村旅游发展迅速，只有对目前存在的问题进行全面系统地分析研究，才能明确河南省乡村旅游发展的总体思路与战略措施。

（一）对乡村旅游思想认识有误区

目前，人们对开发乡村旅游，从思想认识上还存在一些误区，主要表现为一是对乡村旅游资源认识评价不到位，对乡村旅游开发过于乐观，认为不投入就能开展；二是缺乏对乡村旅游开发必备条件的认识，不是什么地方都可以搞乡村旅游的；三是忽视乡村特色，认为越现代越好，出现建筑的城镇化、园林化、商业化等趋向；四是没有意识到农村生态环境本身就是一种旅游资源，农业生产本身对城市人就有吸引力。这些认识误区，严重制约了乡村旅游的健康发展。

（二）乡村旅游缺乏规划

目前，河南省各地市、县在发展乡村旅游时，多数还属于"拍脑袋"决策，没有将乡村旅游的开发纳入区域旅游开发的大系统，任由经营者进行盲目的投资与开发，随意性大，破坏了古建筑、古村落的古朴风格；有的景点过度城镇化，浓厚的乡村文化氛围或怡人的自然风光被现代化的商业气息冲淡，让旅游者找不到"返璞归真"、"回归自然"的感觉；甚至出现了多景一面的情况，没有特色、没有个性，从而缺乏对游客的吸引力。产生这些问题，主要原因是不重视规划，缺乏规划意识，认为不规划也能干，开发短期行为较为明显，这直接影响到乡村旅游的社会意义和可持续发展。

（三）乡村旅游规模小，产品雷同，文化内涵不足

目前，河南省已经开发的乡村旅游，多数还是以农家餐饮为主，由于季节性原因，大部分乡村旅游仅停留在单纯的农业观光层面，整体接待水平一般，配套设施不完善。忽视了对乡村特色民俗文化内涵的挖掘，缺乏创新设计和文化活动的策划，文化品位不高，特色不明显。一般以农户自主式开发为主，规模普遍较小，经营者品牌意识淡薄，在市场方面缺乏宣传和营销。同时，乡村旅游产品参与性不足，产品单一、特色不明、品牌不响、档次不高等，导致河南省乡村旅游整体水平不高。

（四）乡村旅游基础设施差，管理滞后

基础设施落后、资金短缺是当前制约河南省乡村旅游发展的主要原因之一，许多乡村旅游地基础环境较差，道路系统、旅游服务系统都不完善。例如，道路等级低、停车场少、旅游厕所没有；客房、餐厅等主要食宿设施条件不能适应现代旅游要求。其主要原因还是对乡村旅游的投入不够，尤其是建设上规模、上档次的乡村旅游区，既需要完善基础设施建设，又需要对外宣传促销，必须有一定的资金保证。

总体上看，河南省乡村旅游多数还处于自发的粗放经营状态，多数经营者就是当地农民，文化素质普遍较低，管理能力不足。没有专业管理人员的统一管理，使本来就很松散的乡村旅游经营者更加松散；没有相关专业人员的规划和引导，再加上管理与经营体制不健全，缺乏相应的政策法规，管理力度不够，许多开发和经营行为得不到应有的规范，制约了乡村旅游向前发展的速度。

四 河南省乡村旅游发展总体思路与对策措施

（一）发展思路

河南省发展乡村旅游，首先，要把旅游开发作为美丽乡村建设的一个重要内容，要明确旅游在乡村发展中的积极作用。乡村旅游开发的意义在于，它是改变农村生存环境的需要，是提高农民整体素质的需要，是农民脱贫致富的需要，是城市居民回归故里的需要，是现代人返璞归真的需要。河南省乡村旅游开发一定要与新型城镇化相结合，把乡村旅游融入新农村建设之中。要把旅游作为乡村的一项基本职能，在各项建设中充分考虑旅游发展的要求，把旅游开发融于乡村建设之中，以营造区域旅游发展的整体合力。

其次，乡村旅游更应突出农业特色，也就是休闲和农事紧紧挂钩，同时乡村旅游开发应突出河南省地域特色，强调乡村旅游的体验与参与功能，应结合多种形态的旅游方式，以生态观光为前提、休闲农业为重点、乡村度假为特色，重视体验式综合型乡村旅游项目的开发。重点在于最大限度地保持和突出原汁原味的乡村地域特色。

最后，从河南省乡村旅游产品体系上来看，观光产品主要集中于乡村山水观光、花木基地观光、生态农业观光；休闲产品主要是民俗风情观赏、农业生活体验、地方特色餐饮；娱乐产品重点是花艺设计、盆景制作、务农采摘、漫步垂钓、乡村趣味活动等；度假产品主要是农舍度假、休闲农庄度假、特色花木居所度假等；其他产品还有乡土生态教育、农业生产科技观摩等。

乡村旅游开发的总体要求是：环境要生态化、原汁化；项目设置要特色化、地域化；建筑设施要求景观化、民俗化，不要商业化；餐饮服务要求乡土化；住宿环境要乡村化，不要城镇化；旅游商品要地方化，不要雷同化；旅游服务要标准化，不要低劣化。

（二）河南省乡村旅游发展的对策措施

1. 提高认识，改变观念

认识决定出路，观念决定发展。首先，要正确理解发展乡村旅游的现实意义，明确发展乡村旅游的基本条件、主要内容与特点。其次，充分认识农业不仅是农村的主导产业，而且是重要的旅游资源，要协调好旅游业与农业的关系，树立"以旅助农"、"以农兴游"的开发理念。同时，对乡村旅游开发可能带来的负面影响进行科学分析，对可能产生的问题制定防范措施，做到防患于未然，尽可能规避问题的发生，对问题的产生要有心理准备。

2. 规划先行，有序开发

规划是开发的前提，乡村旅游开发应该对旅游地的区位条件、资源特色、生态环境、社会经济及客源市场等进行认真和翔实的调查与评价，然后，在区域空间上进行统筹安排，全面规划；规划是乡村旅游健康有序发展的基础，基础设施建设、资金筹措与管理、人才开发、市场开发等问题，均需有科学的规划。目前，河南省大多数乡村旅游区，没有按照先规划后开发的思路进行，各级政府在发展乡村旅游时，没有进行统筹安排，任由经营者进行盲目的投资与开发，尤其是"农家乐"的发展盲目性很大，一哄而上。因此，建议河南省旅游局、农业厅等职能部门，一定要从规划入手，2015年争取完成《河南省乡村旅游发展规划》，同时要求各地市县也要针对具体情况完成《区域乡村旅游总体规划》，对具体的乡村旅游项目也要进行总体规划和详细规划设计，以规范乡村旅游的开发与建设。在时空上对河南省乡村旅游开发活动进行有序的周密安排，减少盲目开发和投资失误，避免相邻地区的雷同和重复建设，提高乡村旅游开发的效果，从而促进乡村旅游的健康、有序发展。

3. 政府主导、市场导向

发展乡村旅游，政府必须发挥主导作用，使乡村旅游开发与新型城镇化相结合、与新农村建设相适应。政府要充分整合各种资源，特别是在政策引导、资金支持、推广宣传、统一规划方面起到核心作用；要按照市场规律进行开发建设，在项目融资、产品开发、市场定位、宣传营销方面，都应以市场为导向。在政府的统一规划和主导下，规范乡村旅游的基本要求，改变"脏、乱、差"现象；标准化服务包括游览线路安排、旅游标识的完善；商业网点的布局，都要有统一的规划和安排；要将游客始终放在旅游开发的第一位，处处为游客着想，保护游客利益，促进游客需求实现。在项目开发过程中，应高度重视游客参与体验环节的设计，提高项目消费点，增大盈利能力，最终实现项目的合理收益目标。

4. 培养人才，规范管理，拓宽融资渠道

人才是乡村旅游开发的重要支撑，是推动乡村旅游发展和提高服务质量的根本保证。人力队伍建设，需根据乡村旅游发展特点，以培养当地人才为主，引进人才为辅。通过加强经营管理者、从业人员、村民等相关人员的旅游知识和业务技能培训，提高服务接待水平。因此，建议河南省旅游局要制订和实施河南省乡村旅游从业人员系统培训计划，建立乡村旅游导游队伍，进行乡村历史和传统文化等方面的知识培训，促使农户成为河南乡村旅游发展真正的主体。同时，要规范乡村旅游管理，建立和完善管理机制，制定相应的政策法规，不断提高经营者的管理水平，逐步实现乡村旅游管理规范化。

当前制约乡村旅游发展的主要问题之一是资金，资金缺乏制约了基础设施的建设和完善，从而影响乡村旅游产品的开发。第一，由政府部门先期进行引导资金的投入，政府对乡村旅游的引导资金，有利于整体规划和迅速发展。第二，积极筹集社会资金，给乡村旅游开发注入新鲜"血液"，拉动乡村旅游经济发展。第三，鼓励村民出资合股联营，增强村民的责任感。

参考文献

《国务院关于促进旅游业改革发展的若干意见》（国发［2014］31号），2014。

郭焕成：《发展乡村旅游业，支援新农村建设》，《旅游学刊》2006年第6期。

刘德谦：《关于乡村旅游、农业旅游与民俗旅游的几点辨析》，《旅游学刊》2006年第3期。

许韶立：《论中原经济区旅游业协调发展思路与战略》，《科技纵览》2013年第6期。

B.13 河南农村居民家庭收入和消费的现状及趋势分析

王元亮*

摘　要： 本文从农村居民家庭收支和城乡居民家庭收支对比的角度，整体判断河南省农村居民家庭收入和消费状况，并在此基础上深入分析农村居民家庭收入和消费现状，进行各地比较。未来一段时间，河南省将呈现农村居民家庭经营收入快速增长、财产性收入持续增长、食品支出逐渐减少、居住支出稳步增长的发展趋势，最后据此提出提升全省农村居民家庭收入水平和消费能力的若干建议。

关键词： 农村居民　家庭收入　家庭消费

随着全球金融危机对实体经济影响的加剧，经济增长出现减缓趋势，保增长、促发展成为当前我国经济发展的主旋律。中央指出要把提高农民收入、夯实农业基础作为扩大内需的重要内容。因此，提高农民收入水平和消费能力是促进我国经济增长的一项重要政策措施。河南省作为传统的农业大省和重要的粮食核心生产区，农民收入和消费问题事关全省发展大局。随着全省认真贯彻落实中央各项助农惠农政策，强化农业基础设施建设，积极转变发展方式，促进农业不断增效、农民持续增收、农村和谐发展，农村居民家庭的收入水平不断提高，消费结构也发生了显著变化。但是，城乡居民家庭的收入水平和消费能力仍然存在较大差距，制约全省城乡经济的均衡发展和经济持续稳定增长。

---

* 王元亮，河南省社会科学院科研处助理研究员，研究方向为农村经济。

一 河南省农村居民家庭收入和消费状况整体判断

（一）农业人口基本情况

2013年底，河南省总户籍人口9316.27万，农业户籍人口7466.43万，占全省总户籍人口的80.1%。从全省各地区人口分布来看，农业户籍人口排在前五位的依次为南阳、周口、商丘、驻马店和郑州，这些地区多是农业较为发达的区域，农业户籍人口达到3476.92万，占全省农业户籍人口总数的46.6%，农业户籍人口占总户籍人口的比重分别为86.2%、89.9%、86.3%、85.8%、66.4%。此外，各地区农业户籍人口占总户籍人口比重均大于50%，比重最小的前三位依次是郑州、鹤壁和济源，比重分别为66.4%、68.5%和69.4%（见图1）。这表明，全省主人口区的农业户籍人口远远大于非农业户口人口。

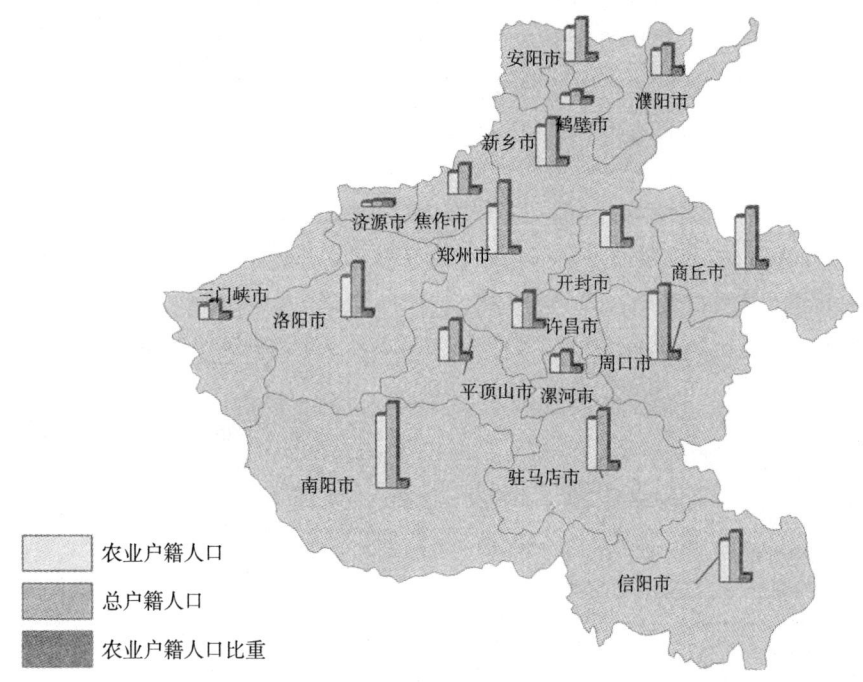

图1 2013年河南省各地区总户籍人口、农业户籍人口及
农业户籍人口占全省总户籍人口的比重

（二）农村居民家庭收入支出情况

2014年前三季度，全省农村居民家庭收入实现平稳增长。第一季度，农村居民家庭人均现金收入达到2381.30元，同比增长12.2%，扣除价格因素实际增长10.5%。前两个季度，农村居民家庭人均现金收入达到4651.72元，同比增长12.3%，扣除价格因素实际增长10.4%。前三个季度，农村居民家庭人均现金收入达到7599.66元，同比增长11.8%，扣除价格因素实际增长10.0%，高于全国平均水平0.3个百分点。第一季度，全省居民家庭人均可支配收入3990.33元，同比增长11.9%，扣除价格因素实际增长10.0%；前两个季度，全省居民家庭人均可支配收入7304.11元，同比增长11.6%，扣除价格因素实际增长9.6%。前三个季度，全省居民人均可支配收入11167.13元，同比增长11.1%，扣除价格因素实际增长9.0%，高于全国平均水平0.8个百分点。2007~2013年，全省农村居民家庭总收入和总支出实现持续平稳增长，并且总收入略大于总支出。收入方面，家庭经营收入占农村居民家庭收入的比重最大，其次是工资性收入。随着老年人口比例的逐步提高和社保覆盖范围的逐步扩大，农村居民家庭中领取各项社保金的人员日益增多，转移性收入也有所增长。消费方面，生活消费支出是农村居民家庭总支出的主体，其次是家庭经营费用支出（见表1）。

表1 2007~2013年河南省农村居民家庭收入支出情况

单位：元

类别\年份	2007	2008	2009	2010	2011	2012	2013
总收入	5197	5995	6415	7294	8725	9829	11344
工资性收入	1268	1500	1622	1944	2524	2989	3582
家庭经营收入	3721	4212	4462	4969	5640	6197	6804
财产性收入	53	53	56	59	108	135	160
转移性收入	155	230	275	322	453	508	798
总支出	4212	4832	5219	5766	6859	7850	8689
家庭经营费用支出	1194	1378	1419	1562	1838	2010	2250
购置生产性固定资产支出	118.1	152	132.6	189	141.3	199.3	311.3
税费支出	3.5	2.6	2.8	3	1.8	2.4	0.1
生活消费支出	2676	3044	3388	3682	4320	5032	5628
财产性支出	6	7	4	7	6	2	1
转移性支出	214	248	273	323	552	604	499

注：总收入、总支出两行进行了四舍五入取整数。

资料来源：《河南统计年鉴2014》，补充了"购置生产性固定资产支出"数据。

（三）城乡居民家庭收入消费对比

2007~2013年，全省城乡居民家庭收入和消费支出呈现持续增长态势。城镇居民家庭人均可支配收入年平均增长5.6%，农村居民家庭人均纯收入年平均增长14%，高于城镇居民家庭人均可支配收入8.4个百分点。城镇居民家庭人均消费支出年平均增长11.2%，农村居民家庭人均生活消费支出年平均增长13.2%，高于城镇居民家庭人均消费支出2个百分点（见表2）。城镇恩格尔系数、农村恩格尔系数均实现逐年下降，到2013年底，城乡恩格尔系数总体上处在34.5%以下（见表3）。

表2 2007~2013年河南省城乡居民家庭收支对比情况

单位：元

指标\年份	2007	2008	2009	2010	2011	2012	2013
农村居民家庭人均纯收入	3852	4454	4807	5524	6604	7525	8475
城镇居民家庭人均可支配收入	11477	13231	15930	18195	20443	22398	15930
农村居民家庭人均生活消费支出	2676	3044	3388	3682	4320	5032	5628
城镇居民家庭人均消费支出	7827	8837	9567	10838	12336	13733	14822

表3 2007~2013年河南省城乡恩格尔系数对比情况

单位：%

指标\年份	2007	2008	2009	2010	2011	2012	2013
农村恩格尔系数	38.0	38.3	36.0	37.2	36.1	33.8	34.4
城镇恩格尔系数	34.6	34.8	34.2	33.0	34.1	33.6	33.2

二 河南省农村居民家庭收入现状分析及各地比较

按收入来源，农村居民家庭人均纯收入包括工资性收入、家庭经营收入、财产性收入和转移性收入。其中，家庭经营收入涵盖农、林、牧、渔、工业、建筑业、交通运输邮电业、批零和零售贸易餐饮业、社会服务业以及其他收入。按收入性质，农村居民家庭人均纯收入由生产性收入与非生产性收入组成，其中，生产性收入包括第一产业收入、第二产业收入、第三产业收入和工资性收入。

（一）现状分析

1. 按收入来源分析

2007～2013年，河南省农村居民家庭人均纯收入呈显著上升趋势，且家庭经营收入均远高于工资性收入、转移性收入和财产性收入。2013年，河南省农村居民家庭平均人均纯收入达到8475元。其中，家庭经营收入4285元、工资性收入3582元、转移性收入448元、财产性收入160元。较之2012年实现明显增长，增长率分别为7.9%、19.8%、4.9%、18.5%（见图2）。在收入来源结构上，2007～2013年，家庭经营收入比重持续下降，工资性收入和转移性收入比重增加，财产性收入比重维持最低；在环比增长率波动上，工资性收入与家庭经营收入波动幅度较大，财产性收入波动幅度较小，大致保持不变（见图3）。

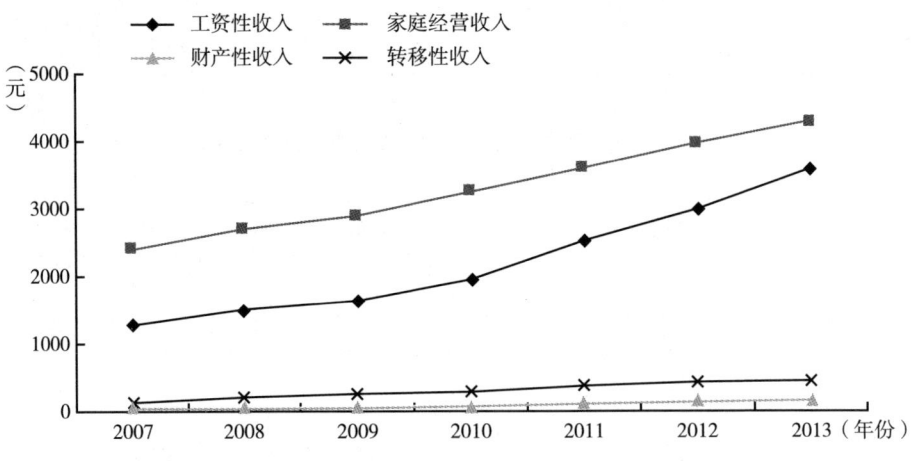

图2　2007～2013年河南省农民人均纯收入各构成增长情况

2. 按收入性质分析

2007～2013年，在生产性收入中，第一产业收入不断上升，在生产性收入中所占份额仅比工资性收入低，远远高于其他的收入组成；第一产业

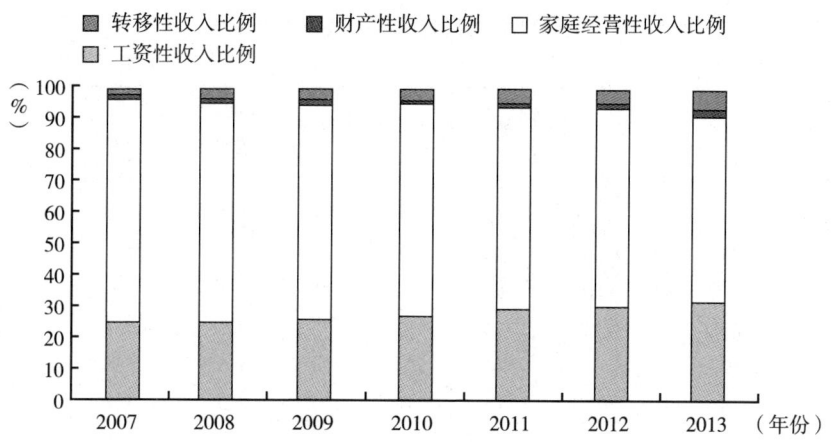

图3 2007～2013年河南省农村居民家庭人均收入来源结构情况

收入远高于第二、三产业的收入。从二、三产业的比较来看,第三产业的收入高于第二产业的收入,且上升趋势明显,表明河南省农村的第三产业正在快速发展,而且逐渐成为农村居民家庭人均纯收入增加的重要来源(见表4)。

表4 2007～2013年河南省农村居民家庭人均生产性收入

单位:元

指标＼年份	2007	2008	2009	2010	2011	2012	2013
工资性收入	1268	1500	1622	1944	2524	2989	3582
第一产业收入	3144	3577	3711	4099	4596	4929	5304
第二产业收入	185	194	211	241	273	302	355
第三产业收入	392	440	540	628	771	966	1146

河南省农村居民家庭经营收入中,从农业生产中获得的比重远远高于林业、牧业和渔业等生产性收入,显示出农业收入是农村居民家庭生产性收入最重要的来源,而且其比重仍有上升趋势;林业和渔业的所占比重一直最低。在农村居民家庭生产性收入中,林业和渔业是最不重要的收入来源,批零贸易餐饮业与运输业收入虽然比重较低,但是近年来有上升的趋势,这表明农村居民家庭正在向多种经营方式发展转变(见表5)。

表5　2007～2013年河南省农村居民家庭产业收入情况

单位：元

年份	农业	林业	牧业	渔业	工业	建筑业	交通运输邮电业	批发和零售贸易餐饮业	社会服务业
2007	2234	45	835	30	133	52	120	157	40
2008	2513	51	985	29	142	51	135	187	41
2009	2640	46	1000	26	150	61	164	231	50
2010	2978	51	1042	28	170	71	191	275	52
2011	3262	71	1230	33	193	79	227	357	53
2012	3550	80	1257	42	224	78	305	436	77
2013	3874	87	1297	45	216	139	260	732	119

（二）各地比较

2013年，18个省辖市中，农村居民家庭人均纯收入排在前五位的依次为郑州、济源、焦作、许昌和鹤壁，农村居民家庭人均纯收入均超过万元门槛；10个省直管县中，农村居民家庭人均纯收入排在前三位的依次为巩义、长垣和汝州，农村居民家庭人均纯收入也跨越万元门槛。其中，巩义在所有市、县中仅次于郑州，位列第二。这些市、县同时也是城市和经济发达地区（见表6）。从绝对值来看，18个省辖市中，高收入户排在前五位的依次为郑州、焦作、许昌、济源和漯河，低收入户排在前五位的分别是郑州、济源、鹤壁、南阳和许昌。10个省直管县中，高收入户排在前三位的依次为巩义、长垣和汝州，低收入户排在前三位的分别是汝州、邓州和鹿邑，均呈现一定程度的收入两极分化。

表6　2013年河南省各市、县农村居民家庭人均纯收入来源情况

单位：元

市、县	合计	工资性收入	家庭经营收入	财产性收入	转移性收入
郑　州	14009	8070.11	4432.94	839.28	666.67
开　封	8355	3575.29	4316.32	144.43	319.10
洛　阳	8756	5673.44	2506.45	200.47	375.83
平顶山	8541	3730.63	4160.43	121.12	528.53

续表

市、县	合计	工资性收入	家庭经营收入	财产性收入	转移性收入
安 阳	9670	5172.43	4051.97	138.78	306.40
鹤 壁	10608	5074.38	4766.41	84.31	683.30
新 乡	9728	5252.49	3653.17	287.29	535.62
焦 作	11367	6198.30	4395.60	371.90	400.90
濮 阳	7904	3785.07	3543.58	173.73	401.32
许 昌	110067	6209.00	3810.00	235.00	753.00
漯 河	9876	4366.70	4826.20	353.00	330.10
三门峡	8926	3346.81	4999.61	204.69	374.72
南 阳	8729	3147.14	5081.13	87.59	412.93
商 丘	7217	3692.50	3119.86	73.51	331.43
信 阳	7982	3748.46	3829.52	49.91	354.26
周 口	6950	3532.60	3045.90	35.10	335.90
驻马店	7437	3395.47	3585.11	72.27	384.44
济 源	11958	5301.00	5963.00	150.00	544.00
巩义市	13951	9216.00	4131.00	21.00	583.00
兰考县	6756	2858.66	3655.08	71.38	171.29
汝州市	10062	4650.33	4838.93	68.31	504.13
滑 县	6839	2989.83	3354.15	38.84	456.28
长垣县	11381	5940.00	4696.55	217.47	527.18
邓州市	9172	3407.00	5141.00	177.00	446.00
永城市	8469	4390.16	3716.07	2.70	360.11
固始县	8121	3786.00	3811.00	81.00	444.00
鹿邑县	7755	4062.28	3387.84	38.00	267.00
新蔡县	7148	3017.00	3670.40	79.60	381.20

资料来源：《河南统计年鉴2014》。
注：合计列四舍五入取整数。

三 河南省农村居民家庭消费现状分析及各地比较

农村居民家庭消费是长期从事农业生产活动的劳动者为满足自身日益增长的物质、精神需求所进行的消费行为。农村居民家庭消费有广义和狭义之分，广义的农村居民家庭消费是指生产性消费与生活性消费的总和，狭义的农村居民家庭消费是指生活性消费，这里以狭义的农村居民家庭消费为研究对象。

（一）现状分析

1. 生活消费支出结构

农村居民家庭生活消费支出包括衣、食、住、用、行等方面的支出，其支出能力是农村居民家庭生活水平的重要标志，也是调整消费结构、提高消费水平的重要组成部分。2013年，全省农村居民家庭生活消费平均支出5627.73元，高收入户生活消费支出为8285.35元，低收入户生活消费支出为3867.49元，两者相差4417.86元（见表7）。其中，食品支出1938.47元，占消费总支出的34.4%，食品消费是主要生活消费支出，在农村居民家庭生活消费中的比重最大。并且奶类、豆制品、肉类的消费比重逐年增加，饮食生活更为注重营养保健，食品消费逐步向营养、科学、多样化方向发展。衣着消费支出不断增加，衣着消费以中低档的衣服消费为主，呈现成衣化、品牌化、多样化的趋势。居住消费持续增加，住房配套设施更趋完备。家庭耐用消费品支出向新颖高档化方向发展。居住消费支出所占比重仅次于食品支出，为18.5%。交通通信工具和用品消费支出增长较快，比重增加到11.2%，仅次于食品消费和居住消费，成为全省农村家庭居民消费的新热点。

表7 2013年河南省农村居民家庭平均每人生活消费支出情况

单位：元

项　　目	全省平均	低收入户	中低收入户	中等收入户	中高收入户	高收入户
生活消费支出	5627.73	3867.49	4771.77	5291.67	6670.94	8285.35
食品	1938.47	1510.03	1772.36	1896.82	2218.19	2456.24
衣着	481.78	334.13	443.89	443.18	557.68	687.06
居住	1043.93	541.16	666.80	954.61	1348.17	1955.17
家庭设备和日用品	415.97	249.37	316.89	371.45	537.56	680.40
交通通信工具和用品	632.88	405.70	463.83	603.52	725.23	1079.15
文教、体育娱乐用品	391.27	230.16	318.99	362.95	484.01	626.97
医疗、卫生保健用品	603.73	527.15	674.63	556.71	650.42	620.36
其他商品	119.70	69.79	114.38	102.43	149.68	180.00

2. 消费偏好

随着农村居民家庭消费水平的提高，消费结构不断优化升级，农村压抑消费的心理不断得到释放，促使农村居民的消费偏好开始发生转变。在实体店面、网络消费、电视消费、订购消费以及其他等购物媒介中，选择实体店面的家庭占到绝大多数，其中，以固定的实体店为主，选择在流动售卖车购买的消费品以日用小百货和食品为主。网络消费和电视消费在农村社会几乎没有市场。但是，电视、网络等传播媒介的商品广告效应对农村居民的购物品位和消费习惯具有引导作用，特别是关于药品、耐用消费品、食品、生活用品等的广告宣传。此外，金钱支付是农村居民家庭购物的主要支付方式。

3. 消费观念

经调查，农村居民家庭消费具有以下特征。一是主要以家庭消费为主。统一收支，家庭成员的个人消费行为不显著。二是从众性表现明显。农村社会是以血缘和亲缘关系为主的熟人社会，人与人之间的交往密切，人与人之间的思想行动同质性较强，生活、工作的形式比较单一，这种从众心理在一段时间内能够引发农村居民的消费热潮，刺激居民消费。三是农村居民家庭消费具有模仿性。城乡之间文化壁垒的打破，使得象征身份与地位的"符号"消费与农村居民传统"面子观"不谋而合，促使农村居民家庭对城市的生活更加向往，并且模仿和追随城市的生活步伐，促使农村居民家庭消费观念和消费方式的转变。

（二）各地比较

2013年，从绝对值来看，18个省辖市中，农村居民家庭生活消费支出排在前五位的依次为郑州、焦作、济源、鹤壁和新乡，其中，郑州农村居民家庭生活消费支出超过1万元，达到10242元；排在后三位的分别是商丘、周口和平顶山。10个省直管县中，农村居民家庭生活消费支出排在前三位的依次为巩义、长垣和滑县，排在后三位的分别是鹿邑、新蔡和汝州。从相对值来看，18个省辖市中，食品占生活消费支出比重最高的是信阳、商丘、鹤壁和驻马店，其中，信阳的食品支出占生活消费比重高达47.5%，10个省直管县中，食品支出占生活消费支出比重最高的是固始、永城、滑县和新蔡，食品支出占生活消费比重均在38%以上，这与该地区农业人口占总人口比重具有一致性。

这表明，河南省农村居民家庭食品消费相对平稳，而家庭设备类和居住类也正成为农村居民家庭新的消费热点（见表8）。

表8 2013年河南省各地区生活消费支出情况

单位：元

市、县	生活消费支出合计	食品	衣着	居住	家庭设备	交通通信	文教体育	医疗卫生	其他商品
郑　州	10242	2455	873	2944	691	1502	742	719	317
开　封	5460	1797	573	1112	404	679	412	376	107
洛　阳	6783	1979	697	1448	602	929	437	525	166
平顶山	4876	1738	428	951	480	423	293	440	123
安　阳	6735	2001	596	1702	493	759	401	575	208
鹤　壁	7312	2644	644	1334	469	742	641	656	181
新　乡	7002	2199	707	1342	567	675	581	645	287
焦　作	8583	2402	695	1803	860	978	698	734	414
濮　阳	4980	1630	471	875	427	675	404	398	100
许　昌	6561	2059	563	1256	575	830	414	638	225
漯　河	5379	1691	474	1068	630	587	296	444	188
三门峡	6715	1965	566	1582	430	731	500	819	122
南　阳	6109	2298	411	1533	402	574	261	446	184
商　丘	4772	1844	461	655	415	592	308	425	71
信　阳	5258	2495	434	830	398	452	247	307	96
周　口	4827	1632	358	1213	332	575	212	404	100
驻马店	5769	2083	432	1234	445	542	371	533	129
济　源	7890	2434	541	1081	704	892	467	1491	280
巩义市	7497	1948	680	1810	554	878	732	649	246
兰考县	5646	1792	468	1476	408	713	448	289	52
汝州市	5401	1849	541	1207	444	455	268	451	186
滑　县	6098	2365	485	1132	358	829	374	435	120
长垣县	6377	2007	678	1439	562	685	481	326	199
邓州市	5891	1952	388	1790	352	498	260	543	108
永城市	5715	2425	539	642	439	710	369	528	63
固始县	5625	2459	496	891	526	401	249	501	102
鹿邑县	4167	1504	244	1187	241	622	71	199	99
新蔡县	4849	1872	418	917	353	539	296	423	32

四 对下一步趋势的判断及相关对策建议

（一）总体趋势判断

随着经济形势的持续好转，稳增长、促改革、调结构、惠民生政策效应进一步显现，城镇就业渠道拓展，就业观念逐步改变和个体私营企业群体增加，最近一段时间，河南省农村居民家庭收入和消费水平将会不断提升，主要表现在经营性收入快速增长，财产性收入持续增长；食品支出逐渐减少，居住支出稳步增长，衣着、交通和通信支出更趋理性，医疗保健和教育文化娱乐服务支出继续呈现高增长态势。

（二）提高农村居民收入和消费水平的若干建议

1. 调整农业结构，发展农产品加工业

突出区位特色，充分利用区域优势资源，错位发展，培育特色的农业主导产业。推进农业区域规划，促进优势农产品和特色农产品合理的空间布局，形成优势产业带。大力发展农产品加工业，强化农业产业化和工业化的链接作用，加快农村富余劳动力向非农产业转移，促进农业融入工业化进程。

2. 壮大龙头企业，拓展农民增收路径

按照"特色化招商，专业化服务"的原则，做好招商引资，架起龙头企业在农民与市场之间的桥梁，结合分散经营与健全社会化服务，农民按公司要求保质保量生产，公司按合同约定价格收购，连小家成大家，变小规模为大规模，形成"订单农业"和"公司加农户"模式，帮助农民化解市场风险，提高农民进入市场的组织化程度，有效增加农民收入。

3. 发展二、三产业，拓宽农民工就业渠道

加快一产向二、三产业转移步伐，繁荣农村非农产业，进一步壮大集体经济实力。采取政策措施，促进城乡有意愿、有能力的农民工积极就业，使更多的农民工拥有非农经营收入。发展民营经济，为返乡农民工创业创造条件，给予融资、生产经营、销售等方面的优惠政策，促进家庭经营收入增长。充分发挥河南区位优势，积极承接东南沿海地区产业转移，提高河南经济发展的就业吸纳能力；放宽县城和中心镇农民的落户条件，促进二、三产业的集聚发展和人口聚集，拓宽就业空间。

4. 规范农村土地使用权流转，维护农民切身利益

尽可能地提高农民被征占土地的补偿标准，同时积极创新补偿方式，明确所有权，稳定承包权，搞活经营权，不断探索符合河南省农村实际的土地流转形式，建立长效土地流转机制，切实维护农民利益。

5. 实施民生保障工程，建立完善社会保障体系

一是加大各级财政对新农合、新农保的补贴力度，提高最低保障标准。二是加大节能产品惠民工程实施力度，促进消费结构升级。三是进一步完善医疗保险制度。重点推进农民工工伤保险和大病医疗保险等保障工作，提高基本医疗保险最高支付额和住院费用支付比例，均衡城市低收入和新农合的待遇水平，使更多的低收入居民享受到经济发展的成果。

参考文献

白菊红、李世欣：《河南省农村居民消费结构分析》，《经济经纬》2000年第6期。

梁田、单贝：《河南省农村居民消费变动及对策探究》，《商业时代》2010年第35期。

徐志科、张艳丽：《河南省农村居民家庭收入和消费的因子分析》，《宁夏农林科技》2012年第9期。

李金昌、窦雪霞：《经济转型时期中国农村居民消费与收入关系变迁实证分析》，《中国农村经济》2007年第7期。

牛津：《农村居民消费结构的变化趋势分析——以河南省为例》，《金融经济》（理论版）2013年第12期。

肖婷婷：《农村居民消费结构浅析——以河南省为例》，《调研世界》2009年第11期。

张景龙：《河南省农村居民家庭消费结构变化分析》，《管理学刊》2010年第6期。

屈韬：《中国农村消费行为及其制约因素分析》，《经济学家》2009年第9期。

苏波：《扩大内需战略的重点是扩大居民消费》，《宏观经济管理》2009年第11期。

文启湘：《提高居民生活质量的战略思考》，《消费经济》2001年第2期。

马成文、司金銮：《中国农村居民消费结构研究》，《中国农村经济》1997年第11期。

高铁生、郭冬乐：《扩大农村消费问题研究》，中国社会出版社，2008。

B.14
河南省美丽乡村建设模式探索

安晓明*

摘 要： 美丽乡村建设对河南生态文明建设和全面小康社会的实现有着重要意义。目前，河南美丽乡村建设有自然风光型、产业发展型、文化传承型、环境整治型四种模式。自2013年以来，河南省在各地开展美丽乡村建设活动，取得了一定成绩，但是还存在美丽乡村建设缺乏规划引领、资金和人才不足、长效管理机制欠缺、尚未形成高端品牌等问题。今后应当加强规划引领，拓宽融资渠道，培育专业人才，建立长效管理机制，打造美丽乡村高端品牌。

关键词： 河南省　美丽乡村　建设模式

随着我国经济社会的迅猛发展和城市化的快速推进，资源约束趋紧、环境污染加剧、生态退化严重的严峻形势也紧随而来。党的十八大提出要把生态文明纳入现代化建设"五位一体"总体布局，提出要从源头扭转生态环境恶化趋势，努力建设美丽中国，实现中华民族永续发展。我国目前仍有一半人口住在农村，大部分的森林、草原、河流、湿地等生态系统也在农村，与城市相比，农村落后的面貌始终没有得到根治。因此，农村生态文明的建设既是重点也是难点。2013年，中央一号文件第一次明确提出要建设美丽乡村，推进农村生态文明建设。为落实十八大和2013年中央一号文件精神，农

---

* 安晓明，河南省社会科学院农村发展研究所助理研究员，经济学博士，主要研究方向为生态文明、区域经济转型。

业部提出美丽乡村建设的具体思路,财政部出台财政奖补政策推动美丽乡村试点建设。美丽乡村建设在全国如火如荼地进行,有力地推动了美丽中国和生态文明建设。

一 河南省美丽乡村建设的意义

(一)美丽乡村建设是实现美丽河南、推进河南生态文明建设的必要条件

河南是我国第一人口大省和第一农业大省,2013年底,全省1.06亿人,其中乡村人口占56.2%,分布在4.6万个行政村。河南境内的太行山、伏牛山、桐柏山、大别山等大型山脉,以及众多河流湿地等大型生态系统也基本上位于农村。与此同时,农村地区的基础设施还很薄弱,农村人居环境脏乱差现象还很严重。因此,没有河南农村的美丽,就谈不上美丽河南的实现;没有农村的生态文明建设,也难以推进全省的生态文明建设。推进以生态人居、生态环境、生态经济和生态文化建设为重点的河南美丽乡村建设是实现美丽河南、推进河南生态文明建设的必要条件。

(二)美丽乡村建设是实现城乡协调、推进河南城乡一体化的重要途径

我国城乡二元经济的格局由来已久,农村发展长期滞后于城市发展造成了城乡发展的不协调和不公平,激发了社会矛盾,从长远来说,也不利于城市的发展。作为农业大省和粮食生产核心区,河南省的城乡不协调问题突出。2013年,河南城镇居民人均可支配收入22398.03元,是农民人均纯收入(8475.34元)的2.64倍;城镇的全社会固定资产投资总额25188.06万元,农村仅为899.39万元,只有城镇全社会固定资产投资总额的1/28;农村的自来水普及率和卫生厕所普及率仅为62.5%和74.3%,污水和生活垃圾处理粗放,甚至不经处理直接排放。开展美丽乡村建设,有利于引导资金向乡村流动,有利于改善农村基础设施和公共服务设施,改善农村人居环境,有利于优化公共资源配置,促进城乡协调,推进河南城乡发展一体化进程。

(三）美丽乡村建设是实现全面小康、推进河南富民强省的重大举措

十八大提出要在十六大、十七大确立的全面建设小康社会目标的基础上努力实现新的要求，主要目标是：经济持续健康发展，转变经济发展方式取得重大进展，实现国内生产总值和城乡居民人均收入比2010年翻一番；人民民主不断扩大，文化软实力显著增强，人民生活水平全面提高，资源节约型、环境友好型社会建设取得重大进展。作为农业大省和农村人口大省，河南省全面小康社会建设的重点和难点是要实现农村的全面小康，河南富民强省战略的实现首先来自于富民强村。在我国经济新常态以及国内经济增速换挡期、结构调整阵痛期和前期刺激政策消化期"三期叠加"的背景下，河南经济发展增速放缓，2014年前三季度的GDP增速为8.5%。河南美丽乡村建设致力于强化农业基础，改善农民生产生活条件，推动农村环境改善，提高农村发展水平，有利于刺激投资和消费需求，拉动经济增长，是全面建设小康社会的重大举措，有利于推动河南富民强省的伟大实践。

（四）美丽乡村建设是实现农业现代化、推进河南四化同步的重要抓手

河南尽管是全国的农业大省和粮食生产核心区，但是农业仍是河南经济发展的薄弱环节，2013年第一产业贡献率仅为5.9%，第一产业对生产总值增长的拉动仅为0.5个百分点。在新型工业化、城镇化、农业现代化、信息化"四化同步"中，农业现代化仍是短板。并且，当前河南农业发展正面临着资源约束趋紧、投入品过度消耗、环境污染加剧的严峻挑战，农业资源利用强度高、转化效率低的矛盾日益加剧，农业农村发展正处于转折和转型期，加快转变农业发展方式、促进农业可持续发展面临新的考验。美丽乡村建设，以产业发展为支撑，提高农业资源利用效率，优化村庄布局结构，着力建设一批现代农业与农村第二、三产业相融合，现代村落与田园风光相协调，基础设施与公共服务体系相配套，物质富裕与精神富有相统一的新型农村社区和美丽乡村，是发展现代农业的必然要求，是实现农业现代化、推进河南"四化"同步的重要抓手。

二 河南省美丽乡村建设的几种模式

（一）我国美丽乡村建设的模式

2014年2月23日，农业部发布了中国"美丽乡村"十大创建模式，包括产业发展型、生态保护型、城郊集约型、社会综治型、文化传承型、渔业开发型、草原牧场型、环境整治型、休闲旅游型、高效农业型等十种模式。每种美丽乡村建设模式，分别代表了某一类型乡村在各自的自然资源禀赋、社会经济发展水平、产业发展特点以及民俗文化传承等条件下建设美丽乡村的成功路径和有益启示。上海美丽乡村建设形成了服务城市型、特色农业型、自然风光型三种模式，构成了上海美丽乡村的总体格局。贵州北部的正安县打造"党建聚民、产业富民、文化塑民、乡风乐民、环境怡民"的"五民"正安模式，抒写"四在农家·美丽乡村"惠民强县新篇章。济南长清区将美丽乡村建设分为集中新建型、聚集发展型、特色产业型、历史文化古村型和保留提升型五种类型，充分展现各类村庄的不同地域特色和人文风貌。江苏省乡村发展有五种模式：丘陵地区"梯度移民"模式、平原地区"南工北园"模式、沿江沿海滩涂地区"兴港保滩"模式、水网地区"疏浚存典"模式和历史文化遗产地区"善法定轴"模式。长兴县突出以产业发展型、文化特色型、生态保护型、乡村旅游型为主的美丽乡村建设模式。王卫星（2014）认为从试点情况看，美丽乡村建设模式主要包括四种类型：聚集发展型、旧村改造型、古村保护型、景区园区带动型。叶青、陈齐特（2014）总结美丽乡村有四种建设模式：旅游开发模式、生态环保模式、历史传承模式及近期宜居模式。此外，以地名命名的"安吉模式"、"高淳模式"、"湖州模式"等模式是我国美丽乡村建设的典范。

（二）河南美丽乡村建设的模式

美丽乡村的美表现在自然美：山清水秀，鸟语花香；发展美：产业强劲，特色明显；文化美：乡风乡韵，回味无穷；生活美：安居乐业，富足幸福。对应这四美，河南美丽乡村建设模式可分为自然风光型、产业发展型、文化传承型、环境整治型四种模式。当然，美丽乡村不应当局限于某一方面的美，美丽乡村建设可以是以某种模式为主，其他模式为辅。

1. 自然风光型

河南自然风光秀丽，是美丽乡村建设的良好基础。建设自然风光型的美丽乡村，要么依托乡村临近的风景名胜，打造休闲旅游型的建设模式，如荥阳市环翠峪风景区二郎庙村和巩义市民权村；要么利用或培育乡村的生态资源，形成生态保护型的建设模式，如信阳市平桥区五里店街道办事处郝堂村。二郎庙村占据着AAA级环翠峪风景区主要的景点，如落鹤涧、猴山、双龙峡等，环境优美，群山秀丽，发展休闲旅游具有得天独厚的优势。村里积极发展旅游配套设施，扩建美化旅游环线，升级改造"农家乐"，并对生态农业进行深度开发，将千亩柿子林升级打造为集旅游、观赏、采摘于一体的现代旅游产业，形成了知名的旅游度假村。民权村依托青龙山风景区，在打造"农家乐"、观光旅游等传统旅游产品的同时，挖掘深厚的佛教文化底蕴，打造休闲禅修圣地，形成高端旅游品牌。借助旅游业的发展，绿色生态农业也得到大力发展，景区内的千余亩林果基地实现了旅游、观赏、采摘、购买一条龙。郝堂村用本地最常见的砂土处理后修建村道，最大限度地保留乡村风貌；结合当地的民俗民风进行旧房改造和新房建设，形成具有浓郁豫南风情的民居群落；连片种植映山红、野菊，种植2000亩紫云英，修复土壤，实现有机农业生产；采用荷塘作为天然的生态净水处理系统；等等。郝堂村的做法既生态环保，又独具匠心，不失为生态保护型美丽乡村建设模式的典范。

2. 产业发展型

河南是农业大省，农业发展基础较好，发展高效农业或者特色农业均有良好的基础，特别是平原地区发展高效农业优势显著。驻马店市鲍棚村走出了一条发展高效农业、特色农业的路子。2012年，驻马店市中欣农业产品有限公司（以下简称中欣公司）与鲍棚村98%的村民签订了土地流转协议，对村里的土地进行统一经营开发，在保护村庄原有自然环境的基础上投入巨资兴建中欣生态农业产业园，园区分生态农业、园林景观、生态养老、休闲旅游四大板块。目前，园区内的确山黑猪养殖场、园林花卉基地、中草药种植基地等已经达到一定规模。中欣公司在"接手"鲍棚村后的总体开发规划已延展到2025年，总投资15.6亿元。围绕确山黑猪养殖、生态农业、园林、烟叶和茶叶种植、农副产品加工销售等主营业务,中欣公司已于2012年12月组织鲍棚村村民成立了确山县中欣黑猪养殖专业合作社、欣悦中药材种植合作社和烟叶合作社等,采取"公司+基地+农户"的联结机制,形成规模经营,既保障了公司农产品的质量,也拓宽了鲍棚村农户的多产业发展致富之路。①

3. 文化传承型

河南是华夏文明的发源地,历史悠久,文化底蕴深厚,先后有20多个朝代建都或迁都于此,东汉、北宋时期是中国的政治、经济、文化中心,诞生了洛阳、开封、安阳、郑州等古都,是中国古都数量最多、最密集的省份。河南还是道家、墨家、法家、纵横家等思想的发源地,以河洛文化、根亲文化、圣贤文化、诗词文化、武术文化、戏曲文化等为代表的中原文化源远流长,国家级、省级非物质文化遗产众多,建设文化传承型的美丽乡村有着先天优势。洛阳市孟津县平乐村在中国美丽乡村建设中成为文化传承型模式的样板,被评为2013年十大"中国最美乡村"之一。平乐村位于千年帝都——洛阳市东郊平乐镇,地处汉魏洛阳故城遗址,紧邻旅游胜地白马寺。平乐村民本身就有着崇尚文化艺术的优良传统,近年来更是借助洛阳牡丹花会的影响力从事牡丹书画创作,将平乐村打造成中国牡丹画第一村。平乐村目前拥有国家级、省市级画协、美协会员20多名,牡丹画专业户100多个,牡丹绘画爱好者300余人,年创作牡丹画8万幅,销售收入超过500万元,作品远销西安、上海、香港、新加坡、日本等地。平乐村还组建了洛阳平乐牡丹书画院,建设中国平乐牡丹画创意园区,逐渐形成了集牡丹画展览、交易、学员培训、创作交流和观光于一体的文化产业。

4. 环境整治型

我国大部分农村的村容村貌不整洁、不美观,生活垃圾处理不当,农业垃圾随意丢弃,生活污水直接排放,村庄规划不尽合理,并且随着城镇化进程的快速推进和农村生活水平的提高,污染向农村转移的趋势明显,河南也不例外。加强农村环境整治,营造一个良好的人居环境,是美丽乡村建设的重要内容,也是生态文明建设的必要举措。作为河南省46个中国美丽乡村试点村之一,洛阳栾川县庙子镇庄子村大力整治农村环境,成为河南省环境整治型的美

---

① 梁金朋、卞瑞鹤:《驻马店:移民搬迁天地新》,《农村·农业·农民》2014年第9A期。

丽乡村建设模式的成功典范。庄子村通过政府引导、群众参与，自2012年9月开始，启动了以"清垃圾、治污水、整村容"为主要内容的三年大规模农村环境集中整治工作，形成了政府投入、农民自筹、社会支持相结合的多元融资投入机制，结合《洛阳市农村环境集中整治实施方案》等文件，农村环境整治走上了制度化、规范化、常态化轨道。如今庄子村房前屋后鲜花、菜地成片，民居古朴整齐，垃圾统一处理，污水统一进入人工湿地净化污水处理系统，从一个毫不起眼的深山穷村一跃成为远近闻名的生态文化旅游休闲度假村。

三 河南美丽乡村建设存在的问题

2013年以来，河南省按照农业部的要求，积极开展美丽乡村创建活动，46个村庄入选首批全国美丽乡村创建试点，2014年第二批美丽乡村建设试点立项评审也已经完成。河南组织各地开展美丽乡村建设活动，努力改善农村生态环境，提升农村经济发展水平，为实现中原崛起、河南振兴、富民强省做出了贡献。但是由于时间紧、任务重、基础薄弱、经验不足，河南美丽乡村建设还存在不少问题。

（一）美丽乡村建设缺乏规划引领

当前，北京、海南、贵州等地已经出台了省级层面的美丽乡村建设指导意见[1]，浙江、福建等地还形成了美丽乡村省级地方标准——《美丽乡村建设规范》。河南作为第一农业大省，在美丽乡村建设方面并没有走在前头，省级层面的美丽乡村建设相关指导文件除了《中共河南省委办公厅河南省人民政府办公厅关于改善农村人居环境的指导意见》、《河南省财政厅关于发挥一事一议财政奖补作用推动美丽乡村建设试点的实施意见》和《河南省美丽乡村建设试点项目申报指南》外，省级层面的美丽乡村建设规划还没有形成，对河

---

[1] 分别是《北京市人民政府办公厅关于印发〈提升农村人居环境推进美丽乡村建设的实施意见（2014~2020年）〉的通知》、《关于印发〈海南省美丽乡村建设指导意见（2014~2020年）〉的通知》、《省人民政府关于〈实施贵州省"四在农家·美丽乡村"基础设施建设六项行动计划〉的意见》。

南省美丽乡村建设缺少通盘考虑，系统性和指导性不强。市（县、区）级层面，对美丽乡村建设规划工作重视不足，有些地方甚至把美丽乡村建设当成一项单纯的阶段性创建任务，搞"突击"现象比较普遍。村级层面的美丽乡村建设规划更是缺乏，大多数乡村建设缺乏科学论证，与资源禀赋、地缘条件、产业发展结合不紧密，没有充分挖掘资源优势、地方特色、民俗风情、人文内涵等要素，同时与土地利用、村庄布局等衔接不紧密。

（二）美丽乡村建设资金、人才不足

美丽乡村建设需要大量资金投入，但是河南大部分农村的美丽乡村建设资金来源单一，基本上依赖于财政资金。2013年，河南省财政拨付8亿元资金用于首批70个美丽乡村创建试点，2014年又拿出14亿元的美丽乡村建设专项资金用于第二批美丽乡村创建试点，确定了121个美丽乡村建设试点项目，每个项目可获得不超过1200万元的资金。尽管如此，对于有着4.6万个行政村的河南省来说，还是僧多粥少。河南省美丽乡村建设还需要大量的人才投入，虽然河南农村人力资源丰富，2013年底全省乡村从业人员达到4851万人，但是乡村农业科技专业人才和具有企业家精神的创业者稀缺，导致现代农业技术推广缓慢，农业经济发展裹足不前。

（三）美丽乡村建设长效管理机制欠缺

美丽乡村建设不是一次突击，不是政绩工程，而是要实实在在地为农村发展和农民富裕谋福利。因此，在完善农村各项基础设施和公共服务设施、进行环境综合整治之后，建立乡村长效管理运行机制尤为重要。河南省农村各项基础设施日益完善，人居环境也逐步改善，但是重建设、轻管理的问题也比较突出，出现了公共基础设施建后无人管理的现象，以及公共环境卫生"边治理、边污染"等现象，造成资源浪费和环境恶化。

（四）美丽乡村建设尚未形成高端品牌

河南地处我国中部地区，经济发展欠发达。和东部沿海地区特别是江浙一带的农村相比，河南农村经济结构还不合理，农村经济发展比较单一，乡村旅游还停留在传统旅游阶段，将生态资源转化成生态资本还缺乏市场基础。因

此,尽管河南农村风景优美、历史文化传承较好,但是美丽乡村建设尚未形成高端品牌,高知名度和高美誉度的乡村还没有形成。浙江安吉、德清和江苏高淳等地的美丽乡村建设已经深入人心,形成了高端品牌,经验非常值得借鉴。

四 河南美丽乡村建设的建议与对策

美丽乡村建设对河南生态文明建设和全面小康社会的实现有着重要意义。河南省要立足原有基础,依托当前在美丽乡村建设中的模式,针对美丽乡村建设中存在的突出问题,重点从以下几个方面入手来推动河南美丽乡村建设。

(一)高瞻远瞩,加强美丽乡村建设规划引领

首先,要从全省层面对美丽乡村建设进行规划。河南乡村数量多、类型多样,要从全省层面通盘考虑,从河南的发展方向和当地的自然地理条件、资源禀赋、历史文化特色、产业基础等方面来规划美丽乡村建设,形成合理的美丽乡村建设模式。其次,市(县、区)级要重视规划的作用,制定市(县、区)级规划,引领辖区内的美丽乡村建设。再次,作为美丽乡村建设的主体和项目实施者,乡村要准确认识自身的优势和不足,充分挖掘自身的生态、民俗、文化等资源,制定适合本地美丽乡村建设的规划,通过规划引领美丽乡村建设。

(二)因势利导,拓宽美丽乡村建设融资渠道

美丽乡村建设要特别注重拓宽融资渠道。除了政府财政拨款,政府还可以通过引导农民、社会投资、设立美丽乡村建设专项基金等方式,为美丽乡村建设多方筹措资金,这样既能减轻政府的财政负担,盘活建设资金,还有利于提高农民参与美丽乡村建设的积极性和主人翁意识,更好地实现美丽乡村建设。

(三)多策并举,培育美丽乡村建设专业人才

首先,要通过传帮带、科技活动下乡、农民培训等方式培育本地农业科技专业人才,为美丽乡村建设中现代农业发展提供人才和技术支持;其次,要通过宣传引导、政策激励,吸引外出务工人员、企业家回乡创业,壮大乡村经

济;再次,要加强美丽乡村建设宣传教育,培育适应当地美丽乡村建设的管理和服务人才。

(四)建管并重,建立美丽乡村长效管理机制

探索建立农村人居环境治理的长效管理机制。将农村人居环境治理制度化,使村容村貌的保持,垃圾、污水等的有效处理成为常态。同时,建立健全农村基础设施和公共服务设施的长效管理机制。建管并重,责任到人,切实解决"重建设、轻管理"的问题。另外,创新体制机制,引入市场化管理。河南新型农村社区管理有一定根基,可积极探索推广农村社区物业管理,以市场化方式建立村庄公共基础设施、环境卫生保洁、公共服务等领域的长效管理机制。

(五)精心谋划,打造美丽乡村高端品牌

首先,充分挖掘佛教文化、戏曲文化、圣贤文化等文化资源,突破传统的观光旅游局限,打造高端的休闲旅游品牌,如民权村依托青龙山慈云寺和佛教文化打造禅修圣地。其次,充分挖掘"非遗"潜力,结合独特的民俗风情和悠久的历史文化积淀,打造富有文化特色的美丽乡村,如平乐村和开封朱仙镇。再次,保护生态环境,巧妙利用生态资源,形成乡村的旅游资源和环境净化系统,创建生态休闲旅游度假村,最终将生态资源转化为生态资本,如郝堂村。

参考文献

蔡颖萍、周克、杨平:《美丽乡村建设的模式与成效探析》,《湖州师范学院学报》2014年第1期。

胡立刚:《"三大模式"明晰上海美丽乡村格局》,《农民日报》2013年11月20日。

匡显桢、兰东:《美丽乡村的内在品质表现为"四美"》,《理论导报》2014年第1期。

刘钦涛:《长清"五模式"打造美丽乡村》,《济南日报》2014年4月14日。

农业部科技教育司:《农业部发布美丽乡村创建"十大模式"》,《农民日报》2014

年4月2日。

王卫星：《美丽乡村建设：现状与对策》，《华中师范大学学报》（人文社会科学版）2014年第1期。

许吉仁、邵国权、董霁红：《江苏省乡村发展模式的构想》，《北方园艺》2014年第2期。

叶青、陈齐特：《美丽乡村建设模式及实施路径》，《牡丹江师范学院学报》（哲社版）2014年第2期。

张波、丰先林：《毕节市建设美丽乡村的现状问题及对策》，《南方农业》2013年第12期。

郑娟：《"五民"模式塑造"美丽正安"》，《理论与当代》2013年第9期。

B.15
村政组治
——河南省乡村治理模式探索研究

梁信志*

摘　要： 乡村治理作为现代国家治理体系的一个重要组成部分，随着乡村社会经济发展而不断处于变革之中。以乡村治理权威纵向来源为依据，河南乡村治理模式划分为"民主化治理"、"行政化治理"，引起了国内外各界对河南乡村治理的关注和支持。从比较分析的角度，本文对当前河南民主化治理与行政化治理现状、乡村治理与村组治理现状进行了系统分析，得出一个探索性结论——村政组治的发展模式，并在此基础上对河南乡村治理未来发展做出了相关预测和判断。

关键词： 治理模式　乡村治理　村政组治

一　河南乡村治理模式分析

目前，河南乡村治理主要有两种模式：一是行政化，二是自治化。行政化是将基层政权直接伸入到村一级，强化乡村基层政权；自治化是在乡村实行自治。根据自治内涵的不同河南乡村治理又分为村自治和村民自治。村自治是地方自治，自治主体为乡村精英；村民自治是在宪政性分权的基础上通过村民直接选举代表进行自治。

---

* 梁信志，河南省卢氏县副县长，农业经济管理博士，主要研究方向为乡村组织与制度研究。

(一)自治化治理

1. 村民自治

南阳邓州创新并在全国推广了"4+2工作法",即要求所有村级大事要事都必须按照规定的程序进行集体决策和民主公开。

优势:①决策相对民主化、科学化。凡涉及村民利益的经济项目、公益事业、宅基地的使用方案等重要事项,都必须提请村民会议或村民代表会议进行讨论。②干群沟通多,干群关系相对好。选出群众信赖、能够带领群众致富奔小康的村委会领导班子。通过村务公开、民主评议等形式监督村委会工作和村干部行为。③农村社会相对稳定有序。全体村民讨论制定村民村规民约或自治章程,把村民各项权利和义务的要求,规定得明明白白,作为村民的基本行为规范。

不足:①村民委员会的自治性差。由于利益关系,村委会在对下负责的同时又必须对上负责,完成基层政府下达的政务,实际运行常出现异化权力、扭曲利益的不良现象。②村民民主能力不足。村干部综合素质不高,村民民主法制意识淡薄,缺乏契约与合作意识,村级组织或干部和农民习惯依附上级领导组织或个人。③村民自治形式化比较严重。村民往往只重视眼前利益,希望得到国家的救济和庇护,但无意承担对国家的义务,对自己的权利甚至也不愿行使。重视短期利益的功利心理存在,最终形成无政治村庄。

2. 村自治

村自治就是精英治理,其中最具代表性的是新乡的史来贺、裴春亮,漯河的王宏斌等政治、经济、社会能人。

优势:①兴办农村公益事业,增加公共产品供给的有效性。②促进乡村经济社会持续发展。③整合社区并防范群体冲突。乡村精英往往在本地有一定威望,能较为有效地沟通政治权威与民众的认识,拥有集体行动动员的社会资本,能发挥利益整合和社会协调的功能。

不足:①乡村精英治理也是少数能人主导的治理模式,与现代民主治理的要求相悖。②乡村政治精英往往表现为,既是众多村民的代理人,也是国家在基层农村的监护人,"代理人"角色和"监护人"角色势必会相互冲突。③乡村精英在治理中还会突破制度边界,搞"一言堂"、"家族统治",追求超额利益等。

（二）行政化治理

行政化治理是乡村治理中履行自下而上表达功能的机构和行动都被整合进了行政过程中，对乡村治理结构进行非制度化的政治行政化动员模式。

第一，选拔乡镇干部任村支部第一书记。为了分流和给村级组织输送人才，选派乡镇干部到村级组织担任支书，任期三年，除享受乡镇干部待遇外，还享受部分生活补贴，保留原来的人事关系，并签订一定的目标责任书，量化、细化考核指标，根据考核指标对干部进行奖惩。

第二，选拔大中专院校毕业生到村支部或村委会任职。选拔大学生到村两委担任支书或依照法定程序选举为村委会主任，也可以担任村支部副书记、支部委员、村委会副主任或助理等；并与相关村签订聘用合同，任职期三年，除报酬等各项待遇参照同类村专职干部外，还享受一定的生活补贴，养老保险参照事业单位标准缴纳，医疗保险参照城镇职工缴纳。

第三，村支部和村委会人员交叉兼职及村干部兼任村民组长，村支部书记与村主任相互兼任。乡镇政府推行或鼓励村支书参加村委会主任竞选，竞选成功就兼任村主任，保持或保证村支部在村级组织的核心领导地位，通过村支部与村委会一体化，政权领导通过党的领导深入到农村基层。为了减少不必要的成本，取消了村民组长职务，由村干部担任。

第四，村支部和村委会人员工资及办公经费由县财政预算拨付。村干部工资采取县乡财政供给方式。在全省实行村干部补贴集中统一发放制度，即由县（市、区）委组织部委托代发银行，按月直接拨付到个人银行账户上。

第五，定期不定期地选拔一批优秀的村支部书记作为乡镇党委、政府的副科级干部或科级后备干部。这就进一步强化了乡村治理的行政化趋势。

优势：①有助于提高乡村的行政管理效率。②通过村级行政化能排解村财政困境，解决乡镇政府和村级组织权利和责任不平衡的问题。③按照行政管理体制要求，增强乡村自我约束，以规范乡村组织行政行为。

不足：乡镇党委、政府进一步强化了对村级组织的行政干预与控制。①对村委会选举的干预。推荐和提名候选人，并保证当选。②通过"村财乡管"对村委会进行财政监控。强化乡村的领导关系。③乡镇政府通过运用手中的资源诱使、迫使村委会实现自己的意志。

二 河南乡村治理、村组治理现状分析

（一）乡村治理现状分析

1. 乡村党务关系

（1）通过党组织体系对村级组织进行领导，确立上下级关系。《中国共产党章程》规定："党的下级组织必须坚决执行上级的决定。"依据规定，乡镇党委经常运用党组织原则对村党支部进行干预和对支部组成人员进行推荐、任免等，通过乡镇党委决定要求村支部服从"组织决定"。

（2）村党支部的村级权力来源于乡镇党委。根据党章的组织原则，村支部换届选举基本上要按照乡镇党委确定的人选进行，特别是对"主要领导人"不许发生任何偏离"乡镇党委意志"的事情。如果当选人员在以后工作中不按照乡镇党委意志行事，就给予罢免，重新进行任命。村党支部的权力是按照中国政治传统由上级党委进行授权的。村组党员提名—备案—审批—任免—升迁—罢免等都要由乡镇党委把关，报县组织部。这种结构使村党支部具有"准党政"的功能特征。

2. 村委会与乡镇政府关系

根据《村民委员会组织法》的有关规定，村民委员会必须协助乡镇政府开展工作。"协助"的工作包括：协助乡镇政府做好经济、民政、公安、司法、文教、卫生、计划生育等各项行政工作；协助乡镇政府完成国家下达的各项任务，包括征兵、纳税等；协助乡镇政府了解农村情况，体察民情，及时真实地反映群众的意见、建议和要求，反映国家法律、法令、政策的贯彻实施情况。

村委会几乎每项职能的有效实施都离不开乡镇政府的财力援助和权力支持，如果没有乡镇政府支持，村委会的公共管理与服务职能将无法行使。同样，乡镇政府为了保障政务在农村的贯彻执行和减少执行成本，不得不"依靠"村委会的协作。由于两者的亲密关系，在实际运作中，村委会实质上成为乡镇政府在农村实施公共管理与服务的代理人。

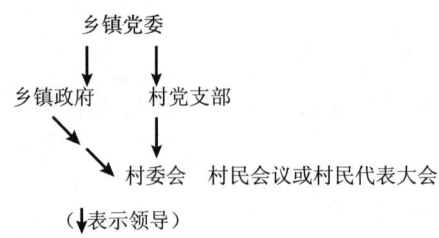

图1 乡村治理关系

3. 乡村治理小结

从图1组织关系可以得出村支部、村委会实质上是贯彻执行乡镇党委、政府决议的下级组织,是其在农村实施公共管理和服务的延伸组织。在实际运作中,乡镇党委和政府不但能任免村两委成员,规定工资、经费等,而且能决定村两委组织的设立、撤销。面对强大的党政组织权力,村民自治因缺乏财力供应、组织支持和法律保障而成为一种"理念"和虚设。所以,村两委是乡镇党政组织的延伸,具有公共行政管理和服务职责。同时,享有虚设的村民自治权(主要是集体经济自治权),而不是真正由村民积极参与的自治,村两委独自享有村级公共权力、集体资产管理权所具有的独立权利。村两委这种具有"党政、事业、企业经营权利的组织",是严重的"党政、政事、政企"不分的组织,不利于村级组织职能的发挥,不利于乡村治理。

(二)村治理现状分析

1. 村党支部与其他村级组织关系

(1) 村党支部是村级组织的领导机关。村党支部与村委会、村民兵营、共青团、妇联的关系中,处于领导位置,村党支部实际上成为一种制度性的公共权力组织,掌握主要公共权力。《村民组织法》也规定共产党的基层组织——村党支部,按照党章规定,在农村建设中发挥领导核心作用。

(2) 村党支部领导体现在组织成员分工上。村干部的组织分工,体现出党支部在村级组织中的核心领导作用,村支书是村级组织实际上的一把手,其他村干部都受村支书的领导,直接向村支书负责。

2. 村委会与村民会议或村民代表大会关系

(1) 根据《村民委员会组织法》的规定,村委会权力来源于法律与村民授权，这表明了村委会权力的来源与性质。

（2）从权力配置角度考察，村委会则是自治组织的执行机构，而村民代表会议或村民大会属于村范围自治组织的决策机构。村民代表会议或村民大会做出的决定，由村委会执行。村民只能就《宪法》或法律规定的"村民自治"事项做出决议，村委会的权力最终由"村民自治权"决定，村委会的职权不能超越"村民自治权"，村民的授权不能超越宪法与法律规定的村民自治的范围。由于《宪法》和法律并没有关于村民自治权的规定，只有对村民委员会职权的规定，那么村民只能在村委会的职权范围内授权了，这就有点本末倒置。

3. 村委会与村集体经济组织关系

（1）村委会职权侵蚀村民自治权，首先源于村委会对村集体土地和其他集体财产的管理权。众所周知，村民是村民自治的主体。然而，现有的财产集体所有制度，集体财产的所有权是以整体所有的形态出现的，它不是多个所有权的集合。在集体内部，集体财产所有权是由村民委员会代表全体村民行使。

（2）村委会成员控制着村集体的财产分配权与处置权，造成的直接结果就是村民作为集体的一个部分而不是作为一个独立的主体行使自治权利。当村民并不是在经济上处于独立的主体时，他是不能独立地行使政治上乃至各方面的权利的。

（3）公共服务与集体经济垄断经营的职能交错，是村委会职权侵蚀村民自治权的一个重要根源。村委会作为村民行使自治权的群众性组织，不能作为村集体经济组织的代理人，在控制着村民赖以生存的集体资源的同时，让村民行使自治权，除非是以"村"为主体。

4. 村级治理现状小结

法律规定村党支部与村委会为领导与被领导关系，按党的组织关系，每个支部成员对党支部书记负责，村委会实质上是在村党支部的领导下。而村民会议或村民代表大会因法律没有具体规定其职责、权限范围和实施方法，缺乏实际的可行性。村委会是村集体法人，代表村民管理村务，客观上造成了村委会是村民代表大会或村民大会的管理机构，而不是其执行机构的假象，以致村民自治权行使无法真正从组织体系上得到落实，成为一种虚设的自治权或行政化的自治权。

（三）当前组级治理现状

1. 村民小组的法律地位

村民委员会依法按照村民居住状况分设若干村民小组。法律只赋予村委会法人资格，而没有赋予村民小组法人资格，实际上，村民小组是村民自治不可缺少的农村基层组织，具有实体上的法人资格。过去"三级所有，队为基础"，即公社、大队和生产队三级所有。村民小组是农村中不可缺的一个最基础的经济组织，因为田土山水作为农业生产最基本的生产资料，往往仍然以村民小组为单位占有。尤其土地以村民小组为单位所有，决定了农村最基本的生产经营活动离不开村民小组。

2. 村民小组会议与村民小组组长关系

村民小组组长的任期与村民委员会成员的相同，不得指定、委派或者撤换，但可以连选连任。本村民小组 1/3 以上有选举权的村民联名提出撤换村民小组组长及副组长或者村民小组组长及副组长提出辞职的，由村民小组会议按原选举办法决定。村民小组会议基本上由村民小组组长倡议和主持召开，村民参加研究和处理组务。组长都是由村民小组会议选举产生的，只有组长辞职的，从未发生过被村民罢免的。村民组长不愿意办理政府分配或指令性的任务，但对于村民组内的事务，村民组长还是比较热心的。以家庭为单位召开组内村民会议，商讨组内公共事务或服务。对于村民小组的组长任免，选举通常没有严格的程序规定，由联系组的村干部主持，向大家简要说明情况后，由村民讨论或举手表决，如果大家没意见就通过了，如果有意见，村民一般保持沉默，不进行表态。这样，组长的任免也就搁置下来，下次进行重新选举或另推他人。

3. 村民相互间关系

村民之间主要为家庭关系，基于家庭而形成的不同圈子因其利益的多元化、交叉渗透性而在同一圈子会有不同的利益需求，在不同的圈子中也会出现同一的共同利益需求，这种关系相互制约、制衡着同一圈子和不同圈子的利益需求，组内事务处理时要采取协商、参与的方式，而不能用强力方式。①农村宗族圈子。家庭与家庭之间的血缘亲情关系自然而然地成为生产中的人际关系，促成了农村宗族势力的再度集聚，这种集聚自然是为了保护并谋取本宗族成员的利益。②朋友圈子。"在家靠父母,出门靠朋友"。其亲近亲密程度甚至会超过亲戚和熟人。随着活动范围的扩大、接触人的增多,朋友的作用也愈来愈大。碰到难题时,许多人找得最多的是朋友,由此形成一个个朋友圈子。村民出去务工、经商等基本上是以血缘、地缘关系建立起村民之间及其与外界的一种相互自我保护的社会圈子。所以,"朋友社会正成为当今乡村社会新的特点"。③邻里圈子。"远亲赶不上近邻"、"人熟是宝"。村民经常来往,甚至朝夕相处,很容易形成密切的联系。邻里之间来往密切,通过走亲串门、相互邀请做客(陪客)、互送节日礼物等方式,表达相互之间的情感。一旦邻里之间出现矛盾,熟人、宗族、村组干部等多方调解,希望邻里之间和谐相处。乡村社会是邻里圈子的"熟人社会"。

4. 村民小组应当具有的职能

①管理本组集体所有的土地和其他财产。如果村内有集体经济组织的,就由村内的集体经济组织经营、管理;如果没有村内集体经济组织,则由村民小组经营、管理。因此,村民小组所有的土地只能由村民小组管理,村民小组可以作为集体土地所有权代表。②办理本组的公共事务和公益事业。③推选村民代表和村民选举委员会成员。村民委员会成员换届选举时,由村民选举委员会主持,选举委员会成员由村民小组推选。

5. 村民小组职能行使的方式

《河南村民组织法实施办法》指出:"村民小组职能运行机制参照村民委员会机制,村民小组应召开村民会议,协商、规划处理组务,公开组务,接受村民监督。"由此可以引申出组务公开一般采用张榜公布的形式,也可以采用向村民小组会议报告等形式;公开涉及财务和费用事项。实际上,村民会议由村民组长负责召开,会议一般由村民小组组长通知每家,每家派个代表,在组长或组内村民家的大院子内召开,就组内公共管理或公共事务进行协商、解决。

6. 组治理现状小结

村民小组是村两委与村民之间联系的桥梁,由于村民小组的血缘、地缘关系和经济利益关系及传统农村习俗关系,村民小组处于一种松散的状态下,但却具有一种高度自治行为,村民组内的任何不公平、不公正、不公开的公共行为,都会以这样或那样的方式反映出来,并通过村民的行为对此事进行校正,通过言行压力对当事人进行"处罚",以此达到公平、公正、公开组内公共事务的目标。村民小组自治不但是组级治理体制的较好选择，而且是真正意义上的村民自治，为基层民主政治良好发展打下基础，是推进农村民主政治发展的发动机。

三 河南乡村治理模式发展建议——村政组治

（一）"村政组治"概念

村政组治是指村组性质不同的两种组织，通过一定的制度机制共同把村组公共事务管理好，实现村组治理的协同性、公共性和治理目标实效性的一种社区管理合作机制。

首先，"村政"不同于"乡政"的"政"，乡政的"政"是指政治化与公共管理于一体的"政"，村政的"政"是指从事村级单位的公共管理和公共服务的"政"，不带有显现的政治职能，不具有法人主体。村政的基本单位是行政村，村级单位行政化就是参照行政单位机构设置、职能设岗、管理体制进行治理的方式和制度，但它是与国家基层政权有一定区别的、具有一定的行政派出性质和一定分权制约机制的制度，村级组织是乡镇基层政权的延伸。

其次，"组治"就是把村民小组作为自治的基础单位，村民代表大会是村民自治组织的代议机构，其构成人员应该由各自治（组级）单位通过民主选举，在组级单位直接选举产生并接受选民直接监督，任免由选民（村民）投票决定。村民代表大会内设村民代表议事机构——委员会，议事人员由村民代表选举产生，接受村民监督，代表村民行使村民自治权和处理自治日常事务，协作、配合、监督村政工作，接受村政指导。村民代表委员会有责任定期向村民代表大会作述职、工作报告，并接受监督。如果村级组织与村民代表大会发生争议与争端，应协商处理，协商不成的提交相关部门进行裁决，也可以到人民法院提起申诉，以法院调解、判决为最终结论。

（二）从法律角度确立村政组治的地位和职能

当前，村民自治没有完善的制度设计。如1998年修订通过的《村委会组织法》指出："人数较多或者居住分散的村，可以推选产生村民代表，由村民委员会召集村民代表开会，讨论决定村民会议授权的事项。"这一改，便从直接民主退到间接民主，从实际出发这也许是可行的，但这与我们要建立直接民主的"群众性自治组织"的初衷相矛盾，规定与实践不一致。所以，要从根本上解决村民自治问题，村级组织要进行真正的制度创新。要重新对新时期村组两级组织进行定位，制定出关于村民小组的试行规范，制定专门的《村民自治法》，保障村组两级组织规范化运行。

（三）村政组治体制下组织资源配置的改进

首先，优化配置乡镇政权组织资源，努力提高其组织效率。现阶段要做好的迫切工作是改革乡村行政管理体制，加大农民制约乡村两级组织的力度，形成乡村两级组织对农民认真负责的运行机制。精简乡镇政府机构及人员，在村级设立乡镇政府派出机构——村政组织。

其次，引导、支持、帮助农民建立健全各类自治组织。转变职能，变管理为服务，还农民组织资源配置权，政府由以前的大包大揽转变到引导、支持、帮助农民建立各种自治组织。

（四）履行好村政的社会公共管理和服务职能

村民首先必须获得经济上的自主权，成为经济上的独立人，才能进而成为政治上的独立人，才能独立地行使政治上的自治权。

首先，合理划分村组两级组织的土地所有权。村级组织只对村级公共土地拥有所有权，取消其对承包土地所有权职能，保留土地行政管理职能。实行承包土地村民小组所有。作为村集体经济组织成员，村民享有集体经济组织法律规定的财产权。要使村民获得在社区活动的经济独立地位，作为独立主体来参与村民自治。

其次，培育发展农村土地市场。《农村土地承包法》明确规定：承包农户是流转的主体，土地流转主要通过市场机制，流转收益全部归承包农户。基层政府和村级组织本应做好"中介"和"参谋"。如果村民小组成为承包土地唯一的所有者，就可以名正言顺地根据村民小组自治意见，按照村级以上组织对土地管理办法的规定，在村民小组范围内外进行土地流转，这种模式在村民小组既有传统，又有现实基础，只要村级以上组织按照市场规则，对村民小组土地流转进行正确的指导、规范，在乡村社会将会形成有序的土地市场，也会产生土地市场的中介合作组织。这样，不但能盘活乡村土地市场，而且能把村民从土地中解放出来。

（五）发挥大学生村干部、第一支部书记的积极作用

现在农村最缺的资源不是资金、技术，而是人才，特别是带头人、领头人。对大学生村官、第一支部书记加强培训，提高队伍的综合素质；健全制度，强化对队伍的日常管理；搭建平台，提高队伍的工作和服务水平；通过压担子、铺路子锻炼培养，加大对他们的使用、重用、提拔的力度。

参考文献

张晓山：《走向市场：农村的制度变迁与组织创新》，经济管理出版社，1996。
张晓山：《联结农户与市场：中国农民中介组织探究》，中国社会科学出版社，2002。
魏道南、张晓山主编《中国农村新型合作组织探析》，经济管理出版社，1998。
徐勇：《乡村治理与中国政治》，中国社会科学出版社，2003。
〔法〕拉法耶：《组织社会学》，安延译，社会科学文献出版社，2000。
《河南省巩义市回郭镇驻驾庄村调查资料》，2007。

新型农业经营主体

New Subjects of Agricultural Management

B.16
以农业规模化主体为基础构建新型农业经营体系

刘 云*

| 摘 要： | 构建新型农业经营体系，主要任务是发展多种类型的农业规模化主体和多元化服务主体并强化其联系；当前工作的着力点是从两端双向用力，一方面以规模化主体发展的需要为指向，积极培育多元化服务主体，另一方面以农业产业化集群为引领，利用后加工企业的带动协同作用推进各类新型农业经营主体的发展。 |

| 关键词： | 新型农业经营体系　规模化经营　多元化服务主体 |

---

* 刘云，河南省人民政府发展研究中心农村处处长，副研究员。

一 对新型农业经营体系内涵与特征的理解

十八大、十八届三中全会和2014年中央一号文件都提出要"构建新型农业经营体系",究竟何为新型农业经营体系,与农业社会化服务体系是什么关系,与农业产业化经营是什么关系,这应该是思考和研究河南省新型农业经营体系建设的一个切入点。

农业经营体系,是指在高度专业化、社会化分工的基础上,农业与产前、产后部门和产中服务部门通过经济上、组织上的联系与合作形成的经营系统。随着农业生产力的发展和农业市场化程度的提高,传统的由农民直接承担的农业环节逐渐从农业生产过程中剥离出来,发展成为新型的涉农部门、关联产业,这些涉农部门在市场机制的作用下,通过签订合同、合作经营、一体化经营等多种方式与农业建立起稳定的市场关系,形成一个庞大的有机整体,这就是农业经营体系,属于现代农业的范畴。因而,农业经营体系又可表述为:各类农业生产主体和所有为农业提供服务活动的各类服务主体及其关系的总和,是农业与农业社会化服务体系的有机结合体。其中,农业生产经营主体包括所有从事农业生产活动的主体:农户、大户、家庭农场、农业公司、生产性合作社等;农业服务经营主体包括所有为农业生产提供服务的主体:农产品加工企业、农民合作社(服务性)、公共服务机构、托管公司、金融保险机构等。在现代农业条件下,农业生产主体与服务主体之间并不是简单的买卖关系或松散的市场关系,而是在市场机制作用下,通过各种方式结成稳定的业务联系,从而是一个复杂的既有分工又有合作的分工体系、市场体系和经济系统。农业产业化经营,实际上强调的是围绕一个或几个农产品加工企业,关联企业与农户或农场主通过签订合同的方式,在明确双方责任义务的前提下,把产供销统一起来。一体化经营是农业产业化发展的一种特殊形式,主要指把农业生产本身与产前、产后过程中的若干环节,纳入一个经营体内进行统一核算,农业关联企业和农户或家庭农场完全结合在一起,也称垂直一体化经营。正是围绕龙头企业在不同产品领域所形成的一个个产业化链条,构成了庞大的现代农业经营体系。从农业生产环节看,农业经营体系涵盖农业产前、产中和产后全过程;从服务内容看,包括农资采购、技术服务、农机服务、植保服务、销售加工服务、金融信贷等；从服务主体与生产主体的链接方式看，包括市场化服务、农民自我服务（农民合作社）和政府公共服务。

（一）农业经营体系是市场农业发展到高级阶段的产物

自给自足型农业没有或少有服务需求，农业投入品如种子、肥料、农具等农业生产资料一般都由家庭自己提供，农业劳动大都由家庭成员自己承担，农产品也主要用于家庭自己消费，因此不需要或很少需要外部服务。这一阶段只有"产中"的农业生产，基本没有产前、产后部门，因而也就无法形成农业经营体系。在农业商品化、市场化程度有了一定的发展和提高时，随着农业经营规模的扩大，"产中"领域开始产生外部服务需求，但是对服务的需求不多，产前、产后部门有所发展，开始与农业生产主体和具体农业生产过程产生了一定的关系，但是由于农业生产的目的仍是半自给型的，这种联系依然是松散型的、不稳定的，因而仍然难以形成经营体系。只有到了市场农业、商品农业发展的高级阶段，农业发展的基本矛盾由农业生产与家庭需要之间的矛盾转化为农业生产与市场需要的矛盾，农业生产过程和农产品销售完全市场化，当市场成为农业发展的命脉时，农业对产前、产中尤其是产后运销加工服务的需求才会大大增加，农业各环节的经营主体才会迫于开拓市场的需要，建立起稳定的市场联结机制。因而，农业经营体系是商品农业发展到高级阶段的产物，它的形成是一个比较漫长的过程。十八大、十八届三中全会和2014年中央一号文件提出要构建"新型农业经营体系"，不是以旧的农业经营体系为参照，而是强调适应新的形势，着眼于构建农业经营体系的长远目标，培育新型农业经营主体，促进各类经济主体之间的分工与合作。

（二）产后加工企业在农业经营体系中居于主导地位

从农业经营体系形成的过程不难看出，其最初是围绕"产中"领域发展起来的，农业生产主体需要什么、产前、产后部门便提供什么，剩余什么便销售加工什么。在这一阶段，农业生产处于主导地位，产中部门在农业经营体系总产值中占有绝对大的比重。但是，随着农业市场化程度的提高，市场的导向作用越来越大，尤其是随着消费结构的升级，农产品的市场半径越来越大，直接用于消费的农产品越来越少，农产品通过运销、包装和加工投放到消费市场

的比例也越来越大,处于产后环节的农产品运销加工部门在农业经营体系中的作用越来越突出。在这一阶段,农业生产经营的重心开始转移,由农业生产者生产什么、需要什么便提供什么、加工什么,转变为市场需要什么、运销加工企业要求什么,农户和农场主便生产什么。因为农产品加工运销企业是农业生产和农产品消费市场的中介,消费者的消费需求首先通过这一环节传递到生产者,运销加工企业通过向生产者传递市场信号,组织协调农业生产。同时,后加工企业以其强大的经济技术实力和市场开拓能力,不仅被动地满足市场需求,而且不断发现新的需求,甚至开辟新的需求,引导农业结构调整和升级,整合和提升农业经营体系。因此,2013年中央一号文件在构建新型农业经营体系框架下,就培育壮大龙头企业做出系统安排,十八届三中全会甚至提出鼓励承包经营权在公开市场上向专业大户、家庭农场、农民合作社、农业企业流转,发展多种形式规模经营,鼓励和引导工商资本到农村发展适合企业化经营的现代种养业,向农业输入现代生产要素和经营模式,是一种系统安排和部署,意在强化农产品销售加工环节对农业经营体系建设的统领作用。

(三)农业企业化、规模化经营是构建农业经营体系建设的基础

农业的企业化经营,意味着农业主体一是获得了进行市场交易的资格,与其他市场主体站在了一个平台上;二是确立了利润最大化的目标,具有了起码的经济理性。很显然,这是农业生产经营者进行市场活动的基础,也是构建农业经营体系的前提和条件。农业企业化、规模化经营意味着农业生产者作为利润最大化追求者,在致力于提高要素利用效率的同时,致力于追求最佳的规模效益,能够得到社会平均利润。如果一个农户或家庭农场不能取得规模效益,无法获得社会平均利润,就很容易走上兼业化、副业化道路,进而引致农业经营的粗放化、技术选择的简约化,会使农业逐渐偏离市场化的方向,疏离提高效率的目标,最终失去追求外部规模、深化专业化分工的动力。同理,由于农业规模太小,许多应该内化于企业的生产和创新活动会产生外部性,如灌溉系统的建设、标准化生产、良种的应用、植物保护等,从而加大了这些活动实施的成本和难度,农业创新能力、综合竞争能力就难以提高。此外,农业规模太小,也加大了农业生产主体与产前、产后阶段其他服务性经营主体交易的成本。当后加工龙头企业要增加很大数量的农户才能满足现代化大规模生产的需

要时，就面临着很大的组织成本，极容易达到企业觉得"不合算"的边界。农民合作社不以利润最大化为目标，但是也要控制合作成本，如果协调合作的难度过大，合作也无法进行；即使是农业公共服务组织服务活动的开展和农业优惠政策的实施，也有一个实施成本问题，数量庞大的小规模农户无疑也会加大政策落实的难度。因此，农业的企业化、规模化经营，是集约化、专业化、组织化、社会化的基础，没有这个基础，新型农业经营体系建设就没有了立足点。近年来，中央在构建新型农业经营体系的总体部署下，推出农地确权颁证，促进土地流转，鼓励承包经营权在公开市场上向专业大户、家庭农场、农民合作社、农业企业流转，发展多种形式规模经营等具体措施，瞄准了我国在构建新型农业经营体系中的最大弱项，选准了具体工作的切入点。

二 河南省农业经营体系建设的现状及其面临的主要矛盾

当前，河南省农业经营体系建设面临的主要矛盾是农业企业化、规模化水平低，新型生产经营主体活力不足。

（一）农业产值份额和就业份额持续降低，农业规模化经营的发展环境和趋势已经形成

农业经营的规模一般取决于两大因素，一是土地自然禀赋的大小，即人地比例，人均占地越多，农业规模化经营的起点越高，土地流转交易的成本就越低，越有利于扩大农业规模；二是工业化、城镇化水平的高低，随着产业结构变化和大量农村劳动力到第二、三产业和城市就业定居，就业结构、城乡结构变化，土地资源的人口分母减少，农业经营规模相对扩大。因此，在一定土地资源禀赋条件下，农业经营规模的大小取决于产业结构和就业结构的变化。河南省人多地少，但是自改革开放以来尤其是自20世纪90年代以来，农业产值份额下降和农业就业下降的趋势十分明显。从生产总值结构看，农业增加值份额由1978年的39.8%下降到2013年的12.6%，年均下降0.78个百分点。其中，2000~2013年，农业份额下降22.3个百分点，年均下降0.97个百分点。从就业结构看，农业就业份额由1978年的80.6%下降到2013年的40.1%，

年均下降1.2个百分点。其中2000~2013年降低23.9个百分点，年均下降1.8个百分点，就业人口非农化速度加快。在农业不断发展、粮食连年增产的条件下，农业产值份额的下降和农业就业份额的下降，缓解了人地关系，为农村土地流转和农业规模化经营创造了条件和机会。当前，河南省工业化、城镇化水平均落后于全国平均水平，按照《中原经济区规划》设定的到2020年赶上全国平均水平的目标，河南工业化、城镇化发展还有很大的上升空间，农业产值份额和农业就业份额还会进一步下降，农业规模化经营动力将进一步增强。

（二）就业非农化与人口城市化不同步，农业的规模化、专业化发展受阻

由于种种复杂的原因，农民家庭在非农化过程中选择城乡"两栖"、亦工亦农的方式进行兼业经营，从而使非农就业份额的上升或农业就业份额的下降没有带来城镇化水平的同步提高，进而带来农户数量的减少，农业小规模分散经营的格局不仅没有得到明显改善，反而因为农户数量的增加有进一步细碎化的趋势。2013年，河南省名义城镇化率由1978年的13.6%提高到2013年的43.8%，年均提高0.86个百分点，其中2000~2013年名义城镇化率提高了20.6个百分点，年均提高1.58个百分点，但是户籍城镇化率仅为26.6%，不足三成，与名义城镇化率相差17.2个百分点。与此同时，河南省农户数量不减反增，由2000年的1972万户增加到2013年的2049万户，户均耕地规模不仅没有增加，反而有所减少。随着农民外出务工数量的增加，农户收入结构发生了实质性变化，工资性收入比例大幅度上升，家庭经营收入占比明显下降。仅从2000年以来的情况看，农民人均纯收入从2000年的1985.82元增加到2013年的8475.34元，但是收入结构的变化更为显著，其中家庭经营性收入比重从2000年的71.9%下降到2013年的50.6%，工资性收入从2000年的23.9%增加到2013年的42.3%。在农民人均纯收入中，农业收入比重从2000年的60%降低到具有转折点意义的50%，2009年降到49.5%，然后又在这个水平上继续降低，2013年降到38.5%。从2009年起，农业收入占农民人均纯收入的比重降低到了50%以下，农户从整体上由Ⅰ兼户转变为Ⅱ兼户，一旦完成这个转变，农业副业化、粗放化在所难免。近年来，频繁发生的农民消极

抗灾、过量和不当使用化肥农药、种植结构单一化趋势等，都是在这种背景下发生的。此外，随着农业用工成本、土地成本上升和现代流动性投入的增加，农户小规模分散经营无法化解不断上升的农产品生产成本，无疑会进一步影响到农业先进技术的应用，使农业偏离提高效率的目标。

（三）土地流转速度加快，但新型农业生产经营主体发育的格局还不明朗

随着农村人口非农化程度的提高，尤其是随着农民收入结构的变化和农户的分化，农村土地流转速度加快，截至2013年，全省农村土地流转面积3216万亩，占家庭承包总面积的33%，高出全国平均水平9个百分点，较2010年增长了近2倍，代耕和托管面积分别达到1750万亩和1000万亩；经营面积百亩以上的新型农业经营主体达到3.8万多家，千亩以上的2600多家。另据财政厅的一项调查资料，截至2013年，全省新型农业经营主体8.6万多家，其中：农民专业合作社6.5万个，种粮大户、家庭农场1.5万家，农业产业化龙头企业6202家。由于缺乏系统可比的统计资料，无法对新型农业经营主体所处的具体领域进行细分，如种粮大户、家庭农场显然属于产中领域，属于生产经营主体，但是农民专业合作社与龙头企业中属于生产性主体的有多少就分不出来了。根据笔者在鹤壁、周口、驻马店、许昌和滑县等地的调研，目前涌现的新型生产经营主体主要有以下几类：一是专业大户，经营面积大小不等，但没有去进行工商登记，具有过渡性，或者转化为农业公司，或者转化为家庭农场；二是家庭农场，经营规模都在百亩以上，一般都进行工商登记，但登记的名目不一，有个体户，有农业公司，有合伙企业等，但都挂牌为家庭农场，多数不符合农业部颁布的家庭农场标准，也具有不稳定性；三是农业公司，属于工商资本进入的性质，一般都长时间大面积承包农民土地，进行非粮种植，或服务于后加工环节，但是不是符合中央一号文件规定的"适合企业经营"的范畴很难说，各地也没有制定工商企业进入农业的监管办法；四是生产性合作社，农民以地入股，以雇工、股东方式参与分配，其中，还出现一种半托管、生产性的农机合作社，既接管农户委托经营管理的土地，又承租农民土地，这些合作社严格地看并不符合合作社的制度规范。这些新型农业生产经营主体的生存发展都比较艰难，面临一些自身无法解决的问题：一是非粮化趋势明显，

规模化主体种植粮食作物都会亏本,说明粮食生产与非粮作物种植对规模化及其政策支持的要求是不同的;二是基础设施配套跟不上,金融、保险服务缺失,仓储、烘干等服务不到位,这显然属于发展中的问题,这些问题的产生意味着规模化主体的发展对社会化服务提出了新的需求;三是土地租金高,规模化主体难以消化,这意味着我们在以后的发展中面临一个"租地型"农场如何发展的问题;四是工商企业进入农业对大户和家庭农场产生挤出效应,不同类型规模化经营主体之间产生排斥;五是新形势下合作社的发展问题,多数合作社不符合合作社制度规范,同时生产性合作社是不是合作社发展的方向也需要思考;六是政府惠农政策在小规模农户和新型主体之间如何权衡,这涉及农户小规模家庭经营的模式会不会被替代,或替代的时间长短问题;等等。这些问题的出现预示着新型农业生产经营主体发育的复杂性和长期性。

(四)农业生产经营主体与各类服务主体的联结机制不稳定,没有形成系统性联系机制

改革开放以来,河南作为一个农业大省,在"小规模农户剩余什么就加工什么"的逻辑下,已经发展起来一个具有较大规模的产后加工业。面对农户经营规模过小,小生产与大市场矛盾突出的问题,河南省从20世纪90年代起,就试图通过发挥农产品加工企业的龙头作用,推广"公司+农户"的经营模式,让小规模农户搭乘龙头企业的车,进入社会化大生产的大循环,形成"贸工农一体化"的龙型经济,但是在实施过程中,由于"公司"与小规模农户打交道组织协调成本太高,这一努力没有奏效。之后,河南又致力于发展农民合作社,试图通过扩大外部规模让农业生产者享受规模效益,但是小规模兼业农户对此没有产生足够大的制度需求,合作社的发展同样没有产生预想的结果。在工业化、城镇化发展带来的就业非农化程度不断提高、土地流转速度不断加快的情势下,河南省又开始通过"农业产业化集群"的方式,利用后加工企业的资金、技术和市场开拓力,协同推进农业规模化经营、合作社发展、农业公共服务体系建设和新型农业经营主体的发育,形成上下游协作紧密、产业链相对完整、辐射带动能力较强、综合效益达到一定规模的生产经营群体,实现产、加、销一体化。从农业内部结构看,畜牧业相对于种植业在生产与运销加工的结合上,甚至在合作社的发展和对接公共服务上发展较快;种植业内

部,那些附加值高、不耐储运、易腐的蔬菜瓜果等产品,在同外部组织的对接和合作社的发展上优于小麦、玉米等大宗作物;在畜牧业内部,专业化、工厂化生产水平较高的肉鸡产品相对于其他产品更倾向于与产前、产后部门建立起紧密的联系。这些现象反映出在相同发展阶段,不同种类的农产品具有不同的"链接"要求。然而,从总体看,农户规模化、专业化水平低,新型农业生产经营主体发育不足,对外合作能力不强,对内合作动力不足,是制约河南省新型农业经营体系建设的主要因素。

三 构建新型农业经营体系的选择

河南省构建新型农业经营体系的主要任务是发展农业适度规模化经营,当前工作的着力点是从两端双向用力,一方面要以规模化主体发展的需要为指向,积极发展多元化服务主体,另一方面要利用后加工企业的带动作用,协同推进各类新型农业经营主体发展。

(一)以新型农业生产经营主体的需求为指向,培育多元化服务主体

据笔者的一项研究,从现在起到2020年,按照河南省新型城市化目标,即使完全实现农民工市民化、名义城镇化率和户籍城镇化率契合,河南省农户户均占有耕地面积也才能从目前5.7亩的水平增加到11.88亩,农业的基础规模依然很小。农业规模化水平是由城镇化水平决定的,城镇化给定多大的空间,农业的规模化发展才能有多大的进展。因此说,目前农业生产性经营主体发育的程度、规模化的水平,也都是城镇化的函数。因此,对于农业目前较低的规模化水平,对于农业生产经营性主体在发育过程中出现的种种不规范、不合常规的表现,要有容忍度,要保持新型农业经营主体发育的弹性,研究大势和方向,在大势和方向不明的时候,最安全的办法是"以问题为导向"去思考问题,开展工作。如当前农业新型经营主体普遍遇到的金融保险问题、土地租金过高的问题、土地承包权保障问题等,都需要通过发展与之相配套的新型服务主体和完善的制度环境来解决。再如合作社在农业经营体系中的位置和作用问题。日本、中国台湾在发展过程中形成的比较完善

的以农民自组织为主体的农业经营体系，一度作为成功的东亚模式被我们效仿，但是无论是日本还是中国台湾，为了提高农业竞争力，目前都在花大力气推进农业规模化经营。我们在未来的发展中如何对不同性质的服务主体进行定位，恐怕还需要摸索。总之，要把种粮大户和家庭农场在生成发展过程中遇到问题和困难，作为构建新型服务机制的着力点，逐步由点到面，扩充、提高、完善农业社会化服务体系，最终形成充满活力的新型农业经营体系。当前，在农业服务有效需求不足的条件下，要通过强化农业公共服务，增加服务供给，促进农业规模化主体发展，进而使其逐步释放出新的服务需求，形成良性互动局面。因此，应重点加强基层农业服务体系建设，加快推广农业实用技术，完善家庭农场农资、技术、气象、信息服务体系，优化农业发展的制度和政策环境。

（二）以后加工企业为引领，协同推进新型生产主体和服务主体的发育

按照市场经济发展的一般规律，是先有农业的内部规模即农业规模化主体的发展，再按照"农场主生产什么、剩余什么，相关部门就发展什么"的逻辑，围绕农业形成了为之服务的产前、产中和产后部门。但是在特殊的国情、省情条件下，我们在走上规模化水平较高的"大集体"之后，又产生了一个家庭承包制的"回旋"，之后又经过城乡二元社会一系列复杂的变奏，在规模化程度很低的"产中"领域的两端，率先发展起来了庞大的产前、产后部门，尤其是发展起来一个现代化水平较高的农产品后加工体系。随着城乡居民收入水平的提高和消费结构升级，后加工企业在满足消费市场需要时，普遍遇到了原料农产品的批量化、标准化供应等问题，急需通过机制化措施与农业生产者建立起稳定的业务联系。因此，遵循农业经营体系演变的一般规律，立足于河南省情，以大型农产品加工企业和企业集群为引领，通过合同制方式、一体化经营方式与农业生产者进行对接，或者通过合作制方式与农业生产者进行对接，在对接过程中牵动农业规模化主体发育、农业规模化经营，同时引致公共服务的资源合理配置，引导合作社性质的服务主体参与发展，使农业经营体系的链条首先在那些加工度比较高的产品领域取得突破，再向其他领域进行延伸，并最终形成一个有机整体，应该说是一个合理的选择。

参考文献

樊亢、戎殿新：《论美国农业社会化服务体系》，《世界经济》1996年第6期。

贺雪峰：《论中国式城市化与现代化道路》，《中国农村观察》2014年第1期。

刘云：《我省构建新型农业经营体系的目标与思路》，《河南日报》2013年12月9日。

B.17 河南省家庭农场发展问题研究

关付新*

摘　要： 家庭农场具有主体特征、规模特征和经营特征，正成为河南省现代农业发展主体。河南省家庭农场主要注册为个体户，从事粮食生产的家庭农场发展较为稳定，100~200亩经营规模的家庭农场效益最高。针对政策不配套、要素价格高、融资困难和服务体系不完善等问题，需要采取有效措施促进河南省家庭农场的发展。

关键词： 家庭农场　规模经营　现代农业

一　河南省家庭农场发展的背景条件

（一）河南省家庭农场发展的背景

1. 河南农业现代化的发展，对家庭农场提出迫切要求

作为人多地少的农业大省和粮食大省，河南农业现代化面临更为严峻的土地资源约束和经营制度困境。散（组织化程度低）、弱（发展能力差）、小（经营规模小）、兼（兼业化程度高）、穷（经济实力不强）的农户难以支撑现代农业发展，培育职业化新型农民成为发展现代农业的关键措施。能够经营家庭农场的农民，是河南现代农业发展的主体，具有企业家的特质。

---

* 关付新，河南财经政法大学农业与农村发展研究中心主任，博士、教授，主要研究方向为农业组织创新、粮食安全。

2. 河南新型城镇化条件下农村人口的转移，为家庭农场提供了发展空间

2013 年，河南省城镇化率达到 43.8%，与全国城镇化水平的差距正在缩小。人多地少，农户经营规模小，严重制约了河南省农业现代化的发展。自 20 世纪 90 年代开始的农业剩余劳动力的非农化，带动了农村人口向城镇转移，相对改变了河南省农业发展的人地关系，改变了资源约束条件，为河南省家庭农场的发展提供了扩大经营规模的条件。

（二）河南省家庭农场发展的条件

1. 财政金融资金的有力支持

河南省在 2014 年财政整合涉农资金 1.4 亿元，统筹支持农民专业合作组织、家庭农场和农业产业化龙头企业等新型农业经营主体发展。这些补助资金，主要用于新型农业经营主体开展生产基地和市场营销能力建设、经营管理者和成员农户的培训以及购买农业生产全程社会化服务等，进一步完善了对新型农业生产经营主体的政策和资金支持方式。其中，用财政支持新型农业经营主体补助资金中的 700 万元，来支持郑州市、信阳市、新乡市、济源市及兰考县试点农村土地流转县乡交易平台和管理网络建设，保障土地流转双方权益，选择符合当地发展实际的优秀新型农业生产经营主体进行择优扶持，更加精准、高效地使用财政资金。

2. 增加农民收入的规模化经营

2013 年末，河南省农村土地流转面积达到 3216 万亩，占家庭承包耕地面积的 33%，70% 的流转土地流入经营大户，发生土地流转的农户占农户总量的 63.2%。河南省土地流转率不断提高，基本完成的农村集体土地所有权的确权和正在推进的农民承包经营权的确权，在维护农民土地权益的同时，也将促进土地流转和集约利用，为家庭农场和经营大户的发展提供了土地保障。扩大经营规模，是提高农民专业化生产收入的必然选择和市场化农业发展的必然结果。所以，家庭农场的规模化生产经营，是现代农业发展阶段农民增收的主要途径。

3. 农业机械化水平不断提高

2004 年以来，随着农机补贴政策实施力度不断加大、农村劳动力大量转移、用工成本持续提高、农业适度规模经营不断推进，农业机械化快速发展。

全省农业机械固定资产总值从2003年的374.2亿元增长到2013年的781.8亿元。全省主要农作物耕种收综合机械化水平由2003年的45.6%提高到2013年的75%。土壤耕作全面实现机械化，小麦生产种收机械化水平达到了98%，玉米机播和机收水平分别达到85%和65%；水稻机收水平达到80%。河南省农业生产方式进入机械化时代，成为农业稳定发展的保障。

4. 农业社会化服务体系不断完善

政府、农业院校、科研院所和相关农业社会经济组织，为农户及其他农业生产的经营主体提供的各种服务而形成的网络体系，不断满足现代农业生产的需要。由多元主体承担的河南省农业社会化服务日益完善，为家庭农场的发展提供了有利条件。

（三）家庭农场应成为河南省现代农业发展主体

1. 家庭农场的含义和特征

家庭农场是指以农民家庭为基本单位，家庭成员为主要劳动力，从事集约化、规模化、商品化的农业生产经营，以农业收入为家庭收入主要来源的农业经营主体。家庭农场的发展对提高农业现代化水平，促进粮食增产、农业增效、农民增收，以及确保国家粮食安全，具有重要意义。

家庭农场主要有以下特点：①主体特征。生产经营者为职业农民，是本地务农农民或其他从事农业的生产者。家庭农场主要依靠家庭成员从事农业生产，若有雇工也只能发挥辅助作用。据2013年农业部门调查，在全国87.7万个家庭农场中，家庭自有劳动和雇工分别占农场劳动力的72%和28%。②规模特征。适度规模经营，实现规模效益。目前，全国87.7万个家庭农场，平均经营耕地规模200.2亩，是全国承包农户平均经营耕地面积7.5亩的近27倍。我国地域非常广阔，各地的自然、经济、社会条件差别很大，不可能仅有一个全国范围普遍适用的规模标准。各地应从实际出发，依据自然经济条件、农业机械化水平、农村劳动力转移等因素，来确定本地家庭农场的规模标准。③经营特征。专业化生产经营，实行企业化管理。家庭农场是专门从事农业生产的，主要进行专业化种养业生产，达到较高经营管理水平，具有较强的示范带动能力和较强的商品化农产品生产能力。根据2013年农业部统计显示，全国家庭农场经营总收入为1620亿元，平均每个家庭农场为18.47万元。

2. 家庭农场是现代农业发展主体

近年的农业实践说明,家庭农场有效地实现了农业的适度规模经营,它不仅保持了以家庭为主的农业生产优势,而且扩大了经营规模,解决了家庭经营的小、低、散等问题,以集约化、商品化促进了农业增效和农民增收,激发了农业生产经营活力。我国家庭农场规模经营绩效,在已经实行规模化经营(主要为家庭农场的土地规模经营)的区域总体较好,从土地生产率、劳动生产率、商品率和经济效益等几项主要指标来看,这些区域的指标均呈上升趋势。可见,家庭农场的适度规模经营的制度高效。

生产成本的投入相对较低,经济效益远高于一般农户。主要表现在土地的规模化种植时,采用配方计量施肥,降低了普通农户施肥过程中的肥料浪费,并提高了肥效;另外,大规模采用机械化作业,提高了生产效率,确保了作业质量,减少了用工量,降低了生产成本。土地的规模化集中种植,有利于农作物新品种的推广利用以及科学栽培管理技术的推广应用。如精量播种、种子包衣等新技术利用等,充分发挥了新品种的增产潜力,提高了粮食单产,增加了效益。

二 河南省家庭农场发展的基本情况和存在的问题

2013年,河南省符合统计条件的家庭农场有15538家,其中,从事种植业9887家、养殖业4306家、种养结合1083家。经营面积在50~100亩的小型家庭农场有5013家,1000亩以上大型家庭农场有431家,耕种总面积达到287万亩。从家庭农场种植、养殖结构大致分布来看,黄淮海平原地区以种植粮食为主体,兼有一些养殖和经济类作物;丘陵山区等旱坡岗地,种植林果、药材、花卉等经济类作物的比例稍高。

(一)河南省家庭农场发展的基本情况

基于2014年7月国家统计局河南调查总队对尉氏县、孟津县、安阳县、卫辉市、襄城县、舞阳县、唐河县、虞城县、项城市、光山县等10个县(市)开展的调查和典型分析,河南省家庭农场的基本情况在全国也具有典型性和代表性。

1. 家庭农场的总体情况

家庭农场在工商部门注册为个体户的占84%，注册为企业的占16%。家庭农场从事纯种植粮食的占60%；以粮食为主，兼营蔬菜、林果、药材、水产等的占28%；其余12%为专业经营蔬菜、花卉、林果等经济作物或畜禽养殖。农场主文化程度以高中或中专为主，比重达52%，大专及以上的比重最小，仅10%。从业经历上，一直从事农业生产的比重较大，占30%；其次为经商返乡，占20%。村干部、务工返乡人员和机关人员分别占18%、16%和8%。家庭农场户均经营395.04亩，其中户均流转面积378.78亩，亩均租金为645.92元；土地流转方式中58%为转包，36%为出租，其余6%为转包加入股或互换形式。

2. 不同类型家庭农场的经营情况

首先，纯粮食和以粮食为主的农场经营规模相对稳定。从经营规模看，纯粮食类农场面积最小，增幅最低，户均290.87亩；以粮食为主的农场面积最大，增速居中，户均达595.93亩；经济作物或养殖类农场面积居中，增速最快，户均447.17亩。其次，各类农场用工量呈递增趋势，且雇工工资上涨较快。从短期雇工人数看，经济作物或养殖类农场雇工人数最多且增长最快，户均达46.17人，雇工人数分别为纯粮食、以粮食为主的农场的2.9倍、1.9倍。从雇工日均工资看，三种类型农场增幅均在7.5%以上，其中经济作物或养殖类农场增幅达到8.2%。最后，经营收益与生产投入呈正相关关系，纯粮食与粮食为主的农场经营成本收益率低，但增长较快。三类农场的生产投入费用与纯收益均呈递增趋势，且类型之间的差别较大。经济作物或养殖类农场的亩均生产投入费用、纯收益分别达4713.3元、2508.3元，分别为纯粮食类农场的3.7倍、4.9倍。从成本收益率看，纯粮食、以粮食为主、经济作物或养殖三类农场分别为40.1%、41.2%和53.2%。数据显示，经济作物或养殖类农场收益最高，达2508.33元；纯粮食类最低，为515.33元；以粮食为主类居中，为775.36元（见表1）。从追求效益最大化的角度看，经营经济作物或养殖类农场为最优选择。调查中发现，多数农场主倾向于经营以粮食为主兼营其他类农场，纯粮食类次之，经济作物或养殖类最少。其原因在于，一方面，尽管经济作物或养殖类农场经济收益最高，但由于其资金投入多、人力技术要求高、管理难度大等因素，限制了不少农场主"非粮化"的选择；另一方面，尽管种粮效益较低，但由于种粮补贴政策的保障、粮价不断上涨、资金投入相对较小，同时随着机械化程度的普及，种粮省时省力，市场风险较小，多数处于起步阶段的农场主愿意种植粮食作物，而有一定实力的农场主更愿意在种植粮食作物"保底"的基础上，开展蔬菜、养殖等多元化经营，以提高综合经济效益。

表1　河南省不同类型家庭农场成本和效益

单位：元/日，元/亩

指标\类型	纯粮食	粮食为主兼营其他	经济作物或养殖
雇工工资	64.58	58.81	58.33
物质投入费用	465.17	883.50	3016.67
生产服务费用	234.43	325.43	770.00
亩均土地租金	585.33	655.43	926.67
年纯收益	515.33	775.36	2508.33

资料来源：国家统计局河南调查总队。

3. 不同规模纯粮食家庭农场的经营情况

家庭农场按经营规模划分，50~100亩、100~200亩、200~300亩、300~500亩、500亩以上的家庭农场，分别占20%、33.3%、13.3%、16.7%、16.7%。其中，经营规模在100~200亩的成本收益率最高，为616.00元/亩；其次是200~300亩，为525.00元；500亩以上的农场，纯收益为475.00元（见图1）。从生产投入费用看，500亩以上的最大，亩均达1402.00元；其次是100~200亩，为1343.00元；最低的是50~100亩，为1086.84元。从成本收益率看，五种规模的家庭农场按经营面积大小依次为40.8%、45.9%、40.9%、33.5%和33.8%。显示出，100~200亩的农场成本收益率最高，200~300亩的次之，300亩以上的较低，家庭农场需要一定规模才能实现规模效益，但不是越大越好。规模越大，其管理难度、用工成本等越大，若超出自身经营能力，资源利用率、土地产出率和经济效益可能下降。综合考虑亩均效益与规模效益，当前种植纯粮食作物的家庭农场，经营规模在200亩左右较为合适。

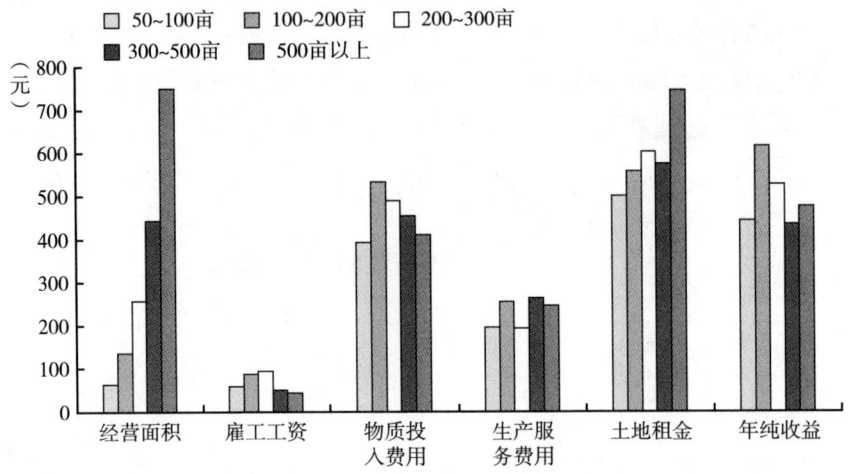

图1　河南省不同规模家庭农场的成本收益

（二）河南省家庭农场发展存在的问题

1. 土地、农资和劳动力等要素价格上涨较快，盈利困难大

土地连片流转困难，规模经营效益提高受限，再加上雇工、农资、土地租金等生产成本上涨较快，盈利难度不断加大。由于大量年轻劳动力外出务工，留守农村的大多是缺乏技能的传统体力劳动者。受惜地观念、物价上涨和高收益农业项目等影响，土地流转价格逐年上涨，并且流转过程中，部分存在程序不规范、手续不全、违约成本不对称等问题，带来农地纠纷，影响农场主的正常生产秩序和生产积极性。

2. 家庭农场资金需求大，融资难问题较为突出

融资难主要表现为贷款手续繁、贷款规模小、贷款期限短。从家庭农场获取资金实际来源看，只有58%的农场有民间借款或银行贷款行为，并且民间借款的比重远高于银行贷款，其原因主要在于农民融资难。具有融资需求的农场主中，认为融资困难和一般的比例分别为64%和34%。从农场融资面临的主要问题看，认为担保手续复杂的比例最高，达到60%；其次是认为贷款额度小的，仅为48%；同时还有利率太高、贷款期限太短及没有人情关系等因素。从家庭农场主对政府相关部门的期望看，有62%的农场主希望金融机构创新融资产品和服务，拓宽融资渠道。

3. 社会化服务体系尚显薄弱，需要完善服务和提高效果

在家庭农场产品销售渠道上，商家上门收购的占40%，自己送货的占34%，商家收货及自己送货两种方式结合的占20%，通过农业合作社、网上销售的分别为4%、2%。另有22%的农场主反映产品销售渠道不畅；52%的家庭农场主希望政府加强引导，在家庭农场优先推广新特产品，有效对接农产品生产与市场；50%的农场主希望加强病虫测报、气象、产品供销信息等公共服务。

4. 家庭农场经营者经营管理水平和素质有待提高

从现代农业发展要求看，农场主需要懂农技、善经营、会管理等。但从调查情况看，大部分家庭农场主多年从事农业生产，多由种粮养殖大户发展而来，是土生土长的农民，对传统农业生产方式情有独钟，实践经验丰富。但毕竟掌握的新知识和应用的新技术不多，缺乏现代经营管理理念，需进一步提高自身综合经营素质。

5. 基础设施条件需要继续改善和提高

当前，相当一部分农场起步阶段都得到了当地政府，如发改、水利等部门在水利排灌设施方面的支持。但由于部分农场流转的区域，是一些地形地貌复杂、生产条件差、缺水肥薄的土地，若要进行规模化农业生产，必须有较大的资金投入才行。不少农场主希望政府进一步加大支持家庭农场完善水利配套设施，以及晾晒、存储等其他生产性辅助设施的力度，降低用水、用电成本，增强抵御自然灾害的能力。

6. 政府支持家庭农场发展缺乏系统的配套政策

从当前家庭农场发展实践来看，家庭农场享受有不同程度的支持政策，如在基础设施建设、土地流转及农机购买中获一定比例的补贴优惠。但政府支持家庭农场的政策不系统、不协调，并且政策支持力度与家庭农场发展的需要还存在一定差距。家庭农场健康发展，需要专门的用地、财政、税收、金融、保险等政策的重点支持，要有效整合各部门涉农项目资金向支持家庭农场方面倾斜。

三 促进河南省家庭农场发展的对策措施

基于河南省自然和社会经济条件，根据当前家庭农场发展实践中存在的地位、土地、资金、能力、补贴、服务和环境等问题，需要有针对性地采取措施，来促进河南省家庭农场发展，为确保国家粮食安全和建设现代农业大省做出贡献。

（一）基于家庭农场注册登记制度，引导家庭农场规范发展，完善政府支持政策

按照现行的工商登记制度和市场主体类型，家庭农场可以申请登记为个体工商户、个人独资企业，符合法律法规规定条件，可以申请登记为合伙企业或有限责任公司。农业部门要积极把家庭农场纳入现有支农政策扶持范围，给予重点倾斜支持，支持家庭农场完善生产条件、稳定经营规模、改善经营管理、提高升技术水平等。要加强与有关部门协调沟通，推进落实涉农建设项目、财政补贴、税收优惠、设施建设、担保抵押、信贷扶持、农业保险用地等相关政策。

（二）搞好土地确权登记，引导土地向家庭农场规范流转，实现适度规模经营

随着土地确权登记颁证措施推行，农村土地产权交易市场制度不断完善，为家庭农场获得规模化经营需要的土地提供条件。鼓励家庭农场通过产权交易平台扩大土地规模，并提供政策支持和保障。

（三）深化农村金融创新，开展农民合作社资金互助，满足家庭农场资金需求

加快家庭农场发展速度，迫切需要金融支持和服务。要积极进行农村金融创新，强化政策支持。完善政策性金融对家庭农场的支持政策，降低农村金融市场的准入门槛，发展多元化的农村合作金融组织，吸纳民间资本进入合作金融领域。政府要通过立法，建立健全农业保险制度，在财税方面长期稳定扶持

家庭农场发展，政府要对农业保险专门进行规范和保护，为提高家庭农场对农业保险的购买力，同时对保险公司涉农保险提供费用补贴和税收优惠政策，鼓励农业保险经营。

（四）开展职业农民培训，提高家庭农场经营者的技能和素质

家庭农场以经济契约关系为纽带开展农业生产经营活动，实行自主经营和自负盈亏，在发展现代家庭农场的过程中，培养和造就大批有文化、会技术、能经营、善管理的新型职业农民，把培养新型职业农民和家庭农场主作为农村人力资源开发的重点，提高新型职业农民和家庭农场主的文化素质、技术水平、经营观念和现代管理水平。

（五）完善社会化服务体系，为家庭农场发展提供环境和条件

家庭农场经营与农业社会化服务存在相互制约与相互促进关系。政府要支持启动社会服务，补贴规模经营家庭，以拉动社会服务体系发展。组织或补贴社会服务组织，以促进家庭农场发展，待社会服务组织具备自生能力和盈利条件时，可退出或减少财政补贴。

参考文献

国家统计局河南调查总队：《河南家庭农场经营状况典型调查分析》，http://znzg.xytc.edu.cn/Html/? 21801.html，2014年9月17日。
杨青：《家庭农场200亩左右效益最好》《河南日报》（农村版）2014年9月16日。
肖斌、付小红：《关于发展家庭农场的若干思考》，《当代经济研究》2013年第10期。
顾海英：《关于上海松江区发展家庭农场的思考》，《科学发展》2013年第12期。
伍开群：《家庭农场的理论分析》，《经济纵横》2013年第6期。
汤文华、段艳丰、梁志民：《一种新型农业经营主体：家庭农场——基于新制度经济学的分析视角》，《江西农业大学学报》（社会科学版）2013年第2期。

B.18
河南省农民专业合作社发展研究

赵翠萍 刘宁*

摘　要： 河南省农民专业合作社发展态势良好，农户及产业覆盖面均不断拓宽，服务功能逐步健全，市场竞争力显著提高。但农民专业合作社在发展中，规模与短缺同步、成效与问题共存、规范与失范并行的情况仍然较为普遍，关键要素缺乏、金融服务不足、扶持体系有待完善是制约合作社发展的主要因素。因而，必须强化政府扶持，明确政策的阶段性着力点，促进农村合作金融的发展，加快地方性法规立法进程。

关键词： 农民专业合作社　产业覆盖面　运营能力

总的来看，自农民专业合作社法颁布实施以来，河南省农民专业合作社呈现快速健康发展的良好态势，数量逐年增加，产业覆盖面不断拓宽，服务功能日趋健全，市场竞争力显著提高，涌现出一批制度完善、经营成效显著的合作社，并逐步形成了国家、省、市、县四级示范社建设体系。但是，在服务水平、制度规范、运营能力等方面，仍然存在不容忽视的问题。

一　河南省农民专业合作社发展现状

（一）合作社规模及覆盖农户比例逐年提高

截至2014年第三季度，在河南省县级以上工商部门登记注册的农民专业

---

* 赵翠萍，河南农业大学经济与管理学院副院长，博士，教授，主要研究方向为农业政策与合作经济；刘宁，河南农业大学经济与管理学院，博士，讲师，主要研究方向为农业经济政策与财政补贴。

合作社数量①已达92131个，比上年同期增加46.5%，是2008年合作社数量的14.98倍，逐年增长态势明显（见图1）。河南省合作社数量占全国合作社总数的6.7%，数量位居全国第四名。全省合作社社员数量为60.59万户，是2008年的9.76倍，占全省农户总数的3.0%。合作社带动非社员农户数量已达444.74万户，占全省农户总数的21.7%。从村庄覆盖情况看，目前，合作社发展已经实现"村村有社"，平均每个村约有1.96个合作社。

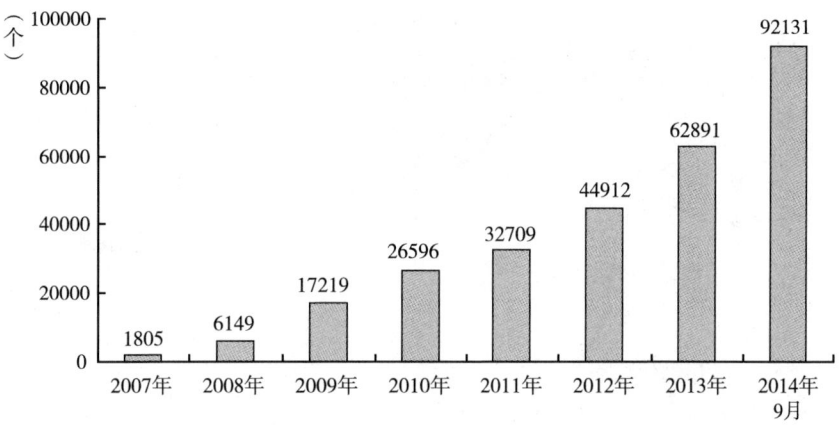

图1　2007年以来河南省农民专业合作社数量逐年变化情况

资料来源：河南省农业厅农经处。

（二）经营范围不断拓展延伸

河南省农民专业合作社生产经营范围已覆盖农业整个产业链，从粮棉油、肉蛋奶、果蔬茶等主要产品的生产与加工，到农机、植保、民间工艺、旅游、休闲农业等多领域都有涉足，并且呈现沿产业链向上下游纵深发展的显著趋势。由产前、产中环节服务向产后的包装、储藏、加工、流通、销售等服务环节拓展。2013年，创办各类加工实体的合作社数量为1334个。数据表明，2013年河南省围绕种植业、畜牧业发展的农民专业合作社数量仍占比最高，分别占当年合作社总数的53.1%和20.8%。合作社经营

---

① 本文中的合作社数量，均指在县级以上工商部门登记注册的合作社数量。

范围不断拓展的趋势在合作社服务内容分类结果饼状图（见图2）上表现为，从事产加销一体化服务的合作社数量最多，约占当年合作社总数的47.8%，相对而言，仅以提供购买、加工服务、仓储服务、运销服务为主的合作社数量分别占当年合作社总数的6.3%、2.8%、1.2%和2.0%，同比均有所下降。

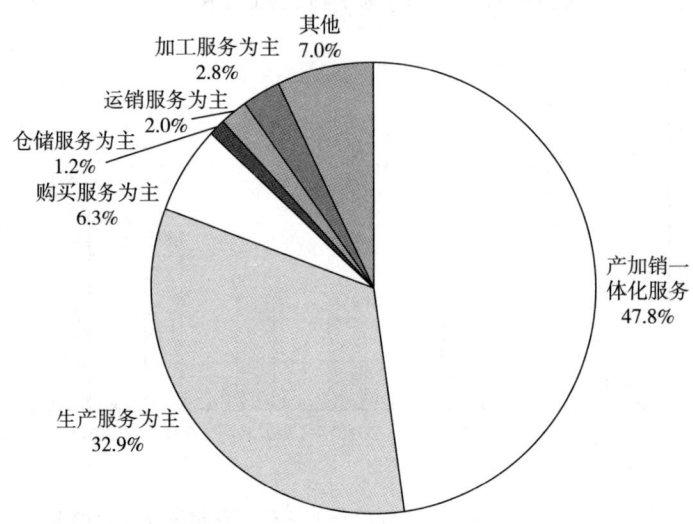

图2 2013年河南省农民专业合作社按服务内容分类的基本情况

资料来源：河南省农业厅农经处。

（三）经营成效显著，服务带动农户能力不断增强

2013年，合作社统一组织销售农产品总值达412.45亿元，统一销售农产品比例为80%以上的合作社数量达20824家，约占当年总数的33.1%，比上年增加62.9%。统一组织购买农业生产投入品总值为215.98亿元，比上年增加94.8%，统一购买比例为80%以上的合作社有17636家，约占当年总数的28.0%。2013年，合作社经营收入共计236.58亿元，比上年增加275.3%，上缴税金4.66亿元，较上年增加275.3%。

运营能力提高的同时，合作社带动社员统一进行销售、从事标准化生产的水平也显著提升。截至2013年底，全省实施标准化生产的合作社数量为7801

家，拥有各类注册商标的合作社数量为3112家，通过农产品质量认证的合作社数量为1433家。全省已经有6000多家合作社的产品通过"农超对接"、"农社对接"、"农企对接"、"农校对接"等渠道与超市、批发市场、学校等建立起稳定的产销关系，产品销售渠道不断优化拓宽。目前，已有开封、平顶山、周口、驻马店、信阳等地（市）纳入全国"农社对接"首批试点城市，已有834家合作社作为试点单位。

（四）运营机制与内部治理不断完善

总的来看，河南省农民专业合作社已逐步走上规模数量与质量效益并重的规范化发展道路。通过示范社带动，多数合作社已经逐步建立起较为完善的内部管理制度，在产权结构、民主管理、盈余返还等核心制度的安排实施上均有不同程度的改进与提升。尤其是在分配方面，部分合作社提留了公积金和公益金，并能够按照成员与合作社的交易量（额）进行二次分配。据统计，截至2013年底，全省按照交易量（额）原则返还社员可分配盈余的合作社为17848家，较上年增加65.30%，提留公积金、公益金及风险金的合作社为11633家，较上年增长11.57%。

（五）显著呈现多元化发展格局

现阶段，全省合作社发展的多元化格局主要表现在类型多元化与成员异质化两个方面。首先，从发展类型来看，以土地承包经营权入股为核心的土地股份合作社日益增多，截至2013年底，全省已发展土地股份合作社3938家（约占当年总数6.26%），入社土地面积38.26万亩，入股成员7.38万人。另外，部分地区积极探索把农村集体经济组织改制与合作社发展结合起来，成立不同模式的股份制合作社，这种类型为合作社的发展注入了新内涵。此外，在银监会框架下农村资金互助社发展受阻的背景下，合作社内部不同规模、不同模式的信用合作日渐增加。截至2013年底，全省开展信用合作的合作社已达6524家，约占当年总数的10.4%，社员入股的合作资金总额达8.45亿元。

类型多元化发展趋势下，成员异质化是必然结果。一方面，实践当中存在大量以农产品加工企业、农资供应商以及农产品经销商等主体领办的合作社，合作社成员结构必然表现为从事农业生产的农民，从事农产品经销、贩运以及其他职业的农民，从事资本化经营的工商企业主交互融合的状态，合作社成员必然呈现较强的异质性。另一方面，鼓励发展专业合作和股份合作，培育新型经营主体的政策背景下，以生产要素有效组合为纽带的合作社数量日渐增多，成员之间要素资源数量悬殊的现实也加剧了合作社成员异质化的程度。

二 河南省农民专业合作社发展进程中面临的主要问题

（一）服务水平有待提升

虽然河南省农民专业合作社数量发展迅速，农户及村庄覆盖比例都不断提高，但是，必须看到合作社总体仍然处于数量型扩张的低水平发展阶段。一方面，合作社带动农户能力提升的同时，总体服务能力仍然偏弱。首先，合作社服务内容仍然单一，以信息、技术、生产资料购买等为主的服务内容与社员急需的产品销售、信贷服务之间有一定错位；其次，合作社和社员之间的实质性交易比例仍然偏低，相当一部分合作社的业务仍然局限于少数骨干社员和精英社员，多数社员的农资购买以及农产品销售等还不能主要依托合作社完成，多数环节的农业生产活动仍然不受合作社约束；最后，合作社的专业技术服务人员数量总体不足，服务水平普遍偏低。另一方面，合作社数量逐年递增并且已经覆盖至每个村庄的同时，每个合作社的成员规模并没有同步扩张，而是始终处于不足百人的水平，这与发达国家合作社社员平均规模水平相去甚远。

（二）制度建设亟须规范

河南省农民专业合作社在组建成立、机构设置等方面基本规范、关键制度建设方面总体有所提升的同时，应该看到多数合作社内部运行机制仍不健全、制度建设亟待规范的现实。首先，多数合作社产权有待明晰。村集体经济组织、龙头企业等工商资本、专业大户等领办的合作社，多数没有严格区分其与合作社之间的产权边界。多数合作社尚未设立成员账户,财务管理还不规范,合作社公积金、财政补助资金形成的资产等不能依法量化到每个社员。其次,按照盈余返还原则进行盈余分配的合作社的数量仍然比例偏低,不足两成,按照股金份额进行分配的合作社数量比例总体偏高。最后,合作社民主机制有待完善。虽然合作社"三会"制度总体健全,但是,能够真正按照民主管理原则按时召开会议进行议事的合作社数量还很少,多数合作社表现为强人主导型,"一人独大"现象较为普遍,少数的"民主议决"也往往是"通告议决结果"。在经营实力较强的合作社当中,这种现象更为明显。

(三)运营能力仍然薄弱

尽管市场运营能力总体有所提升,但是,与农业产业化龙头企业相比,合作社的运营能力仍然较为薄弱。首先,作为企业发展的龙头,合作社的品牌建设总体滞后。尽管出现了一批有市场影响力的农产品品牌,但是,截至2013年底,拥有注册商标的合作社数量仅为3112家,占当年合作社总数的4.9%。同时,与农业产业化龙头企业的品牌相比较,市场占有率和竞争力仍然偏低,品牌影响力总体偏弱的背后是仍然有部分合作社产品的质量水准还不能显著区别于非合作社产品。其次,合作社的销售渠道普遍偏窄,多数合作社仍然依靠传统渠道和模式进行销售,销售网络稀薄,相当一部分合作社采用的是社员自行分散销售产品模式,合作社的"体量优势"没有得到充分发挥,能够通过"农超对接"、"农社对接"、"农校对接"、"农企对接"等对接项目与超市、批发市场、学校、其他企业等直接建立产销关系的合作社比例偏低。另外,从生产资料的采购情况看,大部分合作社是从各厂家的县级代理商间接采购,还没有与厂家直接建立稳定的购销关系,采购成本仍然偏高。最后,合作社创建基地、获取各类认证、争取各类项目示范的能力总体偏低。从2013年情况来看,仅有6048家合作社实施了标准化生产,占全部合作社的12.4%;仅有3112家合作社拥有注册商标,占全部合作社的4.9%;仅有1433家合作社的农产品通过了国家的质量认证,占全部合作社的2.3%;承担国家涉农项目的合作社数量仅有109家,占全部合作社的0.17%。

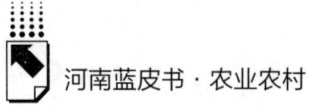

（四）社员持股总体偏低

作为由成员控制成员所有的一类企业组织形式，持有股份是成员身份的重要标志，也是成员行使民主权利的基础，因此，农户成为合作社所有者的前提应是投资入股，获得使用合作社服务的资格，从而实现所有者与使用者的身份统一。换言之，单纯的合作社服务使用者，称不上是真正意义上的合作社成员，而仅是合作社的顾客，最多是以潜在成员的身份与合作社发生交易。2007年颁布实施的合作社法也明确了"合作社成员以其出资额对合作社承担责任"的规定。然而，与此形成鲜明对比的实际情况是，多数合作社的注册出资额由部分社员户的土地、农机、果树等折价而来，而真正以货币出资的社员数量比例极低，折价方式也仅限于社内几个人在一起简单商量，并没有严格的资产评估。与出资比例相对应的现实必然是合作社成员边界的模糊，不同合作社有不同的成员边界，有的以在工商部门登记注册为标志，有的以投资入股为标志，有的以与合作社发生交易为标志等。由社员缺少实际持股、成员边界模糊的情况，我们不难理解现实中合作社与社员之间缺少实质性交易、合作松散、骨干成员控制等情况大量存在。

三　河南省农民专业合作社发展的主要制约因素

（一）关键生产要素普遍缺乏

首先，作为直接涉及农业生产的企业组织形式，土地问题始终是合作社发展的瓶颈。一方面，由于集中收购农产品量比较大，合作社急缺仓储、晾晒、分拣、加工等建设用地；另一方面，由于社员土地比较分散，耕作管理不便，难以形成规模效应，合作社急需连片的成规模土地。其次，农业资金的需求特性及其发展处于起步初期的阶段性特征等决定了合作社对资金的迫切需求。一方面，农业生产投资规模大、回收周期长等特点决定了合作社资金的紧缺；另一方面，多数合作社正处于起步阶段，无论是生产经营规模的扩大，还是产业链的延伸拓展都意味着其在预购生产资料、土地流转、收购社员产品、品牌建设等经营事务中亟须资金支持。对于那些开展农产品一体化加工服务项目的合作社来讲，所需资金的缺口更大。再次，职业经理人等经营管理型人才的缺乏是制约合作社发展的重要因素。一方面，绝大多数合作社地处乡村，工作环境差、工资待遇低等多种原因造成引进人才难、留住人才难的问题频现；另一方面，实践中观察，多数合作社领头人在人才引进方面缺乏理念和眼光，在留住人才上缺少胆识和胸怀，此外，政府在引导鼓励高校毕业生到合作社就业方面还缺乏实质性政策。

（二）政府扶持体系有待完善

完整的政府扶持体系应包括立法和政策两方面。从立法角度看，虽然全国性立法已经初具框架，但是，地方性法规还远不能适应合作社快速发展的需要。目前，全国已有14个省份出台了农民合作社的地方性法规，而河南的地方性法规还没有出台，在省内合作社指导上缺乏统一规范。从政策角度观察，2007年颁布实施的合作社法明确了政府应通过财政、税收、金融、项目四种方式扶持合作社的发展，但是，政策在制定、执行与瞄准环节上还存在种种不完善的地方。比如，据统计，2013年河南省当年获得财政扶持资金的合作社数量为1782家，比上年增加29.41%；当年各级财政专项扶持资金总额达2.07亿元，比上年增加37.90%，当年承担国家涉农项目的合作社数量为109家。但是，这些扶持政策与合作社的需求还有一定差距，合作社亟须的建设用地使用、信贷支持、联合社运营等方面的政策还缺少可操作性办法；由于政策瞄准机制有偏差，相当一部分合作社利用政策为个人谋利益，真正用于社员的极少，以至于财政补助形成的资产交给合作社可能会导致不公平竞争；此外，合作社在承担涉农建设项目方面还处于劣势，承担的项目数量整体还偏少。

（三）信用合作亟待制度创新

目前，实践中存在五种农村合作金融形态，即合作社内部的信用合作、供销社发起的合作金融、银监会框架下的农民资金互助组织、社区型的合作金融（社区合作基金会）以及基于网络的新型合作金融。上述五类农村合作金融形态中，合作社内部的信用合作作为合作社全要素合作的重要组成部分，应成为合作社发展的核心环节，也应成为解决合作社资金需求的有效途径。2014

年中央一号文件释放的信号也表明，合作社内部的信用合作是中央鼓励发展的主要形态。但是，从2013年情况看，全省已经开展信用合作的6524家合作社，涉及的社员数量为57899名，仅占入社农户总数的1.8%，这意味着，平均每个合作社参与信用合作的社员仅有不到9名，合作社内部的信用合作尚局限于极少数骨干成员。如果把目前的入股资金额与社员使用互助资金额平均到当年的全部合作社成员名下，那么，平均每个社员的入股资金与使用互助资金额度分别仅为268.73元和189.19元。所以，有理由认为，目前合作社内部的信用合作还远不能满足合作社及其成员对资金的需求。此外，从信用合作运行情况来看，还普遍存在操作不规范、内部管理薄弱、外部监管缺失、吸储放贷不规范、部分合作社开展信用合作尚未取得合法性身份等问题。因此，合作社在普遍面临融资困境的背景下，亟待制度创新、规范引导信用合作的发展。

（四）合作社知识培训亟须强化

针对合作社相关人员、围绕有关专题（项目）开展培训，是2004年以来几乎每年的中央一号文件中都要提及的内容。河南省通过实施"阳光工程"、"农村实用人才"等持续性培训项目对农民专业合作社理事长和业务骨干等人员开展了大量的培训，2013年共计培训七万多人次。不可否认，培训的开展在一定程度上普及了合作社知识，扫清了很多人的模糊认识，但是，与实践中很多人对合作社认识不清晰，即使是发展多年的合作社的负责人对"合作社是什么、怎么建、怎么管"等也理解不透彻的现状相比，已有培训的覆盖面仍然偏低。尤其是在当前多数合作社还没有力量对社员进行合作社知识培训的背景下，培训的滞后性将会更加严重制约合作社的发展，因此，合作社知识的普及和培训亟须进一步强化。

四 几点建议

（一）进一步强化政府扶持

各级财政加大对合作社的扶持力度，逐年提高专项扶持资金并列入财政预算是强化扶持的前提与核心。优化扶持政策的瞄准机制，保证扶持资金最大可能地让普通社员户受益，而非流向精英农户是关键。所以，应创新财政扶持方式以切实体现出财政扶持资金应有的导向功能，应优化涉农项目的分配办法以保证在同等条件下合作社能够优先承担。同时，政府监管应该与扶持并重，切实树立"以激励促发展，以监管促规范"的扶持原则，以保证获得扶持的合作社都能在既定框架下运作，以保证政策正效应的实现。

（二）明确政策的阶段性着力点

规范化建设的制度核心是使合作社真正为普通成员所有并使用，因此，持有股份应该逐渐明确成为合作社成员的重要标志。在当前合作社呈显著多元化发展的背景下，无论是社区型合作社还是股份型合作社的探索，无论是企业领办型合作社还是专业大户领办型合作社，政府政策的着力点都应是加大引导力度，使各类合作社的发展壮大都以普通社员通过入股切实成为有责任的成员为前提，应该以普通社员逐渐获取更多的合作社资产所有权、控制决策权和剩余索取权为基础，引导农民社员通过入股和扩股切实分享到合作社成长带来的收益。

（三）引导促进农村合作金融的发展

世界各国的经验表明，在多元化、竞争性的农村金融体系中，合作金融应成为其中的重要组成部分，也应该成为合作社发展壮大的基础和依托。在全省合作社内部信用合作规模偏小、合作社普遍面临融资困境的背景下，建议适时制定出台地方性管理办法，在明确合作金融基本内容的前提下，重点鼓励引导农村信用合作的发展。建议信用合作的开展重点限于以专业性农户为主体、地缘性较强、经营实力较强的专业合作社。

（四）加快地方性法规立法进程

在省内合作社指导尚缺乏统一规范的背景下，建议结合河南区域实际，尽快出台农民合作社发展的地方性法规，进一步推进全省农民合作社的规范化发展。

参考文献

张晓山：《促进合作社健康发展的几点思考》，《农村经营管理》2014年第3期。

黄祖辉、吴彬等：《合作社的"理想类型"及其实践逻辑》，《农业经济问题》2014年第10期。

徐旭初：《农民合作社发展研究：一个国内文献的综述》，《农业部管理干部学院学报》2014年第4期。

苑鹏：《引导农民合作社的合作与联合，完善新型农业生产经营组织体系建设》，《中国农民合作社》2012年第6期。

B.19
河南农业产业化龙头企业发展研究

生秀东*

摘　要： 河南省农业产业化龙头企业的发展取得了公认的成就，河南已经成为我国名副其实的"粮仓"和"厨房"。当前存在的问题是："三多三少"现象突出，与农户的联结机制不完善。河南未来农业龙头企业的发展方向是：集中力量建设若干"巨型"农业龙头企业，争取再造几个"双汇"，发展一批大型龙头企业，扶持一批中小型龙头企业。

关键词： 农业产业化　农业龙头企业　巨型龙头企业　农业生产基地

2014年中央一号文件指出："扶持发展新型农业经营主体"，"鼓励发展混合所有制农业产业化龙头企业"。农业产业化龙头企业是新型农业经营主体的核心组成部分。近年来，河南农业产业化取得了显著成效，农业产业化龙头企业已经成为农业大省迈向新型工业化和带动传统农业向现代农业转型的骨干力量，但仍需要在做大做强龙头企业、发展产业化企业集群、提升龙头企业竞争力上采取有力举措。

一　河南农业产业化龙头企业发展的历程

农业产业化龙头企业是指以农产品为主要原材料进行加工、贮运、销售等生产经营活动的经济实体。农业龙头企业，具有引导生产、开拓市场、加工增

---

* 生秀东，河南省社会科学院农村发展研究所研究员，主要从事农村经济研究。

值、提供社会化服务的综合功能，具有较强的辐射带动能力。龙头企业通过与农户建立较为稳定的联结机制或者产销关系，能够引领农户从事规模化、专业化和集约化生产，从而推动农业的现代化进程。

河南是农业产业化经营和农业龙头企业发展较早的省份。"公司+农户"的提法，最初就是在河南信阳出现的。农业龙头企业不仅在带动农业和农村经济发展中具有重要作用，而且作为工业化的重要内容，在整个国民经济发展中也占有重要位置。20世纪90年代初，农业发展面临着农业小生产与大市场的矛盾，以农业龙头企业为主体的中介组织应运而生，龙头企业一边连着大市场，一边连着万千农户，成为农户进入市场的"中介"和"桥梁"，有效地解决了小生产与大市场的矛盾，带动了农业的发展，因而受到农民的欢迎。农业龙头企业发展很快，出现了一大批以"公司+农户"为基本形式的农业产业化经营组织。

在市场经济条件下，经济资源总是流向利润率较高的行业和地区。要加快发展农业产业化，使各种资源向农业产业化领域迅速集聚，就必须使这一领域的投资具有更高的利润率。回顾农业产业化龙头企业的发展历程，河南连续4个五年计划把食品工业列为全省重要的支柱产业，把发展农业产业化经营作为增加农民收入的重要途径，把壮大农业产业化龙头企业作为重中之重，从税收、融资、用地、用电、科技投入等方面大力扶持龙头企业，这些举措恰恰具有提高农业龙头企业经营利润率的功能，从而使各种经济资源和生产要素加速向食品工业和农业产业化领域集中。农业龙头企业不断发展壮大，使丰富的农业资源优势迅速转化为经济优势，推动了河南农业产业化的快速发展，形成了一批在国内外市场上具有较大影响和市场竞争力的优势产品和优势产业。

二 河南农业产业化龙头企业发展的成就

（一）农业龙头企业发展的速度加快

截至2014年10月底，规模以上农产品加工企业有6980家，实现营业收入达1.5万亿元，上缴税款587.6亿元，利润总额1266.6亿元。有各级农业产业化龙头企业6500家,其中国家级龙头企业60家(经认定合格的是59家)、省级龙头企业635家、县市级龙头企业680家;有15家涉农企业在国内外上市,31个农业龙头企业商标进入"中国驰名商标"行列。

2013年,河南省粮食、肉类、乳制品加工能力分别达到700亿斤、128亿斤和61亿斤,成为全国最大的肉类食品、速冻食品、饼干、方便面、调味品生产加工基地,双汇、莲花、三全、华英等品牌享誉全国。农业产业化龙头企业带动整个食品工业成为全省第一大支柱产业。漯河市发展成为休闲小食品产业基地,郑州市则成为全国最大的速冻食品生产基地。像可口可乐、康师傅、蒙牛、汇源、娃哈哈、雨润、旺旺这些大企业十分看好河南食品工业发展的区位优势、资源优势和优良环境,纷纷在河南投资、落户。河南已经成为我国名副其实的"粮仓"和"厨房"。

(二)优势农产品产业带初步形成,带动能力增强

龙头企业和企业集群的发展,较好地解决了农业小生产与大市场的矛盾,龙头企业带动农户进入市场,占全省农产总数的半数以上。克服了制约农业生产规模化和专业化发展的瓶颈因素,推动了农业生产基地的建立和农业专业化、规模化的稳定发展,从而促进了一批优势农产品产业带的形成。大用和永达两大肉鸡加工企业以及淇县肉鸡加工企业集群,通过"公司+基地+农户"、"公司+合作社+专业大户"等多种组织方式,引导、带动农民从事养殖业,促进了豫北蛋肉鸡产业带的形成;"世界鸭王"华英集团的发展则促进了豫南水禽养殖带的形成;"世界最大食品加工企业"双汇集团的成功大大加快了河南省沿京广轴线生猪产业带的形成;白象集团、三全公司、金粒麦业集团等则促进了以豫北、豫中南为主的优质小麦生产基地的形成。此外,河南全省还初步形成了以蔬菜、油料、花卉、干鲜果、食用菌、蜂产品、调味品、中药材、水产品等为代表的特色农产品生产基地,例如以洛阳牡丹、许昌花木、焦作怀药等为主的特色农业基地。

河南各地的农业产业化实践说明,农业龙头企业让生产、运输、仓储、销售等环节紧密连接,拉长了产业链条,带动农户能力强,有利于农业增收、农

民致富。另外,农业龙头企业作为推进河南工业化的主力军,使一部分农民直接进入龙头企业务工,实现了农村劳动力向工业的转移,还带动许多农民进入第三产业,参与到运输、营销环节的经营活动之中。

(三)推动了农业的科技进步

伴随着农业生产专业化、规模化的发展,农村专业大户开始和扩大为市场而生产,专业大户等新型规模经营主体由于有更加稳定的销售渠道和完善的社会化服务,更愿意应用新品种、新技术以降低农业生产成本,获取经营利润,这与传统小农户面对大市场的保守经营策略形成了鲜明的对比。根据河南省政府发展研究中心的调查数据,新型农业经营主体通过应用农业科技和加强管理,土地亩产比小农户提高10%以上。

(四)推进了农业的市场化进程

龙头企业有组织地带领农民进入市场,在引导农户规范经营和提升市场竞争能力等方面,发挥了强大的带动支撑作用,提高了农民的组织化程度和应对市场风险的能力,有力地推进了河南农业的市场化进程。农户以市场为导向,通过农业规模化、专业化生产和集约化经营,极大地提高了资源利用效率。根据河南省农业厅的调查数据,种粮大户在耕地经营规模达到100亩以上时,土地利用率能够提高10%以上,经济效益能够提高25%以上。

三 当前河南农业龙头企业发展存在的问题

(一)农业龙头企业"三多三少"问题突出

河南虽实现了从"中国粮仓"到"中国厨房"的转变,但目前和发达国家及国内先进省份相比,农业产业化龙头企业仍然存在不少问题,突出反映在"三多三少"的问题上:从企业生产规模上看,中小型龙头企业数量多,但大型或超大型的农业龙头企业较少,辐射带动能力不强。除双汇、白象、三全、思念等企业之外,全省大多数农业龙头企业规模偏小,企业的生产经营不稳定,与农业大省的地位不相称。培育规模大、带动力强的农业龙头企业是河南农业产业化发展中的重中之重。

从产品结构上看，从事农产品初级加工的企业多，从事农产品精深加工的龙头企业较少。龙头企业生产的产品，多数以原材料、粗加工品出售为主，产品深加工度不够，附加值低。产品种类主要是粮食制品和肉制品，河南小麦加工能力尽管占全省小麦总产量的2/3，但大多以面粉加工为主，而且产品品种少，产业链条短，科技含量高、高附加值的"高、新、精、尖"产品少，致使产品销售的市场不大，竞争力比较弱。

从农产品品牌和市场影响力上看，生产普通产品的企业多，生产名优产品的企业少，市场竞争力不强。食品产业不同于其他产业，品牌和市场声誉的重要性远远大于生产上的规模经济的重要性，因此龙头企业之间的竞争主要是以品牌竞争为主的竞争，而不是简单的价格或生产成本的竞争。例如，河南三全公司在资金短缺的情况下，宁可减少固定资产投资，也要在产品广告上大量投入资金，企业和产品的知名度不断扩大，市场占有率持续提高，始终稳居行业首位。但大多数龙头企业还没有建立起产品品牌声誉，市场销售不畅。例如2013年河南省油料总产量589万吨，居全国第一位，但是豫中和豫北的一些食用油生产企业，由于缺少知名品牌，加工的食用油卖给山东一家名牌企业，后者直接贴牌销售，这与油料大省的地位极不相称。

（二）农户的组织化程度低，龙头企业和农户的利益联结机制不完善，双方的利益都得不到有效保障

在农业产业化经营过程中，农户和龙头企业在市场上的地位是不对等的。龙头企业由于自身强大的实力，在与小农户的合作交易中占据有利地位；而多数农户生产规模小，在与企业的交易中处于不利地位。当农户与企业签订契约进行合作时，遇到合同利益纠纷，由于农户的组织化程度低，往往难以保障自身的权益。另外，现代化的龙头企业与许多分散落后的小农合作，从签约、指导服务到事后的监督，需要花费的成本较高，同样面临合同风险，也不利于龙头企业提高效率和市场竞争力。例如，双汇集团的"瘦肉精"事件以及河北省三鹿集团的"三聚氰胺"毒奶粉事件，事后查明其源头都在小农户与奶站一端。

四 做大做强龙头企业，发展企业集群，提升市场竞争力

（一）实施"巨龙"工程，建设"巨型"农业龙头企业

实施"巨龙"工程，争取再造几个"双汇"。其理论根据是在食品行业中，企业市场（销售）规模经济的作用远大于企业生产规模经济的作用，其实践根据是，纵观世界各发达国家的食品业，都是由几个企业寡头所控制，行业集中度奇高。要设立专门机构，制订并实施"巨龙"项目培育计划，优化整合各种资源，集中全省各行业、各地区的力量，重点支持"巨龙"建设，以最优惠的政策措施、最大的支持力度，推进现有大型农业龙头企业进一步兼并联合、上市融资、组建巨型企业集团。充分发挥巨型龙头企业的市场规模效应、集聚效应、辐射带动功能和对全省经济的巨大拉动作用，提高河南省农业龙头企业集群在国内和国际市场上的竞争力。

（二）继续推进壮大龙头企业行动方案，建设一批大型龙头企业

按照扶优、扶大、扶强的政策原则，重点扶持一批规模大、起点高、带动力强的农业龙头企业。支持和鼓励龙头企业通过资本运营和品牌优势，整合资源，推进跨区域、跨行业、跨所有制的兼并、联合与合作，组建大型企业集团。鼓励有条件的龙头企业上市融资。加大开展招商引资力度，带动农业产业化快速发展。

第一，加大财政支持力度。龙头企业承担了为农户提供社会化服务、建设农产品生产基地的社会义务，振兴了地方经济，这使它承担了较高的外部成本。因此，各级财政部门要设立专门基金，不断加大资金投入力度，重点支持和补贴农业产业化龙头企业为农户提供的培训、技术、信息服务项目，以及新品种、新技术的引进和推广等，对农业龙头企业的贷款可以给予适当贴息，对能带动当地主导产业发展的大型农业产业化经营项目，各级政府在资金投入上要给予倾斜和重点支持。要整合各类农业投入基金，形成多方推进的合力，持续加大对龙头企业的支持力度。

第二，加大金融信贷支持力度。农业龙头企业区别于其他行业工业企业的重要特征之一是在农产品收获季节，收购、储存大量的农产品，供应加工之需，其他行业的所谓零库存管理在这里是不适用的。因而，龙头企业需要占用大量的收购资金。各级金融机构要将符合授信条件的龙头企业列为优先扶持对象，增加授信总量。要创新信贷担保的形式和手段，利用动产质押、仓单质押、财政担保基金等各种形式，帮助龙头企业解决抵押难、贷款难的问题，鼓励和扶持龙头企业在国内外采用发行股票、债券等方式融资，鼓励成立龙头企业贷款担保公司，为龙头企业贷款担保。

第三，加大税收扶持力度。在全面落实重点龙头企业当前税收优惠政策的基础上，进一步研究出台减免龙头企业各类有关规费的政策，为龙头企业创造全国最好的投资环境。加大对龙头企业研发新产品、新技术、新工艺的税收扶持力度，激励企业扩大创新投资。

第四，要大力优化龙头企业发展环境。进一步放宽绿色通道政策，在继续实行对国家级和省级龙头企业发放绿色通道通行证制度的基础上，适当扩大通行证发放范围和数量，对持证车辆免除所有普通公路通行费。对用地、用电、用水及相关行政审批的事项，也要开设"绿色通道"，优先审批，优先办理，各项费用按有关规定的最低标准执行。

（三）坚持"扶强"与"提弱"并举，着力提升农业企业集群竞争力

国内消费群体收入水平间存在着巨大落差，消费者收入水平的多层次性，决定了就相同农产品而言，对其质量档次和加工程度的市场需求就有多层次性，因此中小型龙头企业仍然有很大的发展空间，极端地说，即使是小作坊，也会有它的生存空间。在扶持一批规模大、带动力强的龙头企业的同时，扶强不要忘了提弱，仍然要支持县乡一级中小型龙头企业的发展。一枝独秀不是春，百花齐放春满园。值得指出的是，单一扶持大型龙头企业的后果可能是在当地形成垄断力量，容易抑制中小企业的发展，而没有企业间竞争对农民利益是极为不利的，也不利于提升河南农业产业化整个体系在市场上的竞争力。因此，还要加快实施中小企业成长工程，加大扶持力度，扩大县市级龙头企业的阵容，迅速发展一批中小型龙头企业，提升农业企业集群的实力。

（四）实施品牌带动战略，着力打造一批农产品优势品牌

在农产品市场上，产品同质化严重，功能相似，消费者越来越依靠品牌来评判农产品质量和安全程度。在市场的激烈竞争中，品牌成为产品质量的保证，更是衡量企业竞争力的重要指标。当前要强化品牌意识，大力实施品牌带动战略，各级政府在扶持龙头企业的基金中要建立专门的品牌宣传子项目，加大财政投入和补贴力度，着重在品牌宣传方面，对龙头企业进行支持。引导企业加大品牌的宣传和推介力度，增加河南农产品的知名度、美誉度和市场占有率，加快打造一批农产品优势品牌。实现品牌化生产、品牌化经营，带动农业产业化加快发展。

（五）加强农业产业化生产基地建设，着力打造一批优质原料生产基地

农业生产基地是龙头企业和农业产业化稳定发展的前提条件，是形成农业产业化集群的重要条件，也是政府扶持龙头企业和推进农业产业化经营的切入点。基地建设要结合优势农产品产业带和龙头企业加工需要，按照围绕龙头建基地、突出特色建基地、依托批发市场建基地、集中连片建基地的原则，建设专业化、规模化、优质化、标准化的农产品生产基地。重点围绕面（米）品、肉品、乳品、油脂、水果、蔬菜、饮品、茶叶、花卉（木）、中药材、调味品、林产品等12类优势农产品，建设一批标准化的原料生产基地。在基地建设上，加强农田水利、高标准农田、交通、通信、流通设施等基础设施建设，改善农业生产条件，提高综合生产能力。其中，围绕畜牧业生产基地建设，要加快标准化养殖区建设，采取"政策引导，资金扶持，技术服务"等措施，加快小区发展；要尽快形成并完善与基地生产相配套的信息化服务体系，建立并严格执行与国内外市场接轨的动植物防疫检疫、农产品质量安全检测体系。

生产基地建设，要和发展专业大户和家庭农场相结合，与发展农民专业合作社相结合。建立和完善农村土地使用权的流转机制，引导、鼓励多种形式的农地流转，推动土地向专业大户和家庭农场集中，建设规模化、标准化的农产品生产基地。鼓励发展农村小额贷款，帮助专业大户和家庭农场扩大生产规

模。农户小额贷款在各方自愿的情况下，可以由龙头企业或合作社进行担保，或者在明晰责任的前提下由龙头企业承贷承还。政府财政可以设立农业生产基地建设奖励基金，激励农户扩大生产经营规模。

（六）强化政府支持和引导，加快发展农业产业化集群

打造现代农业产业化集群，按照基地支持、龙头带动、流通服务、特色高效的基本原则，突出特色优势，依托当地优势资源，以产业关联为纽带，以涉农经济组织协作为基础，完善配套体系，集中力量培育农业产业化集群。一是要围绕农产品优势产业带，创建农业产业化高标准生产基地，引导龙头企业向优势产区集中，发展龙头企业集群。二是加大对农业产业集群的资金政策支持力度。各级政府要安排扶持农业产业化集群发展的专项基金，制定农业产业化集群发展的优惠政策，吸引农业投资向农业产业化集群集中，建立一批产业关联度大、辐射带动面广、精深加工能力强、规模集约水平高的龙头企业集群。

（七）着力完善利益联结机制，激发农业产业化经营的内在动力

积极支持农民以合作社等形式与龙头企业合作。大力发展"龙头企业＋合作社＋农户"、"龙头企业＋基地＋农户"和"龙头企业＋中介组织＋农户"等多种组织形式。建立中介组织（或合作社），可以有效地降低龙头企业联结农户的组织成本和运作费用，维护企业和农户双方的合法权益。因为中介组织能对分散农户的违约违规行为进行监督和管理，所以信誉度较高；它也有精力对龙头企业进行监督和约束（因为交易量大）；有利于改变农户的劣势地位，提高市场谈判能力，增加农民收入。因此，依靠中介组织，可以使龙头企业与农户的不稳定合同转变为稳定合同，促进农业产业化稳定发展。

优化设计合同条款，防范违约行为。就防范违约行为而言，不同的农产品对合同条款有不同的要求。对于那些专用性较强或者质量差异明显的农产品，通过设计合理的价格，一般可以保证合同的稳定执行以及企业与农户的利益；对通用性强的农产品，一定要增强价格条款的弹性，设计"保底收购，随行就市"等类似的价格条款。

参考文献

张中亮：《河南省新型农业经营主体发展情况调研报告》，《当代农村财经》2014年第7期。

农业部：《关于加快发展农业产业化经营意见》，《农村经营管理》2006年第12期。

赵保佑主编《2008年河南经济形势分析与预测》，社会科学文献出版社，2007，第151~155页。

B.20 河南现代农业社会化服务发展研究

李铜山 周腾飞*

摘　要： 发展现代农业社会化服务，是河南建设农业大省的必由之路。目前，虽然发展势头好，但也存在组织载体还没有壮大、多主体服务意识还没有真正建立等诸多问题。其成因既有重视程度还不够、投入资金还不足等表层原因，又有有无皆可的习惯性认识、紧松不定的政策性诱导等深层原因。推进现代农业社会化服务发展，必须采取牢固树立发展现代农业社会化服务的科学认知、全面改革发展现代农业社会化服务的投资体制等对策措施。

关键词： 河南省　现代农业社会化服务　问题成因　对策措施

推进现代农业社会化服务发展，不仅具有客观必然性，而且具有现实重要性。近几年来，党中央国务院连续对发展现代农业社会化服务做出明确指示和具体部署。河南建设现代农业大省，必须把发展现代农业社会化服务作为一项重要任务，积极进行探索，为内陆乃至全国创出一条新路。

一　河南现代农业社会化服务发展的进展

（一）多个地方在因地制宜地推动发展和探索

各地都在积极地推动现代农业社会化服务发展进程。省级层面，2007年

---

* 李铜山，河南工业大学经贸学院副院长，博士，教授，研究方向为农业经济；周腾飞，河南工业大学经贸学院硕士研究生，研究方向为农业经济。

以来，省财政筹措42亿元资金用于支持农业实用技术的推广应用，不仅使科技到达田间地头、推广和应用农业生产技术、监测农畜产品质量、建设安全农畜产品基地、测土配方施肥等大大加快，而且大大提高了新品种、新技术的推广使用率和农业生产率，使全省农业科技进步贡献率达到51%。县市级层面，如罗山县逐步建立了农业产业化经营体系、农业科技服务体系、农产品质量安全及动物防疫体系、农业信息服务体系、农业执法保障体系等"五位一体"的农业社会化服务体系；内黄县以市场化手段拓展服务内容和形式，促进农机农艺结合；鹤壁市2014年获批创建全国农业社会化服务综合标准化示范市。

各地都在因地制宜地进行探索。省级层面，"十一五"以来，省财政已经筹措4.2亿元农业结构调整专项资金，重点扶持符合条件的农业主导产业重点县和农业产业化龙头企业。2009年以来，省财政已经筹措3亿元农业产业化专项资金，扶持了农业产业化项目239个，使全省规模以上农业产业化龙头企业发展到6248家。县市级层面，新郑市正在着力打造农产品服务流通网络；尉氏县更是已经成为全国农业生产全程社会化服务试点县。2014年，省财政整合涉农资金1.4亿元，统筹用于支持新型农业生产经营主体发展。

（二）多种服务正在逐步演化为"美声大合唱"

各地的公益性服务体系初步建立。全省建立了以农业技术推广机构为主的省、市、县、乡（镇）四级公益性服务机构，县级及县以下农技推广机构已经发展到2530个，其中县级628个、县以下1902个。县以下农技推广机构中，乡镇农业综合服务中心、区域站分别为1848个、54个。全省县乡两级农技推广机构已有近2万人。全省建成627个畜牧技术推广机构和18个省辖市畜牧兽医执法支队，省级、市级、县级动物疫病防控机构分别达到1个、18个、160个。这些公益性服务体系正在当地发挥着极其重要的作用。全省建立的省、市、县、乡（镇）四级公益性服务体系，正发挥着不可替代的作用。

各种新型服务主体快速发展。各类新型农业经营主体都在积极为农业生产经营者提供各种服务。截至2013年底，全省以农产品加工、购销和农业生产资料供应等为主要服务内容的省级以上农业产业化龙头企业已经达到695家；以农业生产资料购买，农产品的销售、运输、贮藏及农业技术、信息等为主要服务内容的农民专业合作社达到3.9万家，204万户农户成为入社成员，入社社员人均收入高出非入社社员20%以上。在农民专业合作社中，农机合作社大约占11.3%，达到4421家，小麦的机播率、机收率分别达到97%和98.7%，玉米的机播率、机收率分别达到83%和60%以上；植保专业合作组织大约占2.9%，达到1148个，拥有从业人员4.9万人，每年专业化统防统治农作物病虫害面积4000万亩次以上。从经营性农业服务组织来看，虽然数量还没有详细统计，但毋庸置疑地正在为全省现代农业的发展积极开展提供生产经营信息、供给农业生产资料、研发农畜良种、开展测土配方施肥、购销农畜水产品等多方面的服务。

各地多层次的现代农业社会化服务网络正在形成。从省市来看，"十一五"以来，共筹措7.45亿元农村劳动力转移培训"阳光工程"资金，培训了163.3万农村劳动力；累计拨付4.15亿元农村贫困劳动力转移培训"雨露计划"资金，培训了120万贫困家庭子女和有外出务工意愿的贫困劳动力。从县市、乡镇乃至村组来看，虽然服务体系、服务组织的所有制类型、经营方式、服务侧重点等有所不同，但为现代农业发展所提供的服务内容越来越全面，不仅囊括了产前、产中、产后全过程，而且纵横交错地形成了现代农业社会化服务网络。

（三）多方努力换来了一些成效乃至经验

一是取得了一定的成效。从省级来看，2012年省农科院实施了"521农业科技支撑行动计划"，即在全省创建5个农业科技成果综合示范县、20个特色高效农业示范基地县、100个不同类型的新品种新技术示范样板，促进了良种良法的配套、农机农艺的融合和基地与企业的衔接，推动了农业科技成果的快速转化和现实生产力水平的大幅度提高。从市级来看，许昌市以农业科技园区建设为载体，不断地提高农业科技服务水平，逐步形成了以政府服务为基础，合作组织、龙头企业等共同参与的多元化农业生产服务网络。从县级来看，武陟县创建的"合作社+担保公司+银行"的担保贷款模式，疏通了为农业生产提供发展资金的渠道。

二是摸索了有益的经验。从省级来看，省财政每年新增1000万元创新专项资金，用于科技基础条件的改善，支持青年人才的农业科技创新研究，取得了很好的效果。从市级来看，焦作市创建的"公司+合作社+银行"模式，成功地将龙头企业变成了合作社及其社员的贷款担保者，不仅使合作社和农户发展所需的资金得到了满足，而且使农民收入显著增加。从县级来看，固始县形成的以政府部门为主导，以龙头企业和合作组织为主要推动力量，政府部门、龙头企业、合作组织、农民、财政、金融、保险、科技等"八位一体"的新型农村社会化服务体系，正在显现出覆盖全程、服务配套、功能高效的明显成效。

二 河南现代农业社会化服务发展中存在的问题

多层次的组织载体还没有真正壮大。发展现代农业社会化服务需要多层次的组织载体来承载，但从全省的实际情况看，各种组织载体不仅数量偏少，且实力不强。从公益性服务组织来看，还存在"短腿"的情况。全省有1892个乡镇，平均每个乡镇的农业技术推广机构只有1.37家，平均每个乡镇的农业技术推广人员只有2个多人，显得单薄。从经营性服务组织来看，相当多的尚处在初始发展阶段，无论是经济实力还是服务能力，都相当脆弱。全省的国家级农业产业化重点龙头企业约占全国入选企业总数的1.7%，"火车头"还不够劲。

多主体的服务意识还没有真正建立。不少地方公益性服务组织及其人员的服务意识不够强，无论是服务水平还是服务质量，水平都低。目前，不少农业产业化龙头企业、农民专业合作社、种养大户、家庭农场等新型农业经营主体，着眼点集中在生产经营上，还不重视开展现代农业社会化服务。不少经营性服务组织由于正处在创业初期，虽然也知道"在服务中发展，在发展中服务"的道理，但也只能以经营为主、以服务为辅。

多方面的服务内容还没有真正完善。现代农业社会化服务应该涵盖产前、产中、产后全过程，但目前大多集中在产前提供生产资料，产中提供生产工具，不仅产前、产中的多项服务缺失，而且产后加工、销售等重要环节也被忽视。现代农业社会化服务应该包括农业生产服务、农民生活服务乃至生态保护服务，但目前大多集中在农业生产服务，农民生活服务很少，尤其是缺乏生态保护服务。

多形式的运作机制还没有真正健全。首先，服务职能界定不明。由于对以农技、种子、农机、水利等为代表的公益性服务的性质没有明确界定，服务运作难以落实。经营性服务包括哪些方面也缺乏明确的说法，致使服务方向不清晰，服务动力不够。其次，服务组织间经常发生角色错位。应由公益性服务组织承担的职责却常推给乡村集体；可由经营性服务组织或新型农业经营主体承担的职能，公益性服务组织却常常插手。再次，各类服务组织之间"两张皮"。公益性服务组织与经营性服务组织配合不紧密，未能联合起来为农业生产提供服务。

多激励的优惠政策还没有真正落实。尽管国家明确要在经费保障、财政扶持、金融信贷及政府购买服务等方面为公益性服务和经营性服务提供优惠政策，但在实际操作中，无论是经费保障和财政扶持，还是金融信贷和政府购买，都不同程度地存在不到位、不充足或不落实等缺憾，致使现有政策滞后于现代农业社会化发展要求。

多维度的发展环境还没有真正优化。土地确权才开始不久，各地还没有以土地使用权、宅基地所有权等为抵押解决农民的贷款难问题；金融体制改革之后，设在农村的金融机构大多充当的是农村资金"抽水机"的角色，而不乐意为开展现代农业社会化服务提供贷款支持；现有的有关现代农业社会化服务的法律法规还不完善，硬性约束还有待于进一步刚性化。

三 河南现代农业社会化服务发展中存在问题的成因

造成河南现代农业社会化服务发展中存在问题的成因是多方面的，既有表层原因，也有深层原因。

（一）表层原因

重视程度还不够。主要体现在各级政府制定现代农业社会化服务发展政策常常是被动性的和滞后性的。从被动性看，常常是伴随国家出台相关政策而制定相关政策，基本上不"主动出击"；从滞后性看，常常是新政供给落后于现实需要，基本上不"超前预支"。

投入资金还不足。财政资金投入不足使许多公共物品供给无法圆满实现，尤其是农业技术推广部门"仅有钱养兵，而无钱打仗"乃至"既无钱养兵，又无钱打仗",基础农业推广无法顺利进行。同时,由于政策不明朗及激励不到位,民间投资不踊跃,又使现代农业社会化服务发展过多地依赖于政府。

服务人才还不适。公益性服务人员除了服务意识亟待加强之外,年龄偏大,专业技能更新速度慢,现代知识技术不够,专业结构不适应现代农业社会化服务要求,综合素质亟待提升。尤其乡镇一级的服务人员只有部分受过专业培训,村级服务人员仅有15%具有农技知识。同时,经营性服务组织由于地位不牢靠、薪水待遇难以保证、职称晋升困难大,难以留住高素质的专业性人才。

公用设施还不配。从与现代农业直接相关的公用设施看,乡间、田间道路建设规格低,农业水利设施不够配套,供电设施不够齐全,互联网不够畅通,基层供销和流通网络不够现代。从与现代农业间接相关的公用设施看,农业和农村教育不够先进,农村医疗卫生不够发达,农村社会福利与保障不够硬实,农村行政管理与社区服务不够健全,邮政电信和商业金融服务不够及时。

协调机制还不强。从公益性服务看,农业、林业、水利、畜牧、科技、供销等诸多部门都有为农服务职能,但这些部门相对独立,都有本部门的服务方式方法,也都有各自的评价标准,不能和谐一致。从经营性服务来看,既缺乏长远发展规划,又缺乏统一有效的制度管理、政策约束及长效激励机制,服务内容重叠、服务方式相同的事时有发生,恶性竞争及一损俱损、一荣俱荣之事经常出现。从公益性服务与经营性服务看,"各干各的营生",基本上没有合作和配合。

（二）深层原因

一是有无皆可的习惯性认识。对发展现代农业社会化服务的理解不深,认为其并非努力建设之事。政府部门认为在家庭经营背景下,现代农业社会化服务应该主要依靠农业生产经营者自己,现代农业社会化服务政府可做不可做;传统农户认为自己本来就是单干,遇到困难和问题理应自我努力克服,而不能依靠现代农业社会化服务;新型农业经营主体认为自身实力比较强大,好多事差不多自身就能完成,就现代农业社会化服务而言不能等不能靠更不能要。

二是紧松不定的政策性诱导。近些年来,省财政有关发展现代农业社会化服务的政策时松时紧。一个非常明显的体现,就是2010年以来虽然省财政的文件也都在讲"积极发展农业农村各种社会化服务组织"、"健全农业社会化服务体系"，但时至今日，还没有正式出台高规格的专门化权威性文件，政策性诱导力度明显不够。

三是备受重创的公益性服务。全省的公益性服务曾经达到繁盛的"七站八所"时代。这些年每一轮机构改革的利斧，都比较集中地劈在了公益性服务组织上。多轮下来，县乡两级的公益性服务组织已经被折腾得七零八落。这就使得全省基层的公益性服务体系出现了比较严重的"线断、网破、人散"情况。近几年虽有好转，但还没有达到恢复的程度，更谈不上发展。

四是仍有争议的经营性服务。在人们的传统观念中，由私人或者企业提供的、需要付费的经营性服务与由政府部门主导和经营的、不需要或极少付费的公益性服务迥异。更有甚者，有人把公益性服务与"公"字画上了等号，谈"公"色安；有人把经营性服务与"私"字画上了等号，谈"私"色变。社会上对经营性服务的各种各样的争议，阻碍着经营性服务的发展壮大。

五是缺乏统筹的顶层性设计。目前，全省还缺乏一个可作为全省统一纲领性文件的现代农业社会化服务统筹发展的顶层性规划设计，各地只能"摸着石头过河"，采取的发展方式不同，闯出的发展路子也不一样，经营性服务和公益性服务的服务内容有不少重叠，协调更是不便不力。

四 河南推进现代农业社会化服务发展的对策建议

2014年河南省委二号文件提出，要健全农业社会化服务体系。因此，就要在发现问题的基础上洞悉其成因，并多轮驱动、多管齐下地采取对策措施。

（一）牢固树立发展现代农业社会化服务的科学认知

科学界定现代农业社会化服务的生产性质。要旗帜鲜明地阐明：现代农业社会化服务部门也是生产部门，是社会分工链条上的一个不可或缺的环节；现代农业社会化服务业是一种生产性行业，其劳动也参与了商品价值和社会财富的创造；现代农业社会化服务是推动现代农业发展的有生力量。

改变实践中的落后观念。切实纠正人们经意或不经意间形成的，把可作为经营性的服务仍然揽作公益性服务，把可作为竞争性的服务仍然揽作垄断性服务，把可作为商业性的服务仍然揽作福利性服务的落后观念，以及由此导致的发展中一系列体制机制障碍。

扭转对经营性服务的歧视和偏见。公益性服务和经营性服务的本质都是服务。在市场经济条件下由政府及其相关部门免费提供公益性服务固然难能可贵，但由于发展现代农业和实现农业现代化所需要的服务内容越来越全面和丰富，服务要求越来越及时和精准，仅靠公益性服务是绝对不行的，政府及其相关部门不可能"包打天下"。按照依法、有偿、自愿原则发展经营性服务，其合理性、可行性应该得到肯定，而且要促成其与公益性服务相辅相成地"携手同行"。

（二）全面改革发展现代农业社会化服务的投资体制

积极鼓励民间投资现代农业社会化服务领域。改革现有规章制度，通过政府的信息诱导、政策诱导、投资诱导等手段，扫除对民间投资现代农业社会化服务的不应有的限制，使民间投资成为现代农业社会化服务建设资金的重要来源。

增加对现代农业社会化服务的财政投入。加大财政对农业的投入力度，同时优先从农业产业化建设、农田水利基本建设、农村通信网络建设、农村生态环境保护建设、农业科研和科学技术推广、农村基础教育设施建设等方面扩大对现代农业社会化服务的投资，为现代农业社会化服务的发展提供良好的外部条件。

尽快建立现代农业社会化服务发展基金。仿照农业综合开发基金的建立，采取"财政预算内列支一块、预算外筹措一块、有偿资金回收补充一块、企业运营收入中提取一块"的方法，建立现代农业社会化服务发展基金，严格做到专项管理和专款专用。

（三）整体创新发展现代农业社会化服务的金融支持

拓宽农业政策性金融的助农服务职能。除了支持农畜水产品生产、购销、储运之外，还应发挥其应有的导向作用，加大对农副产品加工业的信贷支持，帮助他们更新陈旧设备、提高技术含量。同时，要灵活使用"绿箱政策"，使农业政策性信贷资金投入向农业基础设施倾斜，使服务于现代农业发展的农畜水产品包装业、保鲜业、冷藏业、运输业等产业不断地做大做强，以信贷投资引导现代农业社会化服务的一体化发展。

开拓农村商业性金融的为农信贷市场。深化商业银行改革，完善农村商业银行体系，重点提高农业银行、农村信用合作社（农村商业银行）在现代农业社会化服务发展中的作用；根据现代农业社会化服务的发展要求，明晰商业银行的信贷政策及贷款投向；通过商业银行信贷结构的调整和优化，把贷款重点转移到支持现代农业社会化服务发展的方向上来。

发展现代农业社会化服务的直接融资服务。鼓励和帮助大中型现代农业社会化服务龙头企业通过股份制改造，成为股票市场上的融资主体，通过股票发行筹措现代农业社会化服务资金。

（四）持续强化发展现代农业社会化服务的技术支撑

大力提高技术装备水平。更新改造农业科研、农产品深加工、农业技术和咨询服务等部门的技术装备；构建现代农业社会化服务信息系统，为农业发展提供计算机辅助决策服务、农业生产专家咨询服务以及农产品网上交易服务；建立农业检验监测系统，为农业生产和消费者提供安全保障服务。

健全农业科技成果推广机制。除了建立健全县市、乡镇两级公益性公共服务体系，还应保证其人员配备、资金供给、机构建设与其所承担的现代农业社会化服务任务相匹配；建立农业服务业技术应用和技术进步的政府投资机制和实施、监督机制，保证现代农业社会化服务技术创新资金充足到位。

着力提高农业科技服务能力。充分认知农业科技服务能力是农业技术推广、农业技术应用咨询、农业技术难题解决等能力的一种综合技术水平的体现。除了强化技术装备和供给技术成果，还要通过走出去参加培训学习和请进专家指导等办法着力提高技术人才的服务能力。

（五）大幅提高发展现代农业社会化服务的队伍素质

加强人员培训。建立职业资格指标体系，推行持证上岗制度；依据专业需要，选送技术人员到高等院校和科研院所进行学习和培训；对广大职工实行全方位强化培训，持续提高他们的综合素质。

大力引进人才。从社会上着力引进相关的技术人才和经营管理人才；扩大

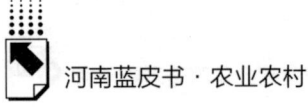

高校相关专业毕业生接收数量,为现代农业社会化服务的加速发展储备人才。

推进用人制度改革。推进事业单位人事制度改革,建立政事职责分开、分类管理的用人体制;建立一套能满足现代农业社会化服务发展需要,符合专业技术人员、管理人员岗位要求的管理制度。

(六)积极提供发展现代农业社会化服务的制度保障

开展服务实体的产权制度和经营机制改革。进一步放开、搞活公益性服务组织,通过产权制度改革和经营机制改革,强力健全公司法人治理结构,深化企业内部改革,甚至使企业"变身"为股份有限公司,以激活经营性服务组织的发展活力。

促进服务体系的集团化网络化品牌化经营。改变农业社会化服务部分行业经营机制不完善,还没有形成品牌化服务等状况,促使现代农业社会化服务朝着集团化、网络化方向发展,形成一批拥有著名服务品牌的大型现代农业社会化服务企业。

提倡服务领域的跨区域、跨行业经营。对于新的现代农业社会化服务项目,不能拘泥于行政建制,而应从短时间见到好成效的基本要求出发,通过公开招标突破地区封锁。对专业性较强的现代农业社会化服务项目,应全面实行工程总承包制,要求由一个具有资质的中标单位独立完成项目工程的设计、建设、竣工等全部工作,以提高项目管理水平。健全现代农业社会化服务项目质量责任制和质量责任追究制,使现代农业社会化服务项目法人的责、权、利相一致。

(七)系统设计发展现代农业社会化服务的组织推进

科学规划。组织由相关专业技术人员组成的专家组深入开展调查研究,全面了解全省现代农业社会化服务的现实情况、未来需求及取向趋势,通过综合分析研究做出既科学又适用的规划。

统一部署。为了尽可能地规避重复建设,最大限度地减少资源浪费,对选择支持哪些现代农业社会化服务项目,将这些服务项目安排在哪些区域,如何确定服务项目的规模、内容及档次等,都要进行总体部署;对于各相关部门,要统一思想,职责分工,协调行动,密切配合,形成发展现代农业社会化服务的同向合力。

分步推进。从整体上把握现代农业社会化服务发展，并从全省实际出发精心布局，做到分阶段施行和按计划促进，保证整体工作和区域项目安排的有序性，使具体项目建设分阶段、按步骤进行，确保项目的配套性和先进性。

（八）全力营造发展现代农业社会化服务的有利环境

打造宽松的软环境。通过各种媒体积极宣传，形成加快发展现代农业社会化服务的良好社会氛围；清理现行法律法规和规章制度，调整不利于现代农业社会化服务发展的条文和规定，废除相抵触的条文和规定，使现代农业社会化服务发展有法可依，有章可循；出台关于发展现代农业社会化服务的优惠政策措施，增强现代农业社会化服务业对社会资本的吸引力；改革行政审批制度，简化审批程序，为服务企业用地、立项、办证等方面提供快捷便利的服务。

提供良好完善的基础设施条件。通过财政公共投资或市场运作筹措资本，强化道路、通信、电力、供气、供水、排水等基础设施建设，为社会投资主体参与现代农业社会化服务建设提供良好完善的基础设施条件。

参考文献

李铜山：《我国现代农业服务业发展研究》，《农业经济》2011年第3期。

任改玲：《河南省农业社会化服务体系中的组织协同研究》，《经济论坛》2013年第6期。

史济锡：《培育组织 拓展领域 加快构建新型农业社会化服务体系》，《农村工作通讯》2014年第2期。

尉福生等：《关于山西省建设新型农业社会化服务体系的调查与思考》，《晋阳学刊》2014年第2期。

应俊杰等：《河南省新型农业社会化服务体系构建研究》，《农村经济与科技》2011年第2期。

张中亮等：《关于推进河南省农业生产社会化服务体系建设的研究》，《农村财政与财务》2013年第7期。

深化农村改革

Deepening Rural Reform

B.21
河南深化农村土地制度改革研究*

张合林**

摘　要： 随着社会主义市场经济发展，城乡二元结构矛盾在农村土地制度上表现得越来越突出，必须深化改革。本文指出了河南深化农村土地制度改革的基本原则与总体方向，提出了河南深化农村土地制度改革的对策措施：一是深化农村土地产权制度改革，引导农村土地经营权有序流转；二是建立城乡统一建设用地市场，规范农村集体经营性建设用地合法入市；三是完善农村宅基地管理制度，建立农村宅基地退出机制；四是推进征地制度改革，保障农民公平地分享土地增值收益。

关键词： 农村土地制度　土地改革　河南

---

* 郑州大学商学院研究生孙诗瑶、王歌、赵晓芳、闫东丽、刘奎娟、于一洋参与了调查研究、资料的搜集整理。
** 张合林，郑州大学商学院教授，郑州大学城乡一体化发展研究中心主任，南开大学区域经济学博士，美国芝加哥大学经济访问学者，主要研究方向为区域科学发展、城乡一体化、城市化与土地资源开发和保护等。

一 河南深化农村土地制度改革势在必行

解决好农业、农村、农民问题,是河南发展与稳定的头等大事。农业丰则基础强,农村稳则社会安,农民富则河南盛。"三农"的根本问题,说到底是土地问题。河南的改革开放和全国一样,始发于农村的土地改革。30多年前,率先在农村实行家庭联产承包责任制改革,有力地促进了农村的发展。30多年后,在"我国发展进入新阶段,改革进入攻坚期和深水区阶段"[1],中央再次高度重视农村和新形势下的城乡土地管理制度改革,必将对指导河南农村社会经济发展及体制改革产生重大深远的影响。必须深刻领会中央精神,切实把握农村土地制度改革的方向,扎实、稳妥地推进河南农村土地制度改革。

党的十七届三中全会以来,河南在坚持探索走一条不以牺牲农业和粮食、生态和环境为代价的以新型城镇化为引领的"三化"协调科学发展路子的进程中,不断推进农村土地管理制度改革。一是积极推进农村土地产权制度改革,目前全省基本完成农村集体土地所有权确权登记发证工作[2];二是以新型工业化、城镇化和产业集聚区的快速发展拉动农村土地流转,截至2013年底全省农村土地(指承包耕地,下同)流转面积已达3216万亩,占家庭承包耕地面积的33%[3];三是推进征地制度改革,完善征地区片综合地价标准,维护被征地农民的合法权益;四是通过新型农村社区和城乡一体化示范区建设,大力开展农村土地集中整治,破解农业现代化土地集约经营以及新型城镇化和工业化发展土地瓶颈的制约,从而达到"三化"协调发展。

但值得注意的是,随着近年来社会主义市场经济的发展,城乡二元结构矛盾问题在农村土地制度上表现得越来越突出,现行农村土地制度对出现的新情况、新问题有很大的不适应,在一定程度上甚至阻碍了农村生产力的发展,主

---

[1] 《中共中央关于全面深化改革若干重大问题的决定》,人民出版社,2013,第7页。
[2] 高长岭:《全省农村集体土地大都有了"身份证"》,《河南日报》2014年11月26日。
[3] 《河南省农村土地流转情况调查报告》,中原经济网,2014年6月19日。

要表现在以下几个方面。

第一,农民土地承包经营权仍不完整。农民对承包土地的占有、使用、收益等权利还没有得到完全落实;土地承包经营权流转市场还不健全,农民以转包、出租、互换、股份合作等形式流转土地承包经营权的行为还不规范,缺乏系统的组织和有效的监督。

第二,农村集体建设用地使用权流转市场发育滞后,集体建设用地流转存在诸多隐患和风险。河南一直实行二元土地所有制基础之上的城乡有别的建设用地使用制度,加之现行法律对集体建设用地各种流转方式的限制,农村集体建设用地长期以来就在隐形市场中进行自发、无章、无序的流转,其流转行为得不到法律的支持和保护,土地纠纷难以解决。

第三,征地制度改革进展缓慢,由此引发的各种社会矛盾日益凸显。2009年,河南耕地面积为8192.01千公顷,而到2012年减少到8156.76千公顷[1],仅三年时间,河南的耕地面积就减少了35.25千公顷,折合52.88万亩,这种现象严重危害到粮食安全;征地补偿标准偏低,甚至不到位,使被征地农民眼前利益受损失,长远生计没保障,使得征地补偿安置纠纷和矛盾冲突时有发生,成为农村信访量居高不下的一个主要原因,影响了社会的安定团结与和谐稳定。

第四,农村土地整治工作有待规范,效率有待提高。从目前河南土地综合整治实践看,主要存在以下突出问题:土地综合整治的经费不足,工作开展难度大,地方政府主动性不强,盲目性大,农民参与的积极性不高,实施土地复垦耕作的效果不佳。另外,一些地方农村地盘摊煎饼式扩大,村内闲置废弃的宅基地越来越多,村庄规划和土地利用规划比较滞后,且缺乏有效衔接,村庄建设无序扩张,宅基地退出机制缺失,造成农村土地浪费、利用效率低下,严重制约了新农村规划和建设。

目前,河南农村土地管理制度存在的问题主要表现在人地关系紧张、资源短缺与浪费现象并存、农民土地权益受损、社会矛盾多发,影响河南"三化"协调发展、富民强省的进程,影响社会的和谐稳定。因此,不失时机地深化河南农村土地制度改革势在必行。

---

[1] 《河南统计年鉴(2014)》,中国统计出版社,2014,第394~395页。

二 河南深化农村土地制度改革的方向及对策

(一)河南深化农村土地制度改革的基本原则与总体方向

对农村土地使用制度改革,党的十七届三中全会和党的十八大已提出了明确要求,党的十八届三中全会作了全面的部署,中央农村工作会议和2014年中央一号文件做出了具体的安排。根据上述文件精神,紧密结合河南实际,明确深化农村土地制度改革的总体方向是:必须坚持农村土地农民集体所有制,必须严守耕地红线,确保现有耕地基本稳定,承包经营权必须在最严格耕地保护制度下流转;必须坚持和完善土地用途管制制度,集体经营性建设用地入市流转必须要符合土地规划和土地用途管制;必须要坚持改革的社会主义市场经济取向,充分发挥市场配置土地资源的决定性作用和更好发挥政府作用,实现农村土地资源的集约、高效、有序配置和可持续利用;所有农村土地制度改革都必须以维护农民土地财产权利和合理分享土地增值收益为核心。简言之,就是农村土地集体所有权制度必须坚持,土地用途管制必须坚持,农民基本权益必须维护,这是河南深化土地使用制度改革不能突破的三条底线和应坚持的基本原则与总体方向。

(二)河南深化农村土地制度改革的对策措施

1. 深化农村土地产权制度改革,引导农村土地经营权有序流转

(1)完成普遍的、全覆盖的农村土地"确权"。由于农村集体土地所有制在农民、集体和国家之间,缺乏清楚的权利界定,并带有易变、模糊与互相侵犯的惯性,因此涉及农村土地交易流转的各种形式,都包含着难以避免的风险。其应对之道,就是尽快在全省范围内完成农村的集体土地所有权、农民的土地使用权和农民的集体收益分配权的确权、登记和颁证工作,坚持农村土地集体所有,实现所有权、承包权、经营权三权分置[①],研究探索集

---

① 中共中央办公厅、国务院办公厅印发《关于引导农村土地经营权有序流转发展农业适度规模经营的意见》,新华网,http://news.xinhuanet.com/politics/2014-11/20/c_1113339197.htm,2014年11月20日。

体所有权、农户承包权、土地经营权在土地流转中的相互权利关系和具体实现形式，最终"建立健全归属清晰、权责明确、保护严格、流转顺畅的农村产权制度"。

（2）构建完整的农村土地产权权能体系。按照现代土地市场和产权理论，根据《中华人民共和国物权法》关于国家、集体、私人的物权受法律平等保护的精神，在普遍的、全覆盖的农村土地"确权"的基础上，赋予农民集体拥有完整的农村土地财产权利包括所有权、使用权、发展权、收益权以及转让权、抵押权、租赁权等处置权等，该土地产权及其主体与城市国有土地产权及其主体享有同样的法律地位，将独立性、排他性和确定性赋予农民集体的土地财产权，使其受到保护而不受侵害。

（3）完善农村土地立法，科学界定农民拥有土地产权的性质和内容。包括明确界定农地承包经营权的物权性质，丰富农地承包经营权的权能，即在坚持和完善最严格耕地保护制度的前提下，赋予农民对承包地占有、使用、收益、流转及承包经营权抵押、担保权能，允许农民以承包经营权入股发展农业产业化经营。

（4）健全土地承包经营权登记制度。扎实推进河南土地承包经营权的确权登记颁证工作，按照中央统一部署，在稳步扩大试点的基础上，确保河南用5年左右时间基本完成土地承包经营权的确权登记颁证工作，从而妥善解决现实中存在的农户承包地块面积不准、四至不清等问题。

（5）积极引导河南农村土地经营权有序流转。一是创新农村土地流转形式，制定相应的配套政策措施。鼓励河南各地承包地农户在自愿前提下，依法采取转包、出租、互换、转让及入股等方式流转承包地，发展适度土地规模经营，解决承包地细碎化问题。鼓励河南有条件的地方，制定相应的扶持政策，引导农户长期流转承包地，促进富余劳动力转移就业。按照全国统一安排，河南稳步推进土地经营权抵押、担保试点，研究制定统一规范的具体实施办法，探索建立抵押资产处置机制。二是严格规范土地流转行为，加强土地流转管理和服务。土地承包经营权属于农民家庭，土地是否流转、价格如何确定、形式如何选择，应由承包农户自主决定，流转收益应归承包农户所有。流转期限应由流转双方在法律规定的范围内协商确定。① 杜绝个别村组干部利用职权随意将集体的土地强制流转出去而损害农民的利益。与此同时，要加强土地流转管理和服务，有关部门要研究制定农地流转市场运行规范措施，加快发展多种形式的有形的土地经营权流转市场。建立健全土地流转服务平台，完善县乡村三级土地流转管理和服务网络，建立土地流转监测制度，为流转双方提供信息发布、政策咨询、业务咨询、价格评估、法律援助等多项中介服务。三是加强土地流转用途管制，严格控制土地流转"非粮化"。坚持最严格的耕地保护制度，切实保护基本农田，严禁借土地流转之名违规搞非农建设，坚决查处通过"以租代征"违法违规进行非农建设的行为，坚决禁止擅自将耕地"非农化"特别是"非粮化"，同时河南要制定全省的推进土地健康流转的支持政策，各级政府要加大对土地流转工作的财政扶持力度，按照市场经济法则，加大对农村土地经营特别是农地粮食种植的经济利益补偿力度，用合理的利益调节和政策扶持，实现耕地的有效保护和农地的健康流转。

2. 建立城乡统一建设用地市场，规范农村集体经营性建设用地合法入市

（1）完善城乡统一建设用地市场的法律制度建设。要改革现有法律体制下对农村集体经营性建设用地入市的限制，从法律上规定允许集体建设用地通过出让、租赁、作价出资、转让、出租等方式依法进行流转，用于工业、商业、旅游、抵押和农民住宅小区建设等。应加快制定和完善经营性集体建设用地的有偿出让、交易方式、收益分配方式等方面的法律规定，将农民集体手中的土地真正资本化，让农民分享城市化进程中土地开发增值的红利。②

（2）建立城乡统一的建设用地价格体系。河南建立城乡统一的建设用地市场，规范农村集体经营性建设用地市场，需要运用科学的方法确定与国有土地使用权价格相协调的集体土地使用权流转市场的基准地价，并根据土地用途、地理位置、土地类型等价格影响因素，制定分级的市场指导价格，实现城乡建设用地价格标准一体化。在市场交易过程中，允许协议出让、招标、拍

---

① 中共中央办公厅、国务院办公厅印发《关于引导农村土地经营权有序流转发展农业适度规模经营的意见》，新华网，http://news.xinhuanet.com/politics/2014-11/20/c_1113339197.htm，2014年11月20日。

② 刘鸿：《河南省新型城镇化中农村建设用地流转的现状及思路探索》，《科学管理》2014年第2期。

卖、挂牌交易等多种方式并存，使土地交易过程和交易价格透明化，接受社会的监督。同时对严重偏离的土地交易价格进行监管，使土地市场交易趋于成熟。在农村集体经营性建设用地交易中，要赋予农民更多的价格决定权，保证农民的知情权，防止出现侵害农民利益的行为。

（3）健全建设用地市场税费制度。一是在土地保有环节，按照国际通行做法征收建设用地的财产保有税，用以有效控制城乡建设用地的总规模，避免建设用地的闲置和浪费。二是在土地流通环节设置土地增值税。由于建设用地的自然增值，与政府在工业化、城市化过程中投资的基础设施等因素密不可分，农民不应完全占有这部分收益，政府也应该从中分享到一部分的土地收益。征收土地增值税，政府从土地增值中获得长期的税收所得，也有助于政府转变职能，促进全省经济更好地发展。三是根据需要征收土地用途调节税，对土地开发行为进行调节，促使土地的集约高效利用。①

（4）加强城乡统一建设用地市场监管。一是完善法律监管。在《土地管理法》中增加对城乡统一建设用地市场的交易制度规定；河南也应该根据省情，制定建设用地市场管理条例，对城乡统一的建设用地市场上的交易对象、交易过程、交易主体等做出详细的规定，并加大对土地违法案件的查处力度。二是政府履行对建设用地市场的监管职能，明确监管重点。组织建立专门的建设用地市场监督管理委员会，对建设用地交易主体资格、交易程序、交易信息公开进行监督，及时发现并处理建设用地交易中的违法行为。三是通过金融机构对建设用地市场进行监管。由于建设用地交易金额相对较大，交易过程中会有银行、土地保险公司、土地融资公司和其他金融机构参与，金融机构出于自身风险控制需求，需要对交易主体进行交易资格审查、财务状况调查等，对建设用地市场起到监管作用。四是构建建设用地市场社会力量监督体系。

（5）鼓励建设用地市场中介机构的发展。加快包括土地投资经营公司、土地融资公司、土地保险公司、土地评估事务所、土地租赁公司、土地证券公司、委托代理机构等专业中介机构的建立和完善，加强集体土地使用权登记制度和信息公开制度建设，强化对中介服务组织的监管，促进土地使用权流转市

---

① 张合林、贾晶晶：《我国城乡统一建设用地市场构建及配套政策研究》，《地域研究与开发》2013年第10期。

场稳定发展。

3. 完善农村宅基地管理制度，建立农村宅基地退出机制

（1）实化宅基地所有权主体，完善宅基地产权制度。一是从法律上明确农村集体经济组织的市场主体地位，避免村民委员会通过行使农村集体经济组织职权，侵害农户宅基地用益物权，给干群关系和地方政府农村治理带来信赖危机。二是明晰宅基地使用权权能。《物权法》的颁布，明确了农村宅基地使用权的性质为用益物权，确认了宅基地使用权人的权利。用益物权是典型的私权，是一种排他的支配权，当然可依用益物权人的意志进行处分。宅基地作为一种用益物权就必须既享有使用权、收益权，又包括完整的处分权利。①

（2）建立农村宅基地有偿使用制度。建立农村宅基地有偿使用制度有利于在经济上实现农村集体经济土地所有者的权益，要求多占农村宅基地者多付费，少占农村宅基地者可以获得集体建设用地使用利益的分红，是实现农村宅基地公平合理分配的重要措施；能够培养农民建房的用地成本意识，从而注意节约用地和集约用地；能够促进农村住房市场的形成，让资本进入农村市场，盘活农村存量建设用地，特别是闲置的农村住房和农村宅基地；实行农村宅基地有偿使用，也有利于建立农村宅基地有效退出机制，不再出现离乡离土农民交出农村宅基地就等于放弃原有土地财产权益的现象。通过农村宅基地和农村住房转让农民能够获得进城的原始资本，减轻其在城市生活的经济负担。②

（3）积极探索宅基地使用权流转，建立健全宅基地退出机制。目前，宅基地只有使用功能而无资产功能，由于不能流转，也没有退出的激励机制，所以宅基地长期处于增量不断增加，存量利用率不断降低的状态。在目前建设用地越来越难以满足经济发展需要的情况下，这种状况一定不能再继续下去了。要认真总结试点地区"宅基地换社保"、"宅基地换经济适用房"、"地票交易"等经验，探索完善宅基地"有限流转"的途径和形式。同时，要建立激励退出机制，鼓励进城农民有偿退出宅基地，既维护了农民宅基地权益，又实现了

---

① 黄贻芳：《农村宅基地退出中农民权益保护问题研究》，华中农业大学博士学位论文，2014，第86、87页。
② 饶永辉：《农村宅基地使用与管理改革研究》，《Proceedings of 2012 2nd International Conference on Social Sciences and Society（ICSSS 2012）Volume 8》，2012，第112页。

农村集体建设用地的高效利用。①

（4）建立健全相应的农村社会保障体系。打破城乡社会保障壁垒，建立包括医疗、养老、失业、最低生活等各种社会保障在内的统筹城乡的社会保障体系，使农民"居则有家、就业有门、失业有低保"，从根本上解决流转农户的后顾之忧，使农民有自由、有自信地流转宅基地。

（5）建立严格的宅基地监督管理制度。要以节约集约用地为出发点，建立严格的宅基地监督管理制度。必须坚持统一规划、合理布局、一户一宅、节约集约用地的原则，强化宅基地规划在宅基地管理中的作用，明确并细化各类不同地区的宅基地面积标准，明确农民住宅小区即新农村用地标准，明确多余宅基地及宅基地转让、继承、赠予、收回的监管措施，规范设立登记、变更登记及注销登记的程序，强化批后监督的措施和手段，强化宅基地的动态监管和权利保护。②

4. 推进征地制度改革，保障农民公平分享土地增值收益

（1）界定政府征地边界并规范其行为。为限制征地权滥用和保护土地权利人的利益，需要科学合理地判定公共利益并在法律上明确界定其范围，以此为依据明确政府征地权力的边界。即征地必须符合公共利益，政府征地权只能在为公共利益的需要和列举的公共目的的项目下行使。其他非公益性用地，主要应靠盘活城市土地存量市场以及在国家宏观调控下，允许农村集体建设用地使用权直接入市等市场机制来解决。

（2）确立公开规范的征地程序。土地合法征收的程序必须符合比例性原则，即只有在相对公共利益目标是必要和适当的情况下，征地才具有正当性，如果征地超过了公共利益目标所必需的数量也属于滥用征地权。比例性原则的运用，在于限制政府在征地过程中过于宽泛的自由裁量权，要求从法律上规定公开的征地程序。首先，应建立土地征用司法审查制，包括事前司法审查以决定是否动用征地权和事后司法审查以裁决完成的项目是否真正符合公共利益。同时制定其他配套措施充分保障土地权利人的知情权、参与权和异议司法救济

---

① 丁宏俊：《关于农村土地制度改革的思考》，河南土地网，http://www.henantudiwang.com/News/n937.html，2012年1月13日。
② 黄发儒：《宅基地管理方式亟待创新》，《中国土地》2008年第1期。

权，有效形成土地产权和司法权对政府行政权的制衡机制，以确保征收的土地与所追求的公共利益目标相当。

（3）建立和完善征地的合理补偿机制。着力构建适应社会主义市场经济发展要求的征地补偿机制，一是继续提高农民分享土地增值收益的比例。确立土地增值收益在国家、集体与个人之间的合理分配比例。在提高土地合理补偿的同时，适当增加农民分享增值收益渠道，合理提高农民分享增值收益的比例。二是探索以土地市场价格为基础进行土地征收的经济补偿。借鉴国际经验，根据河南的实际、按等价交换的市场原则，以土地被征用时的市场价格为基础，构建合理的征地补偿机制。具体讲：征地土地补偿费参照土地被征收时的土地市场价格计算确定，并扩大补偿范围，增加其他补偿项目，既对被征地客体的直接相关损失给予补偿，又对由征地行为造成的间接损失进行补偿，并且考虑到补偿土地可预期、可预见的未来价值。这种基于市场价值补偿原则而建立起来的征地补偿机制，不仅是合理的，也是可行的，并且意义重大。

（4）完善对被征地农民合理、规范、多元的保障机制。从就业、住房、社会保障、土地发展权等多个方面采取综合措施维护被征地农民权益，切实保障被征地农民生活水平有提高、长远生计有保障。做好被征地农民社会保障工作，一是推动建立农民基本生活保障制度，逐步实现农民基本生活保障与城镇居民同等待遇，形成城乡统一的社会保障体系。二是将落实社会保障资金作为征地的必备程序，建立以个人账户为主、社会统筹或调剂为辅的养老保障制度。三是统筹考虑城市规划区内外被征地农民的社会保障问题，多渠道、多元化筹措保障资金，建立个人、集体、财政三方负担的筹资机制，引导、扶持、激励被征地农民参保。四是建立被征地农民的社会保障资金专户，实行收支两条线管理，加强对基金约束和监督。

参考文献

丁宏俊：《关于农村土地制度改革的思考》，河南土地网，2012年1月13日。
黄发儒：《宅基地管理方式亟待创新》，《中国土地》2008年第1期。
黄贻芳：《农村宅基地退出中农民权益保护问题研究》，华中农业大学博士学位论文，2014。

刘鸿：《河南省新型城镇化中农村建设用地流转的现状及思路探索》，《科学管理》2014年第2期。

饶永辉、刘卫东：《农村宅基地使用与管理改革研究》，《Proceedings of 2012 2nd International Conference on Social Sciences and Society（ICSSS 2012）Volume 8》，2012。

张合林、贾晶晶：《我国城乡统一建设用地市场构建及配套政策研究》，《地域研究与开发》2013年第10期。

中共中央办公厅、国务院办公厅印发：《关于引导农村土地经营权有序流转发展农业适度规模经营的意见》，新华网，2014年11月20日。

《中共中央关于全面深化改革若干重大问题的决定》，人民出版社，2013。

B.22
河南强化现代农业大省建设的科技支撑研究

蔡世忠*

摘　要： 依靠科技进步和创新驱动，河南实现了粮食的"十一连增"，并显著增加了农民收入，提高了农业劳动生产率，促进了农业富余劳动力的转移，但也存在着科技支撑能力不强、现代农业发展后劲不足的问题。在新的历史时期，河南建设现代农业大省，迫切需要提供强有力的科技支撑。因此，必须加大农业科技投入力度，加强农业科技创新和示范推广，强化农业基础设施和生态体系建设。

关键词： 现代农业大省　科技支撑　强化建设　河南省

2014年中央农村工作会议指出：中国特色新型农业现代化就是以保障国家粮食安全和促进农民增收为核心，立足我国基本国情和农情，遵循现代化规律，依靠科技支撑和创新驱动，提高土地产出率、资源利用率、劳动生产率，努力走出一条生产技术先进、经营规模适度、市场竞争力强、生态环境可持续的中国特色新型农业现代化道路。强化科技支撑和创新驱动，是新时期现代农业建设的主要任务，也是河南实现新型农业现代化的动力源、活力源。河南是粮食大省、农业大省、人口大省，是国家最大的商品粮生产和供应基地。在新的历史时期，必须强化科技支撑，促进河南现代农业健康发展。

---

* 蔡世忠，河南省农业科学院农业经济与信息研究所研究员，硕士生导师，研究方向为现代农业建设、农业科技发展。

一 推进现代农业大省建设迫切需要强有力的科技支撑

（一）持续增强国家粮食安全和农产品有效保障能力的需要

尽管河南农业连年丰收，但需求刚性增长使农产品供给面临的压力越来越大。目前，农产品供求处于"总量基本平衡、结构性紧缺"状况。在水旱灾害影响加大、资源约束越来越紧、种粮效益较低等诸多压力下，粮食和农业增产的难度不断加大。因此，迫切需要加强农业动植物新品种、优质高效种养技术的成果转化应用，大幅度提高粮食等主要农产品的单产，不断改善农产品品质，确保国家粮食安全和主要农产品供给的能力稳步提高。

（二）转变农业发展方式、发展现代农业的需要

河南与发达国家和地区相比，农业发展方式粗放，农业基础设施和技术装备落后，水土资源利用率不高，农业生态环境退化严重，支撑粮食和农业生产的各种条件已经绷得很紧，靠增加面积增产的潜力越来越小。因此，迫切需要大力促进节水型农业、循环农业、生态农业技术等科技成果的转化，大幅度改善农业生态环境，促进农业可持续发展，使科技成果转化成为现代农业持续发展的强大动力。

（三）农业资源紧缺使农业发展更加依赖科技进步

依据研究技术创新机制的要素禀赋学说，技术进步一般会朝着提高稀缺要素生产率和有效利用的方向发展。今后一个时期，河南人均耕地占有量将会更少，水资源将更加紧张，农业生态环境将面临严重的破坏，劳动力、资金等生产力要素将会大量流入非农产业，农产品将面临日趋激烈的市场竞争环境。这些变化将使农业更多依赖科技进步。这就要求，以河南省农科院为主导的全省农业科研系统，遵循农业科技创新和发展的规律，围绕提高当地稀缺要素生产率、劳动生产率和资源利用率的要求，全面建设河南省现代农业科技自主创新体系，积极促进农业科技创新成果转化应用。只有这样，新时期的农业才能获得持续稳定健康发展。

（四）应对国际农业科技竞争的需要

随着世界经济与科技联系的日益紧密，科技全球化成为经济全球化的重要表现形式，越来越多的国家认识到科学技术是核心竞争力。世界农业发达国家依赖丰富的资源、雄厚的生产经营实力和科技人才优势，生产的质优价廉的产品不断挤占国际市场，向发展中国家逐步渗透，甚至对发展中国家具有局部优势的领域"全线"收购，实行垄断性遏制政策。河南作为农业大省，必须密切关注和重视新一轮国际农业科技竞争态势，瞄准国际前沿，优化资源和科技力量配置，凝练出一批引领未来农业发展方向的重大科技命题，加快原始创新和集成创新，不断提高农业竞争力。

二 科技支撑河南现代农业大省建设的现状及成效

（一）为加强土地产出能力提供科技支撑，确保国家粮食安全

河南以主要粮食作物持续增产、农民增收和农田生态安全为基本目标，坚持重点作物、重点区域和重点技术的原则，集成科技攻关、成果转化和示范推广，统筹实施粮食丰产科技工程，为河南由粮食大省建成粮食强省提供了强有力的科技支撑，实现了粮食产量"十一连增"。2014年，全省粮食总产量5772.23万吨，比大灾之年（2003年）的3569.47万吨，增产2202.76万吨。全省粮食产量连续四年达到5500万吨，在高起点上连年创造新的纪录，彰显了科技的力量。集成国家、部门、地方多层面的科技资金和科技人员，主攻"高产灌区、中产灌区和旱作区"三大区域单产提高，通过对单项先进实用增产技术的集成组装与大面积推广应用，对粮食持续增产重大关键性、共性技术的攻关突破，实现河南粮食"产量、效益、生态"三大目标同步发展。通过积极实施粮食丰产科技工程，获得一批专利技术和科技成果，从而为河南粮食可持续发展、保障国家粮食安全提供了超前技术储备。

（二）为发展特色高效农业提供科技支撑，促进农民收入显著增加

围绕农业增效、农民增收，2014年着力抓好名优果蔬、园林花卉、珍稀

食用菌、畜禽标准化养殖、农产品加工等技术服务与示范。如省农科院与正阳县联合创建的"远杂9102"花生万亩高产示范区,亩产高达375公斤;在长垣县建立的13000亩冬枣基地,亩均收入万元以上;虞城、武陟千亩标准化棚架梨园,洛阳龙门、商水朱集优质葡萄示范园,汤阴白色金针菇、西华毛木耳基地,遂平彩叶苗木、孟津软籽石榴基地,濮阳甜瓜、罗山有机茶叶、西平双孢蘑菇和中牟香椿等特色高效农业示范基地26个,累计新增社会经济效益近1.5亿元,直接带动相关农户年人均增收3000元以上。

(三) 现代工业技术装备水平显著提高,农业劳动生产率大幅度提升

小型农业机械已成为农民必备的生产工具,主要农事活动和大宗粮食作物主要生产环节基本上实现农业机械化;化肥、农药和农膜等生产资料已成为全省农业基本生产资料。全省2013年农业机械总动力达到11149.96万千瓦,比2010年的10195.94万千瓦,增加了954.02万千瓦。农业机械化水平2010年为1246.83千瓦/公顷,2013年提高到1380.56千瓦/公顷,每公顷农业机械总动力提高了133.73千瓦;农业劳动生产率也由2010年的12076.02元/人,提高到2013年的15973.95元/人,提高了3897.93元/人。近几年农业物质技术装备水平显著提高,使农业劳动生产率得到大幅度提升。

(四) 为农产品加工业提供科技支撑,推进全省农产品加工业集群发展

农产品加工技术水平不断提高。根据河南丰富的农副产品资源优势和科技开发优势,组织科技攻关,取得了一批丰硕成果。速冻食品已经成为全国规模最大的生产基地,面粉、方便面、味精、面制速冻食品、肉类和调味品等产量居全国首位。双汇集团、莲花集团通过实施国家农副产品加工重大科技项目,基本解决了生鲜猪肉的冷冻保鲜技术、利用小麦生产味精技术,共取得了30多项专利。在粮油食品加工产业优势突出的永城、延津和商水,与当地粮油加工企业开展技术合作,重点建立小麦胚芽油、大豆、芝麻、花生和食用菌等农产品精深加工及综合利用技术示范基地,促进了本地粮油加工企业的集聚和农产品生产加工基地式的布局发展。

(五）为农民现代化和农业富余劳动力转移提供智力支撑，提高农民自我发展能力和转移就业能力

动员组织农业教育、农业科研、农业推广和社会力量，重点加强了职业农民、农民企业家、农村实用人才带头人、农产品加工企业产业工人、农村服务体系从业人员的培训，在一定程度上提高了农民的科技文化素质，为全省新型农业现代化、社会主义新农村建设提供了智力支撑和人才保障。同时，也加强了外出务工人员的技能培训，通过培训，许多农民学到了知识，开阔了视野，转变了观念，提高了技能。"十一五"以来，全省农业系统通过培训共向二、三产业输送了200多万的产业工人，促进了农业富余劳动力的转移和农村就业结构的调整，提高了农业劳动生产率。

三 科技支撑河南现代农业大省建设存在的主要问题

（一）农业生产条件还较为薄弱，抵御风险能力还不够强

近年来，农业机械化总动力增长较慢，2013年达到11149.96万千瓦，比2010年仅增长了954.02万千瓦，增长了9.36%。机播、机收面积占农作物播种面积的68%和62%，还有相当一部分作业靠人畜力完成。农业全程机械化水平仍然不高，花生、油菜及根茎作物生产的机械化水平依然较低。全省旱涝保收面积增加不快，2013年为4220千公顷，仅比2010年增加172千公顷。农田有效灌溉面积在1985～2012年一直处于增加状态，从1985年的3189.97千公顷，增加到2012年的5205.63千公顷，2013年又降至4975.97千公顷。另外，农田防洪减灾工程体系不完善，每年因自然灾害成灾面积达到4502千公顷，占农作物播种面积的31.4%。已有灌区老化失修，难以发挥灌溉效益。全省水资源利用率低，节水农业发展缓慢。

（二）农业产业结构层次较低，农产品精深加工和社会化服务业发展滞后

现代农业产业体系是由多部门组成的综合体。就农业生产结构而言，2013

年,河南省农林牧渔业增加值为4058.99亿元,其中种植业2458.15亿元,约占农林副渔业增加值的60.6%,畜牧业增加值1359.60亿元,约占33.5%,林业增加值91.86亿元,约占2.3%,渔业增加值63.10亿元,约占1.5%,农林牧渔业服务业增加值86.28亿元,约占2.1%。河南的农业仍然是以种植结构为主的,农业结构层次较低。就农业产业结构而言,农产品加工业和农业产前、产中、产后的社会化服务业发展不足,导致农业综合效益差。发达国家和地区农产品加工业增加值一般是农业增加值的3倍,而河南仅为1.2倍。农产品加工业发展滞后,农业产业链条短,农产品精深加工比重小。农业的社会化服务水平与现代农业的发展极不适应,延滞了农民分工分业的进程和适度规模经营的发展。

(三)资源短缺和流通不畅,现代农业发展的基础和市场空间受限

从农业资源看:一是资源总量少。全省人均耕地1.15亩,仅是全国均耕地平均水平(1.5亩)的76.7%,人均占有水资源更少,仅相当于全国人均占有量的1/5。二是资源环境质量差。全省耕地和河流不同程度地受到农业化肥、农药、农膜残留以及工业"废气、废渣、废水"的污染,农业资源环境质量下降,已经威胁到农产品的安全生产,也给全省发展生态农业带来严重影响。从市场来看,主要是河南省农产品市场体系不完善,农业市场信息传递不畅,农业生产与产品需求还缺乏有效的对接机制,现代化的农产品贮运、加工和配送物流体系还不发达,具有较强市场开拓能力的农产品经营主体较少,农业发展的外向度较低,难以为河南现代农业的发展提供更广阔的市场空间。

(四)农民素质不高、农户经营规模狭小直接限制了现代科技的推广应用

据调查,河南农业劳动者有21%左右是小学及以下文化水平,2014年平均文化程度只是初中一年级,受过专业技术培训的农民极少。尽管政府一直在鼓励土地流转,实行农业的规模经营,但目前一家一户的农户小规模经营在全省仍占主导地位。一般来说,农民素质差、生产规模狭小,对先进技术的消化、吸收能力就差,这样就给先进的耕作方式、饲养方式和农业机械等新技术

的应用，造成一定困难。生产规模狭小，本身就缺乏科技进步的内在机制。农民从事农业生产，主要靠世代相传的生产经验和常规技术，科学技术的价值观念树立不起来，对新知识、新技术缺乏迫切的追求。这直接限制了现代农业科技的推广应用。

（五）农业科技投入总量不足，科技资源缺乏有效整合，科技支撑现代农业建设的能力还不够强

首先，农业科技投入的总强度与世界平均水平和发达国家及地区相差甚远。尤其是科技成果转化资金严重偏低。发达国家科学研究与成果转化投入的比例一般为1:10，而我国用于农业科技成果转化的资金不足农业科技支出的5%，河南则更低。国内经济较发达的省份，用于农业科技成果转化的资金相对较多。相对于农业科研投入，农业科技成果转化资金投入至今仍限于政府寥寥无几的科技成果转化资金，对农业科研单位"自助式"成果转化始终缺乏长期稳定的财政经费支持渠道，致使大量农业科研成果因缺乏资金支持而无法转化为支撑现代农业建设的能力。科技成果转化资金供求矛盾突出，从而使农业科技支撑现代农业建设的能力不够强。另外，科研力量分散，产学研相互分割，科技资金不能集中使用，也削弱了科技对现代农业发展的支撑能力。

四 强化科技支撑河南现代农业大省建设的对策措施

（一）加强农业基础设施和生态环境建设

首先，加强农业机械化建设。大力发展种植业、畜牧业、水产业、农副产品处理与加工的设施化和机械化，特别要加强大田作物全程机械化，实现农作物品种、栽培技术和机械装备的集成配套。现阶段要重点推进玉米、花生、油菜等根茎作物收获机械化，以全面提高农业全程机械化水平。其次，加强农田水利与节水工程建设。要以提高水资源利用率为核心，以高效节水农业为重点加强农田水利建设。要加快建设一批防洪除涝和综合效益好的骨干水利工程，搞好农田水利、旱作节水、山区微集水工程等项目建设，发展节水农业。最后，加强农业生态环境建设。坚持农业生态环境建设与植树造林、治理环境污

染相结合，开展大规模的农业与农村生态环境建设，减少农业面源污染，实现农业可持续发展。

（二）构建现代农业产业体系，推进现代农业发展

现阶段，河南构建完整的现代农业主导产业体系主要包括以下六个方面。一是优质粮食产业体系。围绕粮食核心区建设，延伸产业链条，构筑完整的优质粮食产业体系，以确保国家粮食安全。二是高效蔬菜、园艺产业体系。推进蔬菜瓜果、花卉苗木等特色农业向主产区集中，形成规模优势和品牌优势。三是现代畜牧产业体系。重点加强规模化养殖场及畜产品加工储运销售体系的建设，扶持畜产品加工龙头企业，延长畜牧产业链，构建现代畜牧产业。四是农产品精深加工产业体系。以发展粮、油、水果、肉类等大宗农产品加工业，推进农产品精深加工和农产品保鲜、储藏、冷链物流等服务业发展。五是生态产业体系。加强生态工程建设，科学构筑、规划布局合理的生态屏障，建立以农田林网和生态防护林为主的生态产业体系，以促进农业生产能力的提高和林业产业的发展。六是健全现代农业服务业产业体系，以提高农业生产的专业化、社会化水平。

（三）发展农业规模经营，提高劳动者素质，增强科技支撑现代农业建设的内在动力

要想利用农业科技发展成果特别是高科技成果，一家一户的小规模分散经营是做不到的。因此，应制定更加有效的政策措施，促进农地向专业大户、家庭农场、农民合作社等新型农业经营主体集中，形成土地的规模经营和农业分工分业的发展，以便使农业经济系统在较高层次上产生吸纳科技的新机制和内在动力。同时，也要重视对农业劳动者的技术和技能培训，把提高农民的素质作为一个重点来抓。通过支持职业培训机构，实施"在岗新型职业农民培育计划"。对在岗务农的农民，通过"送教下乡、农学结合、弹性学制"，开展免费的农科中等职业教育和农业系统培训，把具有一定文化基础的和生产经营规模的骨干农民，尽快培养成为具有新型职业农民素质的现代农业生产经营者。

（四）围绕优势农业产业发展，构建新的科技支撑平台

继续围绕高标准粮田"百千万"工程建设，跟踪和研究国际育种先进技术，

推进以优质小麦为重点的农作物良种产业化和粮食丰产科技工程，培育综合品质优良的农作物新品种。建设区域化、规范化、标准化的专业优质农作物生产基地特别是优质专用小麦生产基地，提高市场占有率，有效替代进口，强力拓展出口。加强对不同品种和生态区域条件下的优质高效栽培技术模式的研究与推广，高水平地推进名、优、特、稀作物新品种的产业化。加强粮食非农用途研究，抓好粮食加工转化和综合利用，延长粮食产业链，拓展粮食增值空间，发展粮食经济。大力发展农产品加工业，构建全省农产品加工体系，逐步实现农产品由初级加工向精深加工转变，由传统加工工艺向采用先进适用技术转变。

推进畜禽新品种科技开发和产业化经营，加快优质畜产品生产和加工基地建设。重点实施黄河滩区绿色奶牛示范带、中原肉牛肉羊产业带、京广沿线瘦肉型猪、豫北肉鸡、豫南水禽和人工种草养畜示范区等优势区域的科技开发。通过"品牌+规模经营"，构建现代畜牧产业。

推进特色农业科技创新与进步，加快特色农产品生产和加工基地建设。充分发挥各地的比较优势，建设优质温棚蔬菜瓜果生产区、花生和芝麻生产区、食用菌生产区、中药材生产区、花卉苗木等特色农业生产区，逐步使各种特色农产品全面实现区域化布局和专业化、规模化、标准化生产，进一步提高加工水平，创出一大批有市场竞争力的河南特色农产品品牌。

（五）整合农业科技资源，增强科技支撑现代农业发展的原动力

整合农业科研资源，提高农业科技创新能力和农业科研成果系统集成、组装配套的能力。农业科研机构，要围绕中原经济区的战略定位，即国家重要的粮食生产和现代农业基地的要求，把自身农业科技资源集中布局到优势学科和重点课题中来，科技示范县建设活动主要安排在粮食主产区和特色农业产区，由财政出资，省农科院牵头，以增产增效并重、良种良法配套、农机农艺结合、生产生态协调的方式，集成、组装、配套出一批轻简化、集成化、标准化、配套化、系列化的高新技术成果，形成市场竞争能力强的科技产品和优势技术，以增强科技支撑现代农业大省建设的能力。

重新整合农业科技推广资源，构建新型的有区域特色的农业科技推广模式，为提高农业科技成果转化能力提供组织保障。政府部门应逐渐消除条块分割，密切农业科研、推广之间的合作关系，出台支持科研单位承担农技推广项

目，鼓励科研人员从事农技服务的具体政策，进一步激发农业科研单位建设现代农业大省的潜能和活力。

增加政府科技投入和整合农业科技投入资源，提高农业科技资金投入的科研开发效益。建立以政府投入为主的农业科技投入机制，持续加大农业科技特别是农业科技成果转化资金投入，确保增量和比例均有提高。通过政府部门的整合作用，使涉农科技资金形成拳头，形成区域科技开发和重大科技攻关的规模效应。

（六）发展农产品市场和信息化服务，提高农业生产经营的信息化水平

首先，要加强市场主体培育和市场载体建设，努力建设比较发达的农产品市场和生产要素市场，完善提高市场功能，逐步形成分类型、多层次、相互支撑与补充的市场体系。在优势农产品集中产区，要建设一批具有一定规模、辐射能力强、有特色的农产品批发交易市场，尽快形成以期货市场为先导、以大型批发市场为龙头、以区域性专业市场为骨干、以农产品批发市场为基础，期货市场和现货市场相结合、商流市场和物流市场相结合、电子交易和场内交易相结合的市场体系，并加强市场分析和预测，及时为农民提供可靠的市场信息。其次，推进农产品和农业生产资料流通现代化。积极发展连锁、超市、配送、电子商务等现代流通方式，鼓励供销社、省内外大型零售商业企业及为农服务生产企业在农村开拓市场，支持连锁经营向农村市场延伸，加快物流配送体系建设。最后，在全省要加快"三电一网一厅"建设，构建现代农业信息服务体系，开发和整合涉农信息资源，形成贴近农民需要的农副产品和生产资料市场信息和种养等方面的科技信息、技能培训信息以及政策法规等信息，促进农业产销、供需之间的有效对接，推进全省农业生产经营信息化大发展。

参考文献

《中央农村工作会议》，《河南日报》2013年12月25日。

陆建中：《新时期现代农业发展的科技创新任务与重大命题》，《农业科技管理》

2014年第4期。

王敬华、钟春燕：《加快农业科技成果转化，促进农业发展方式转变》，《农业现代化研究》2012年第2期。

《中共河南省委、河南省人民政府关于全面深化农村改革加快推进农业现代化的若干意见》，《河南日报》2014年2月28日。

《中共河南省委、河南省人民政府关于加快推进农业科技创新持续增强农产品供给保障能力的实施意见》，《河南日报》2012年3月9日。

冯海发：《对十八届三中全会〈决定〉有关农村改革几个重大问题的理解》，《农业经济问题》2013年第11期。

《中共中央关于全面深化改革若干重大问题的决定》，《河南日报》2013年11月16日。

《关于加快推进农业科技创新持续增强农产品供给保障能力的若干意见》，《河南日报》2012年2月2日。

B.23 河南财政支持现代农业发展机制创新研究

郭鸿勋 周占杰*

摘 要： 河南近年来不断加大对农业发展的财政投入力度，促进农业现代化。财政投入的增长，使农业发展能力得到了有效的提升，农业基础地位不断巩固。在加大财政支持农业现代化的过程中，尝试和探索了一系列机制创新，特别是加大了对新型农业经营主体的扶持力度，完善农业发展支持保护体系，不断优化农业补贴发放形式，探索财政转移支付与农业转移人口市民化对接机制，同时在社会保障、教育、卫生等公共领域不断加大向农村投入倾斜的力度。由于河南城乡发展差距仍然较大，城镇化与农业现代化如何有效衔接还需进一步探索，新型农业经营主体尚处于成长发展的初级阶段，未来河南财政将在这些领域进一步完善扶持政策和实施机制，同时对各类扶持农业的补贴项目进行优化升级，提升农业补贴的效益。

关键词： 财政 农业发展 扶持政策 机制创新

河南是人口大省和农业大省，河南的农业、农村发展不仅对河南经济社会发展具有重要意义，而且对全国"三农"问题的解决也具有重要价值。河南

---

* 郭鸿勋，河南省财政厅政策研究室主任，河南省财政学会秘书长，经济学博士，研究方向为财政理论与实践；周占杰，河南省财政厅政策研究室调研三组组长，法学博士，研究方向为中国政府与政治。

省政府高度重视农业、农村工作,支持农业、农村发展的各项政策措施,在历年政府工作中都占据重要地位。作为政府政策执行的重要主体,河南省财政系统积极贯彻落实省政府扶持农村发展的各项政策措施,优先安排涉及农业、农村发展的重大项目所需资金,同时积极探索创新财政资金和项目运作机制,以提高支持农村发展的资金运作和项目实施的效率。

一 财政扶持是实现农业现代化的重要保障

我国是一个有着悠久农业生产历史的大国,农业生产和农业发展不但对中国经济发展具有基础性意义,而且在塑造我国文明方面也发挥了至关重要的作用。然而,在过去数千年时间里,虽然农业生产规模非常庞大,各类农业产品产量始终处于世界前列,但我国却称不上农业强国。因为农业发展在过去基本上是建立在扩大土地开垦和劳动力投入量的基础上的外延式的发展,农业生产技术水平进步缓慢,农产品附加值基本上没有得到深入挖掘。在我国人口持续增加,自然生态环境不断恶化的当今社会,这种农业生产模式已经难以为继。因此,中共十八大提出推进农业现代化,加快发展现代农业,增强农业综合生产能力,全面改善农村生产生活条件,坚持和完善农村基本经营制度,构建集约化、专业化、组织化、社会化相结合的新型农业经营体系,加快完善城乡发展一体化体制机制。2014年,发布《关于全面深化农村改革加快推进农业现代化的若干意见》,对实现农业现代化进程中的具体工作作了细致安排。十八大报告和《关于全面深化农村改革加快推进农业现代化的若干意见》中都突出强调,要进一步加大对农业、农村的财政投入力度,通过增加投入夯实农业、农村发展的基础。

相比工业和服务业,农业生产具有投入大、收益低、产出周期长的特点,而且受自然环境影响大,抗风险能力弱,极易受市场波动冲击。然而,农业生产又必须保持相对稳定,以保障国家基本粮食安全和其他重要生活必需品需求。这就决定了各级政府必须高度重视农业生产,出台有效的公共财政政策帮助农业生产主体降低成本,对抗风险,提升产能,且以政策杠杆引导农业生产决策,以保持国家粮食供应和其他重要农产品供应安全。近代以来,所有发展较为成熟的经济体,无一例外都对农业采取了特殊的保护性措施,出台了大量政策以扶持本国农业发展，确保国家农业基础地位稳固。其中最明显的标志就是为农业生产提供巨额财政补贴，以充足的财政资金投入，支持农业科技研发和推广，探索新型农业生产方式，提高农业生产抗风险能力。

在当前耕地资源有限、人口持续增长、对农产品需求不断增加且呈现日益明显的多元化趋势的现代社会，发展科技含量高、资源消耗少、抗风险能力强、又能较好适应市场的多元化需求的现代化农业，是唯一的出路。而在我国农业生产经营主体分散、农业市场化程度较低、科技水平不高的背景下，农业现代化发展，更需要政府政策的大力扶持，特别是公共财政要积极投入资金，出台政策，引导农业生产经营主体从分散走向集中，加快农业科技的研发和推广，保障农业市场健康发育。

二 河南省财政支持农业发展的成就

改革开放以来，随着全省经济发展水平的提升，河南对农业、农村发展的财政投入也水涨船高。特别是进入21世纪以来，河南进一步加大了对农业、农村发展的投入力度，在短短十几年时间里，财政投入增长了近20倍。在强有力的财政支持下，河南完成了一系列扶持农业、农村发展的重大工程，大大改善了农村发展条件，有力地支持了农民脱贫致富，迈向小康生活。

（一）涉农财政投入持续增加

2000年，河南省财政最直接与农业、农村发展有关的农林水事务支出仅34.19亿元，占全部财政支出的7.7%；而到2013年，河南省农林水事务支出达到629.85亿元，占全部财政支出的比例达到11.3%。13年时间里，农林水事务支出增长了近18倍，占财政支出的比例增加了近4个百分点。与此同时，社会保障、科教文卫支出也不断向农村倾斜。图1显示了2000年以来河南省财政农林水事务支出增长情况。

在2013年当年，河南省财政就在这样几个方面为农村发展提供了强有力的支持。首先，统筹整合财政资金，完成了一系列强农富农重大工程，其中包括支持高标准粮田"百千万"工程建设资金投入133亿元，新增高标准粮田951.7万亩，支持现代农业产业化集群建设资金投入107亿元，支持水利

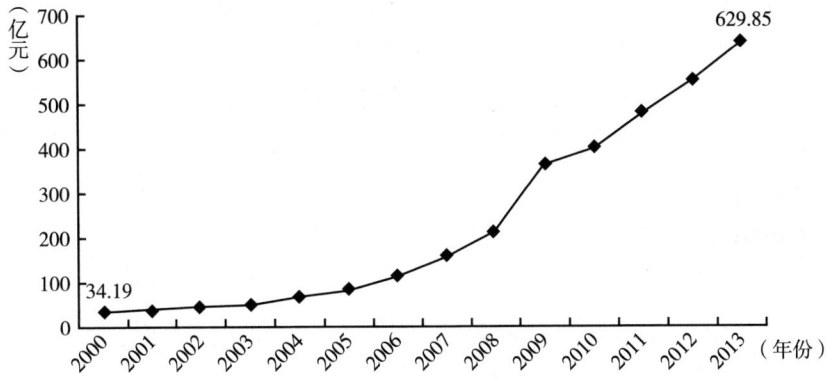

图 1　河南省财政农林水事务支出

基础设施建设资金投入 29 亿元，重点支持推进南水北调配套工程、中小河流治理、小型水库除险加固和农村水电增效扩容改造等。其次，加大财政投入以支持农业生产经营体制创新。各级财政机构筹措资金 5.8 亿元，大力支持新型农业经营主体发展，实现当年全省新增农民专业合作社 2.5 万户。再次，筹措资金支持帮助农民改善生活，促进农民增收。各级财政筹措 22.6 亿元资金开展美丽乡村建设，59 亿元资金在农村新建、改建公路 6400 公里，解决 696 万农村居民及师生饮水安全问题；落实 201.3 亿元资金用于粮食直补、农资综合直补、良种补贴、农机购置补贴、农业保险保费补贴、水库移民后期扶持补贴等惠农、强农、富农补贴，投入 21.8 亿元资金帮助 117 万农村人口脱贫。

（二）农村发展能力得到有力提升

由于财政投入不断增加，公共财政杠杆作用得到越来越好的发挥，支持农村发展的资源有了保障，河南农村发展的能力持续提升。目前，在财政的有力支持下，农业产业化集群建设成效明显，集约式农业生产格局初步形成，目前全省规划发展的农业产业化集群已达 320 个，2014 年当年建成新示范性现代农业产业集群 20 个。新型农业经营主体发展渐入佳境，由 8.6 万家农民合作社、1.6 万个家庭农场、3.9 万家种粮大户、6500 家龙头企业共同构成的现代农业布局日益突显，同时每年近 10 万农民得到深入培训，不同程度地掌握了现代农业生产知识，接受了现代农业观念洗礼。高标准粮田建设工程顺利实施，2012~2020年建设6000万亩高标准粮田的任务，到2013年底已完成2600多万亩。都市生态农业发展工程分类分步有序推进，全省认定的30个都市生态农业示范园区试点工作取得了良好成效。农技推广体系、农产品质量安全检测体系、农业信息化服务体系、农业科技创新体系、农业综合执法体系等服务农业现代化的体系建设进度不断加快，服务能力大大提升。

三　河南省财政支持农业发展机制体制创新

河南支持农业发展取得的成就，与财政系统不断创新机制、优化服务、提升财政支农政策科学性和实施的效率是联系在一起的。21世纪以来，河南以财税体制改革为契机，切实提高财政支农资金的效率，不断完善财政各项农村发展重大项目、工程的支持机制，鼓励农村新型经营主体发展，优化涉农财政补助、补贴制度措施，健全农业支持保护体系，积极推动城乡基础设施建设和社区建设统筹，大力推进城乡基本公共服务均等化，引导城乡要素平等交换和公共资源均衡配置。正是这些领域的改革和创新，使河南对农村的财政投入持续增加，农村发展活力不断被激发。

（一）鼓励农村新型经营主体发展的机制创新

河南省财政系统通过允许财政项目资金直接投向符合条件的合作社，允许财政补助形成的资产转交合作社持有和管护，允许合作社开展信用合作等措施，鼓励农村发展合作经济，进而扶持规模化、专业化、现代化农业生产经营主体成长。尤其是大力支持土地、资金、技术等新型股份合作社成长，着力培育具有较大规模、对农民引领作用突出的大型农民合作社发展。在扶持农业合作社过程中，探索财政支农项目与农民合作组织全方位有效对接，优先让符合条件的农村合作组织申报有组织、规模化、成片推进的农村发展项目，积极推动支农项目资产移交合作组织，探索建立合作组织项目资产管护机制。配合其他部门探索不同类型农田水利设施移交农民、农民合作组织和村集体组织运行管护的有效途径；积极引导金融机构改进对农民合作社的金融支持和服务。

（二）不断完善农业发展支持保护体系

河南省财政系统筹措大量资金投入到对农业发展具有支撑性作用的领域，夯实农业发展基础，同时利用公共财政的杠杆作用，为农业发展风险防范提供强有力的支持。第一，加大投入支持力度，提高农业综合生产能力，包括建设一批骨干水源工程，支持农田水利建设以夯实农业发展基础。第二，积极支持生态友好型农业发展政策，加大投入力度，支持重金属污染耕地修复、规模化养殖场畜禽粪便资源化利用，以及废弃秸秆还田、施用配方肥和低残留农药、旱作农业技术、使用高标准农膜和残膜回收等工作，实施增殖放流和水产养殖生态环境修复补助政策，开展新一轮退耕还林、加强湿地保护等耕地修复工作。第三，加大投入力度，支持农村物流服务体系建设，特别是加强跨区域农产品流通基础设施建设以提高农产品流通效益。第四，出台专项扶持政策，支持农业防灾减灾，为农业、畜牧业疫病免疫、扑杀、无害化处理提供强有力的资金支持，加大对基层防疫员补助力度，开展病虫害绿色防控和统防统治工作，构建水利防灾减灾体系，统筹做好防汛抗旱救灾工作，为农业生产保险提供财政支持。

（三）改革农业补贴制度

根据农业发展形势和河南市场环境变化，不断改革完善农业补贴制度。首先，继续实行各项农业直补政策，不断加强农业直补的导向性和精准性。省财政针对良种补贴、粮食直补和农资综合补贴等，积极争取中央财政在河南开展完善农业补贴改革开放试点工作，突出支持重点粮食作物生产，强化"谁种粮、补贴谁"的补贴实施模式，加快建立主销区对主产区利益补偿机制改革优化补贴结构，明确粮食直补的导向性和精准性，同时新增补贴重点向粮食、新型农业生产经营主体、粮食主产县倾斜。其次，不断改进补贴发放办法。省财政在有条件的地方开展按实际粮食播种面积、按粮食产量对生产者进行补贴试点，提高补贴的精准性和指向性。再次，开展农机报废更新试点和农机深松整地试点，加大农机购置补贴的投入力度，探索更灵活多元的补贴运行机制。最后，不断完善农业保险保费补贴和公益性农产品市场建设试点，探索农产品价格形成机制市场化，使农产品价格与政府补贴逐步脱钩。

（四）建立财政转移支付同农业转移人口市民化挂钩机制

积极研究建立财政转移支付同农业转移人口市民化挂钩机制的具体办法，探索修改完善省对市县城镇化转移支付新办法。目前，已经开始根据对外来人口提供公共服务的最新情况，合理测算各地的财政困难程度，完善均衡性转移支付测算办法，调整农业转移人口公共服务支出折算比例。对改革在河南可能产生的影响进行深入、密集调研。设计并论证省对市县转移支付同农业人口市民化挂钩机制，加大财力均衡力度，保障市、县级政府为进城落户农业转移人口提供基本公共服务的财力。

（五）其他改革措施

第一，优化社会保障财政投入制度，完善农村社会保障体系。省财政启动新的社会保障扶持项目，按照全覆盖、保基本、多层次、可持续原则，持续加大对农村的社会保障体系建设投入力度，努力消除城乡社会保障差距。同时，进一步明确社会保障支出责任机制，基于研究建立社会保障财政投入机制，促进社会保障制度的可持续性。第二，清理、整合、规范专项转移支付项目，扩大直接服务农村基层的主体的财政自主权。近年来，省财政系统严格控制省级新增专项转移支付项目和资金规模，研究建立健全省级专项转移支付定期评估和退出机制，逐渐减少省对市县专项转移支付项目，基于事权划分不断优化财政支出权责机制，使直接服务于农村基层的公共组织在财政和事权方面有了更大的自主空间。第三，研究建立事权和支出责任相适应的制度。通过深入调研了解不同层级政府事权划分方案，并基于该方案探索建立省、市、县事权和支出责任相适应的制度。

四 河南省财政支持现代农业发展机制创新设想

未来，河南省财政系统在抓好农业和粮食生产、确保农产品市场供应的同时，将着重围绕改善农村发展条件，推动城乡均衡发展，进一步优化财政资金投入和项目运行。要以农业信息化为引领，进一步加大对新型农业经营主体的培育力度，继续实施扶持农村发展的三大工程，进一步完善农村五大体系，充分发挥公共财政的杠杆作用，引导更多的社会资源投入农村和农业发展，全面推进河南现代农业大省建设。

（一）进一步加大财政对农村投入力度

虽然河南逐年增加对农村发展的财政投入，但考虑到河南城乡在长期发展进程中形成的差距、公共服务存在的严重不均衡、当前对农村的投入仍然不足，未来较长一段时间里，公共财政还需要进一步加大对农村的投入力度，以推动城乡公共服务均等化，促进农村发展。虽然省财政系统农林水事务支出增长非常快，但在教育、卫生、社会保障等基本公共服务方面，还未改变"过度倾向城市、相对忽视农村"的状况。而这些领域的发展，是农村实现长远健康发展的基础。在教育领域，农村投入力度远远低于城市，致使农村办学条件、设施相对较差。目前，全省65%以上义务教育阶段的学生在农村就读，但省级财政性义务教育经费投向农村的仅139亿元，占57.8%，比人口比例低近8个百分点。财政投入不足，使农村师资力量弱、教育器材配备不足、教学整体水平相对偏低，农村孩子在"起跑线"便处于弱势。医疗卫生领域的城乡差距更加突出。因财政资金过于偏重城市，目前河南80%的医疗卫生资源集中在城市，农村仅有20%，且医疗卫生基础设施差，机构设置不健全，普遍存在缺医少药、设备陈旧老化等问题，医护人员素质低且流失严重。医疗卫生资源配置失衡，导致全省农村儿童营养不良、产妇及婴儿死亡率均远远高于城市。过去几十年里，农村居民基本上没有任何社会保障，直到21世纪以后，农村最低生活保障和新型农村合作医疗制度才开始推广，2012年前后在全省范围内这两项保障才基本实现全覆盖。养老保险处于试点过程中，其他社会保险项目仍未建立。目前农村最低生活保障水平仅相当于城市的50%左右。城镇贫困人口人均救济标准则相当于农村1.92倍。未来省财政将通过进一步向农村的投入倾斜，逐步消除公共服务的城乡差距，加快实现城乡公共服务均等化，更好地促进农村发展。

（二）利用财政杠杆推动新型城镇化与农业现代化协调发展

新型城镇化与农业现代化是未来我国经济社会发展的两大重点，而新型城镇化与农业现代化又是相互交叉、相互渗透的。农业现代化必然为新型城镇化释放更多的劳动力资源,提供更广阔的市场空间和更坚实的资源支撑;新型城镇化则能够为农业现代化提供强有力的经济、信息和市场支持。虽然当前河南省已经在探索财政转移支付同农业人口市民化挂钩的机制,但这对促进新型城镇化和农业现代化协调发展而言,还远远不足。新型城镇化与农业现代化的协调发展,除了农业人口市民化之外,还涉及城乡市场一体化、城乡信息共享、城乡社会保障体系融合、城乡公共服务体系融合等多项领域。而每个领域的工作要想顺利推进,都需要相应的财政资金的支持与引领。因此,在未来河南财政系统需要在科学研判河南发展趋势的基础上,寻找推动新型城镇化与农业现代化协调发展的着力点,出台政策并投入相应的财政资金,以公共财政引领城乡统筹发展。在当前,尤其要加大财政激励,推动过度集中于城镇的科技、教育、卫生、金融、物流、信息服务等领域的资源向农村流动,服务于农业现代化。

(三)加快培育农业全产业链和新型农业生产经营主体

河南作为农业大省和人口大省,同时又是一个土地资源和水资源紧缺的省份,当前制约农业发展最突出的问题是传统的农业生产组织方式、各家各户分散经营、不同生产环节相互脱节的农业生产模式与不断一体化的市场衔接不上,农业生产专业化、规模化、集约化水平始终低位徘徊。因此,河南将在未来较长一段时间里,始终把培育农业全产业链和新型农业生产经营主体作为扶持农业发展的工作重点,尤其要通过财政资金与项目的杠杆作用,加快推动农业发展方式、生产流程、经营主体转变,其中,这样两个方面将是财政扶持的重点。第一,以龙头企业为核心的产业聚集。即按照全产业链模式重新布局农业产业发展,充分发挥农产品加工、流通龙头企业的辐射带动作用,促进农业产业上下游间整合、不同生产环节整合,形成联系紧密且规模较大的农业产业链。第二,基于支农项目和新型农业生产经营主体对接的规模化农业。未来河南将结合高标准粮田建设工程、农业产业化集群培育工程等,进一步推动政府财政支农项目与新型农业生产经营主体对接,通过放宽新型农业经营主体管制,加大对新型农业经营主体的扶持力度,培育壮大更多新型农业生产经营主体,并依托新型农业生产经营主体,推动农村土地有序流转,加强农业科技应用,提高农业生产集约化水平,加快农业生产市场化进程。

（四）进一步优化各项农业直补政策实施机制

目前，国家和河南省出台的各项农业直补项目，在减轻农民负担、强化农业生产能力方面发挥的作用越来越明显。但政策的实施也暴露出来了一些问题，要求财政系统改进农业直补政策实施机制。粮食直补，在进一步增加直补资金总量的同时，试点脱钩补贴。农资综合补贴将逐渐转向动态调整，新增补贴资金重点向粮食主产区倾斜，分步推进补贴与实际种植面积挂钩的做法。良种补贴将着力提高重点品种的补贴强度，分步取消差价供种的补贴模式，推动补贴与实际种植面积有效挂钩。农机具购置补贴将充分考虑农机具存量结构与分布，资金重点向农机动力不足的粮食主产区倾斜，探索申请补贴、选机购机、补贴报销相互分离的补贴实施方式并加强监管。畜产品养殖补贴要更侧重"反周期补贴"，充分发挥财政补贴在稳定产量、价格和生产者收益方面的作用，防止补贴政策引发市场振荡。农业保险保费探索采取差异化补贴方式，补贴主体向粮食主产区、财力困难地区和重点粮食品种生产者倾斜，进一步减轻农户承担农业保险保费负担，逐步将一些高风险、低收益的作物品种纳入保险范围，增加对种粮大户农业保险保费补贴。

参考文献

林毅夫：《有关当前农村政策的几点意见》，《红旗文稿》2003 年第 8 期。
王丽敏：《财政支农资金的低效化成因与对策研究》，《农业经济》2012 年第 6 期。
王永龙、江观伙、杨全红：《把钱用在刀刃上——关于国家粮食直补资金使用效率的调研报告》，《理论前沿》2009 年第 7 期。
谢来位：《惠农政策执行效力提升路径研究》，《云南行政学院学报》2010 年第6 期。
胡廷积：《河南农业发展史》，中国农业出版社，2005。
胡霞：《中国农业成长阶段论：成长过程、前沿问题及国际比较》，中国人民大学出版社，2011。
刘志诚：《农业发展之思索》，中国农业出版社，1997。
孙东升：《资本、体制与中国农业发展》，经济科学出版社，2003。
卫龙宝：《农业发展中的政府干预》，中国农业出版社，2001。

B.24 河南金融支持现代农业发展的制度创新研究

赵 执*

摘 要： 河南农村金融经历多年的改革和发展，对支持现代农业发展发挥了重要作用，但也存在诸如供需矛盾突出、民间金融不规范、产品及服务亟须拓展等一系列突出问题。今后，河南应从积极推动农村金融地方性立法、加快农村金融产品及服务创新、优化农村金融发展生态环境、引导民间金融规范发展、加大农村金融政策支持力度等方面，加快制度创新，进一步完善河南农村金融体系，更好地服务于现代农业的发展。

关键词： 农村金融 现代农业 制度创新

农村金融作为现代农业的核心，是支撑农业农村经济健康持续发展的重要力量。目前，河南农村金融体系已经基本形成，但在支撑现代农业发展方面还存在一些局限性。2014年中央一号文件《关于全面深化农村改革加快推进农业现代化的若干意见》明确提出要"加快农村金融制度创新"，凸显出党中央、国务院对完善农村金融制度、强化"三农"支持力度的高度重视。当前河南正处于农业农村发展转型的关键时期，加快制度创新、完善农村金融体系对河南着力打造现代农业大省具有重大而迫切的现实意义。

---

* 赵执，河南省社会科学院农村发展研究所助理研究员，主要研究方向为农村经济。

一 河南金融支持现代农业发展取得的成效

经过多年的改革与发展，河南多样化的农村金融体系基本形成，涉农贷款额度逐年增加，金融产品及服务日趋多样化，金融支农环境也得到了不断优化，在现代农业大省建设进程中发挥了重要的作用。

（一）农村金融体系日趋完善，涉农贷款金额稳步增加

现阶段，河南正由传统的农业大省向现代农业强省跨越，各类新型农业经营主体得到了快速发展，农业产业化、规模化和标准化水平得到持续提升，农业农村经济发展进入"高成本"时代，对金融支持和服务的需求也日趋迫切。根据银监会相关统计资料，2013年末河南银行业金融机构网点共12161个，比2012年末增加了208个；从业人员191572人，比2012年末增加了4540人；资金总额达45800.84亿元，比2012年末增加了6614.71亿元。其中，涉农贷款余额9944.79亿元，比2012年末增长了19.84%。涉农金融机构中，除农村信用社比2012年减少7家外，农村商业银行和村镇银行分别比2012年增加了7家和12家，另外新增3家农村资金互助社和2家信托公司。总体上看，河南基本形成了以农村商业银行、农业银行、农业发展银行和邮政储蓄银行为主体，以村镇银行、小额贷款公司、农村资金互助社等新型农村金融机构为辅助的多元化农村金融组织体系。农村金融体系的不断完善和涉农贷款额度的大幅增加，很好地缓解了河南各地新型农业经营主体贷款难、融资难的困境，有力地促进了河南农业增效及农民增收。

（二）金融产品及服务多样化，有力地扶持了新型经营主体

河南各地及主要涉农金融机构主动把握农村金融创新的良好契机，针对新型经营主体的多样化金融需求不断拓展产品种类和服务范围。人民银行郑州中心支行充分发挥支农再贷款支持和引导金融机构扩大涉农信贷投放的作用，加强科学管理，合理调配限额，实现了农民、农企、金融机构和政府等多方共赢的局面；农业发展银行河南分行近年来不断加大涉农贷款投放力度，重点扶持的领域除农业产业化龙头企业、农业农村基础设施建设外，还涉及农业科技发

展、农业流通等方面。目前，农业发展银行河南分行已经形成以粮棉油收购贷款业务为主体、以农业产业化经营和农业农村中长期贷款业务为两翼的业务发展格局。农业银行河南分行积极与政府涉农部门对接，研究制定了《加强现代农业金融服务实施方案》，着力加大对粮食核心区、农业产业化龙头企业、特色农业等领域的金融支持力度。地方实践中，新乡市各涉农金融机构推出金融联合支持粮食产业链融资模式，吸引大量知名粮食加工企业落户。另外，还加大对农民专业合作社的贷款发放力度，有效促进了当地特色农业产业化发展。信阳市作为河南省农村综合改革发展试验区，在"农村土地承包经营权、集体林地承包经营权、水域滩涂养殖权、集体建设用地使用权和房屋所有权"等五权抵押担保方面做出了大量探索。焦作市辖区内的农信社大力探索推广农业机械小额贷款、农户联保贷款等信贷模式，不断为农民专业合作社提供方便快捷的金融服务。农业保险方面，河南目前已具有玉米、小麦、水稻、棉花、油料作物、能繁母猪、育肥猪、奶牛、公益林、商业林、烟叶和肉鸡等险种，保险的金额也在不断提高。截至 2014 年 6 月底，河南省共承保水稻、玉米、棉花等作物共计 4743.17 万亩，承保能繁母猪、奶牛等牲畜共计 318.2 万头，为 356.94 万户农民提供农业生产经营风险保障 224.52 亿元，累计支付农业保险赔款 1.48 亿元。

（三）金融服务平台不断拓展，金融支农环境逐步优化

近几年河南重点扶持涉农企业上市，推动其利用资本市场做大做强，有效解决广大农村人口就业难题，稳步提升全省农业产业化经营水平。截至 2014 年 6 月，河南省共有 10 家涉农企业在境内发行上市，合计募集资金 380.98 亿元。另外，中原农业保险股份公司在河南省委、省政府高度重视和支持下获批筹建，今后将会在健全河南地方金融体系、加大河南投资力度，以及保障国家粮食安全和保护农民经济权益方面发挥巨大作用；2014 年 5 月，河南粮食产业投资担保有限公司、河南省畜牧业投资担保有限公司和河南汇财投资担保有限公司三家涉农担保公司成立，重点以农业产业集群化、涉农企业、专业合作社为服务对象，通过市场化运作和公司化管理的经营模式创新金融服务，为"三农"发展搭建新平台。2014 年 8 月，河南首个现代农业企业信用网络交易平台凯普康现代农业企业信用网络交易平台启动，进一步拓宽了河南涉农企业

的融资渠道，改善了涉农企业融资贷款难的局面。除此之外，河南各地不断加强农村金融"三信"工程的建设，积极组织开展"信用镇、信用村和信用户"的创建与评定工作，全省的农村金融生态环境得到了逐步改善。并且，随着银行卡助农取款服务、农村地区"金融IC卡一卡通"工程、农民工银行卡特色服务的开展，河南农村地区银行卡市场得到完善，农村金融基础设施服务水平得到很大提升。

二 河南金融支持现代农业发展存在的问题及制约因素

现阶段，河南农村金融由于存在供需与需求失衡、民间金融规范性不够、市场竞争性不足和整体服务水平不高等突出问题，在支持现代农业发展方面还存在较大局限性。

（一）农村金融供给不能满足新型经营主体需求

与劳动密集型的传统农业不同，现代农业是资金密集型和技术密集型产业。目前，河南各类新型农业主体的快速发展对资金的需求量大幅增加，普遍面临的融资难问题在很大程度上制约了规模经营及现代农业的发展。然而，当前的金融体系受经济"二元"结构的深刻影响也呈现出城乡分化的特征。尽管国家多次强调金融业要加大支农力度，但在资金投入、产业布局和项目安排上依然向城镇和工业倾斜。城市工商业的优势地位，使一些专门为扶持"三农"而设置的金融机构也在一定程度上变成为其融资的工具。尤其是在经济社会发展相对落后的地区，银行业金融机构的设立不仅没有发挥支持农业农村经济发展的作用，反而成为农村金融的"抽水机"，加速了农村资金向城市的流失，农户贷款增速比较缓慢，农村金融需求总量的不断扩大与供给严重不足形成了突出的矛盾。另外，随着新型经营主体的快速发展，农村金融的需求主体类别增多，不仅有普通农户、种植专业大户、农民专业合作社，还有包括农业产业化龙头企业在内的各种涉农企业等，各自对农村信贷在品种、额度、期限等方面的需求也呈现多样化特征，这与当前农村金融供给主体和涉农金融产品、服务相对单一的现状形成了巨大的矛盾。这些农村金融供给与需求失衡的现象充分表明，河南现有的金融体系尚不能充分满足现代农业发展对金融的需求。

（二）民间金融欠规范，难以有效促进农业现代化

农村民间金融的兴起与发展，一方面有效弥补了长期以来正规金融体系支农服务的缺失，另一方面也蕴含了大量的金融风险。传统的农村民间金融多基于共同的地缘、亲缘和业缘关系而发生，借贷双方比较熟悉，这在一定程度上克服了信息不对称问题。但是由于农村民间金融活动发生比较频繁，涉及的金额一般较小，交易方式也比较灵活，借贷双方往往会忽略手续的问题。如今，民间金融活动在河南大部分农村地区比较普遍，各地因借贷手续不规范而引发的纠纷时有发生，个别借出方甚至采取暴力的方式来收回借款，一定程度上威胁了农村社会的安全稳定。另外，近些年小额贷款公司等逐渐成为民间金融的重要组织力量，但普遍存在着管理专业性不强、风险管理能力较弱的问题。还有一些民间金融组织游离在法律与监管制度之外，由于缺少正规的投融资渠道，可能会将部分资本流入地下钱庄等非正规金融机构，甚至演变成为高利贷和非法集资等，滋生大量社会问题，严重干扰正常的金融秩序，对金融市场健康发展产生较大负面影响。总体看来，河南农村民间金融在推动农业现代化中尚未充分发挥应有的作用。

（三）现有农村金融体系尚未形成有效竞争格局

在相当长一段时间内，各大商业银行为了追求商业利益最大化，将效益低下的县城以下分支机构进行调整、合并和撤销，收缩农业信贷业务，并逐渐退出农村金融市场。基于政策性优势与市场变化，农村信用社成为河南农村金融市场上的主要供给者，其信贷业务在市场上的垄断地位也不断得到巩固和加强。但同时，垄断地位使农信社在金融产品研发、销售、市场拓展方面的动力不足，支农工作中存在官商作风，缺乏主动探索客户需求和上门服务。另外，随着河南新型城镇化发展及产业结构的不断调整，各类大、中型农村经营主体的融资需求也更加多样化，农信社薄弱的资金实力和单一的信贷供应主体无法满足市场需求。再者，虽然农村信用社不具备制定贷款利率的权力，但央行规定农信社利率可在基准利率0.9~2.3倍范围内浮动。而在实际执行当中，河

南多地的农村信用社存在不同程度的直接或间接抬高贷款利率的现象，很多机构甚至一浮到顶以获取巨额利润，致使有融资需求的农村生产企业负担加重。缺乏市场竞争，导致农信社服务农村、为河南现代农业发展提供资金支持的能力非常有限，农民也无法享受到相对完善的金融服务。

（四）农村金融产品及服务水平亟须进一步拓展

首先，尽管河南各涉农金融机构提供的产品和服务日趋多样化，但主要倾向于服务农业产业化龙头企业和各类涉农企业。针对种植大户、家庭农场等新兴农业经营主体融资需求，以及农业科技、农业装备制造等现代农业项目和高科技农业项目发展所需的金融产品和服务还比较有限。其次，河南的农村金融机构受历史发展因素的制约和外部竞争环境的缺失，内部人员管理和服务意识都较为薄弱。业务人员素质不高，在工作中缺少进取精神和竞争意识，干部培养缺少长远目标与创新精神，支农意识不强。再次，落后的服务设施和营业方式使农村金融机构科技含量偏低，很多农村仍然采取传统手工开票方式和支付结算方法营业，农村金融产品网络化交易仍然不能实现，客观上导致服务质量和服务效率的低下。同时，作为服务机构，农村金融主体在业务实施过程中过多从自身风险控制与审核流程考虑，办理业务当中存在结算效率低下、在途成本高和贷款手续烦琐等问题，使农民在申请时仍面临贷款难、融资难的困境，无法及时享受到透明度高、效率高、人性化高的金融服务。

三 河南金融支持现代农业发展制度创新的对策建议

深化农村金融改革的核心在于制度创新。河南应根据当前制约金融支持现代农业发展的主要因素，从积极推动农村金融服务立法、加快金融产品和服务创新、优化农村金融发展生态环境、引导农村民间金融规范发展、加大农村金融政策支持力度等方面着手加强制度创新，进一步完善农村金融体系。

（一）积极推动农村金融地方性立法，促进金融支农长效机制的建立完善

金融是现代农业发展的血脉和活力之源，尽管国家及省里制定实施的相关

政策在推动河南金融支持现代农业发展方面取得了较大进展，但是新型农业经营主体贷款担保困难、农村资金外流难以遏制、农村金融各方主体权益保护欠缺等问题依然突出。解决这些问题，仅仅靠市场和行政手段是远远不够的，还需要强有力的法律制度来支撑。当前，我国的法律体系中尚未有专门针对农业金融的条款，农村金融服务的法律保障缺位明显，因此及时启动地方立法工作显得尤为重要。河南应根据国家法律和部门规章制度，紧密结合打造现代农业大省对金融服务的实际需求，深入开展调研，及时将地方关于农地抵押担保、新型经营主体监管、农业补贴等方面的成功经验和先进做法上升为政策，并将那些成熟的、具有普适性的、现实中迫切需要的内容形成立法建议提交人大常委会，积极制定出台符合河南实际的农村金融地方性法规，有力推动河南金融支农长效机制的建立与完善。

（二）加快农村金融产品与服务创新，满足新型经营主体多元化金融需求

河南加快农村金融产品与服务的创新，首先要鼓励金融机构拓展服务现代农业的职能，满足不同层次农业资金的需求。在服务对象上除了倾向于农业产业化龙头企业和涉农企业，还应重视对种植大户、家庭农场、农民专业合作社等新型农业经营主体融资发展的支持。在产业发展上，重点支持现代农业项目、高科技农业项目，以及具有产业优势的农产品产业带或特色农产品生产基地等。另外，鼓励农业保险公司进一步丰富险种，提高灾害损失赔偿的比例。除了重点支持那些关乎国计民生和粮食安全的大宗农产品，各地还要因地制宜地开展优势农产品保险，以多元化农业保险体系服务"三农"发展新形势。支持租赁、信托、期货等金融机构针对河南各地现代农业化发展水平，设计开展专业性服务。其次，创新农村贷款抵押担保方式，扩大抵质押物范围。加快建立由政府扶持、多方参与、市场运作的农村抵押担保机制，鼓励利用社会各类资金组建担保基金或担保公司。允许利用各类法律法规不禁止、产权归属清晰、估计合理且风险可控的农村资产设置抵押，积极探索农村土地承包经营权、宅基地使用权、集体建设用地使用权、大型农机具、粮食预售收益权等抵押贷款试点工作。鼓励创新符合农业科技企业特征的金融产品和担保方式，探索以农业科技创新成果、专利权、商标权等为质押物发放贷款。最后，创新完

善农村金融服务体系，积极推动各类涉农金融机构建立培训长效机制，注重培养金融知识丰富、专业技术能力强、具有改革创新精神的高素质服务人才队伍。增加农村各分支机构的便民设施，推进数字化服务进程。逐步添加电话银行服务、手机及网络银行服务，推广ATM（自动取款机）和POS机等其他电子支付产品的使用。推动金融机构县级以下各服务网点建立网络链接、信息分享和高效结算的电子化平台服务体系。另外，要建立高效的审批制度，简化繁杂的申请手续，为农民及农业企业设立"绿色通道"，根据客户项目不同的资产评估和风险水平为其提供快捷方便的金融服务。

（三）进一步优化农村金融生态环境，促进金融资源向现代农业有效配置

河南应高度重视农村信用体系的建设，进一步优化农村金融生态环境，促进金融资源向现代农业倾斜。扎实推进农村信用体系建设，一方面加紧打造诚信河南的区域品牌，稳定外来投资者的信心；另一方面通过农村信用评价体系促进企业和个人信用意识的提高，有利于增加农村信用贷款额度，降低农村金融风险，激发农业农村经济发展的活力。全省各地要广泛开展信用宣传活动，引导公众自觉关注自身信用记录，提升全社会的信用意识；进一步完善农村信用评价体系，不仅要加强企业和农户信用信息基础数据库建设、建立信用信息的及时更新机制，还要不断改进信用评价方法，加强对信用评价结果的应用，实现农村社会信用信息的互相连通，有效解决农村金融普遍存在的信息不对称问题；将农村信用体系建设工作纳入各级政府及相关职能部门年度工作考核的主要内容，加大对各地创建信用县、信用乡镇、信用村、信用企业等目标任务的考核力度，确保农村信用体系建设取得成效。另外，各地还应建立健全守信激励和失信惩戒机制，重视加强对诚信企业和诚信农民的奖励，可因地制宜地采取优先办理、简化程序等激励措施；加大对失信企业及农户的披露和曝光力度，适当采取行政处罚、行业性约束等惩戒措施，提高失信成本，优化农村金融发展的生态环境。

（四）引导农村民间金融规范性发展，加大金融对农业产业化的支持力度

鼓励和引导民间资本进入金融领域，充分发挥民间金融在现代农业发展中

的补充作用。省里要针对农村民间金融存在的发展不规范、利率易失控、潜在风险大、监管难度高等特点，加强制度的建设和创新，规范农村民间金融的发展，为现代农业的发展提供有力支撑。第一，尽快完善相关的法律法规，赋予农村民间金融组织的合法地位；第二，鼓励培育评估公司、信托公司、保险公司等金融中介机构，促进民间金融组织的规范化、阳光化。第三，完善农村民间金融市场准入及退出制度，对相关组织的资质、注册资本、经营范围等做出严格规定，对那些符合相关条件且经营运作规范的农村民间金融组织给予市场准入资格，对不符合相关要求的组织则视情况严重程度分别给予限期整改、停业整顿或坚决取缔等处理，对管理混乱、经营不善的相关组织坚决实行市场退出。第四，将农村民间金融组织纳入金融监管体系当中，设置专门的机构加强对其监管，分类制定民间金融组织的监管办法并细化相应的监管措施。政府在加大监管力度之外，还应引导各类民间金融组织加强行业自律，强化自我约束和自我监督。第五，政府有关部门研究出台防范和化解农村民间金融风险的政策措施，力保农村民间金融的健康发展。

（五）加大对农村金融政策支持力度，引导金融机构改进提升"三农"服务

鉴于当前农村金融所具有的高度脆弱性特征，河南亟须建立健全风险分担补偿机制来保障农村金融机构的良性循环经营。第一，要由政府主导加快完善农村金融服务的规章制度，制定出台《农村信用贷款风险补偿办法》，明确风险分担补偿的范围、内容和主要方式，稳定农村金融机构加大支农资金投放的信心。第二，有关部门应高度重视对农村金融机构运营风险的监督管理，切实加强对相关责任的追究工作，及时预防金融风险的发生。第三，政府加大对涉农金融机构的财政投入力度，创新财政支农资金投放方式，改"直接投入"为"引导投入"，通过发放贷款利息补贴、担保费用补贴等方式来支持村镇银行、小额贷款公司、农村资金互助社等新型农村金融机构发展。另外，省、市、县三级财政还要逐年增加用于促进农业产业化发展的专项资金，通过贴息、补助、奖励等形式向经营主体发放。第四，重视以税收优惠引导金融定向惠农，通过降低税率、发放农业基金等方式，激励各类金融机构重返农村金融市场、增加涉农贷款的积极性。第五，积极培育和发展农村抵押服务市场、农

产品期货市场等农村市场中介组织，提高农业经营的组织化水平，有效遏制市场操纵行为。

参考文献

河南省银监局：《2013年度河南省银行业运行情况》，2014年1月。

河南省银监局：《2014年9月份河南省金融运行情况》，2014年10月。

河南省统计局：《河南统计年鉴（2014）》，2014年11月。

何学松：《河南新型农村金融机构的运营偏离与发展障碍》，《经济导刊》2011年第5期。

李彦东：《金融支持现代农业发展的调查与思考》，《金融时报》2014年7月31日。

罗贵发：《河南农业现代化中农村金融支持问题探讨》，《经济研究导刊》2012年第27期。

吴晨映：《河南农村金融生态环境优化思考问题》，《征信》2011年第1期。

奚宾：《河南农村金融改革初探》，《商业经济》2013年第6期。

于林可：《浅谈河南省农村金融改革的困境与出路》，《哈尔滨金融学院学报》2014年第4期。

吴兰：《正视农村民间金融现象》，中国经济网，2011年9月16日。

卓金刚：《金融支持现代农业发展路径探析》，《中国城乡金融报》2014年9月17日。

B.25
河南"三山一滩"扶贫开发机制创新研究

陈 萍*

摘　要： "三山一滩"地区是河南全面实现小康社会的短板，要实现这一区域的扶贫开发，机制创新很重要。"三山一滩"地区扶贫开发的难点突出表现在劳动者思想观念落后、扶贫资金投入不足、基础设施薄弱、居民收入水平低下、产业结构单一、生态保护成本较高等方面，要解决扶贫开发工作的难题，就要创新人才扶贫机制，创新资金使用机制，创新产业扶贫机制，创新农业经营机制，创新扶贫对象的选择机制，创新社会保障机制，转变干部考核机制，创新生态补偿机制，以实现"三山一滩"地区尽快脱贫致富。

关键词： "三山一滩"　扶贫开发　机制创新

改善农村生产生活条件，全面建成小康社会是贫困地区扶贫攻坚的重要目标，连片特困地区的扶贫是难点中的难点。河南的大别山片区、伏牛山片区、太行深山区贫困地区、黄河滩区，简称"三山一滩"地区。受自然条件、资源禀赋等因素制约，"三山一滩"地区经济社会发展缓慢，贫困人口占河南贫困人口的六成，是河南扶贫开发的重点区域。中共中央、国务院出台《中国农村扶贫开发纲要（2011～2020年）》，以统筹城乡发展，保障和改善民生，促进全体人民共享改革发展成果。其中，大别山片区、伏牛山片区共有46个

---

* 陈萍，河南省社会科学院助理研究员，经济学硕士，研究方向为区域经济、区域对外贸易。

县列入该纲要。加快"三山一滩"地区群众脱贫致富步伐,有利于加快城乡发展一体化进程,促进城镇化和新农村建设协调推进;有利于保护生态环境,建设美丽河南;有利于扭转贫困地区与河南发展差距扩大趋势,如期实现全面建成小康社会目标;有利于推进中原经济区建设,加快中原崛起、河南振兴。而真正实现"三山一滩"的脱贫致富,关键还要找准其扶贫难点所在,从而创新扶贫机制,克难攻坚,最终实现全面小康。

一 "三山一滩"地区扶贫开发的现状

大别山片区、伏牛山片区规划区域面积82735.79平方公里,太行深山区规划区域内的241个贫困村面积1237.31平方公里,"三山地区"共83973.1平方公里,占河南省域面积的50.28%。"三山地区"规划区域2012年底总人口4319.45万人,占河南的40.97%,其中乡村人口3708.58万人,占河南乡村人口的61.1%;贫困村5668个,占河南贫困村数的55.34%;贫困人口573.86万人,占河南贫困人口的61.03%。[①] 黄河自陕西潼关进入河南,横贯三门峡、洛阳、济源、焦作、郑州、新乡、开封、濮阳8市,河道全长711公里,黄河滩区涉及洛阳、郑州、开封、焦作、新乡、濮阳等6市17个县(区)、59个乡镇、1172个自然村。其中,滩区有4个国家级贫困县、2个省级贫困县,滩内居住人口125万人,其中贫困人口34万人。

多年来,河南省委省政府高度重视"三山一滩"地区的经济社会发展,2014年下达的首批中央、省级财政扶贫发展资金中,"三山一滩"地区占到近八成,全省各行业部门将40%以上资金用于"三山一滩"等贫困地区发展,解决制约贫困地区发展的瓶颈问题。省委还将实施"三山一滩"群众脱贫工程作为三农工作"四大工程"之一,并研究制定了《河南省大别山、伏牛山、太行山贫困地区群众脱贫工程规划(2014~2020年)》和《河南省黄河滩区群众脱贫工程总体方案》,多方帮助当地群众脱贫致富。濮阳市组织326个市县党政机关、重点企业的9000多名干部,深入343个滩区村开展结对帮扶工作,

---

① 《河南省人民政府关于印发〈河南省大别山伏牛山太行山贫困地区群众脱贫工程规划(2014~2020年)〉的通知》。

强势推进黄河滩区扶贫开发。另外，"三山地区"选派驻村工作队深入贫困村和贫困户，分析致贫原因，找准扶贫路子，实施精准扶贫。通过组织实施整村推进、扶贫搬迁、产业扶贫等专项扶贫工作，以及开展教育扶贫、特色产业增收等重点工作，"三山一滩"地区的脱贫工作取得了极大的成效。有近48万多农村贫困人口实现脱贫，初步构建了政府、市场、社会协同推进的大扶贫开发格局。

虽然"三山一滩"地区的扶贫工作取得了极大的成效，但随着河南新型城镇化、新型工业化、新型农业现代化深入推进，特别是新农村建设、城乡一体化发展步伐加快，"三山一滩"地区发展与全省相比依然穷困落后，差距还在扩大，区域经济发展不平衡、不协调的问题依然突出，已经成为统筹城乡发展的障碍，成为河南全面建设小康社会的短板。

二 "三山一滩"地区扶贫开发的难点

加快"三山一滩"地区贫困人口的脱贫步伐对于河南全面实现小康社会具有重要意义，因此，有必要分析研究"三山一滩"地区扶贫开发的难点，以便创新扶贫开发体制机制，采取更具针对性的政策，加快"三山一滩"地区的发展。

（一）劳动者思想观念落后，整体素质低下

首先，"三山一滩"地区劳动力思想观念落后。从经济形式看，"三山一滩"地区基本上是传统的自然经济，几千年来的小生产方式仍占统治地位。同外界联系少，没有经过现代市场经济的洗礼，生产经营方式落后，农户思想观念保守，不懂得市场经济的基本知识，现代意识淡薄。其次，农户受教育程度低。"三山一滩"地区文盲、半文盲比率为11.6‰，劳动力中高中以上文化程度仅占20%左右，农民整体科技文化素质偏低。黄河滩区的这一状况更为明显，如表1所示。黄河滩区内劳动力几乎全是高中及以下文化程度，其中位于洛阳市内的滩区居民，初中及以下文化程度占到总人口的88%，没有一人受过高等教育，在经济社会高度发达的今天，这势必影响其经济社会的长远发展。最后，劳动力技能匮乏。"三山一滩"地区仍沿用几千年来传统的生产方

式进行耕作。中高级专业技术人员严重缺乏,科技对经济增长的贡献率低。信息不灵,缺乏决策能力。导致当地生产发展后劲不足,不能留住适宜的生产经营项目。

表1 黄河滩区不同教育程度人口所占比重

单位:%

省辖市名称	教育程度		
	初中及以下所占比重	高中及中专所占比重	大专及以上所占比重
郑州市	57	28	15
开封市	68	25	7
洛阳市	88	12	0
新乡市	73	21	6
焦作市	69	24	7
濮阳市	83	13	4

(二)扶贫资金投入不足,资金使用效率不高

"三山一滩"地区的扶贫涉及安全建设、移民安置、路网建设等,每一项任务都需要投入大量的资金。"三山"地区群众脱贫工程规划的项目估算总投资为1509亿元左右。如果全部完成移民搬迁,黄河下游滩区安全建设规划涉及滩区村庄1005个、人口109.39万人,要对滩内村庄就地就近安置542个、人口57.04万人,临时撤离村庄202个、人口26.36万人,结合滩区路网建设,规划修建撤退道路179公里,只这三项的投资需要283亿元。如此大规模的投资,目前完全依靠中央政府主导型的投入机制,投入渠道单一。同时,扶贫资金在使用中,不断被贫困地区经济条件较为优越、发展潜力较大、脱贫步伐较快的部分强势人口和家庭所拥有甚至垄断;绝对贫困家庭和人口逐渐游离出扶贫投资的视野。同时,扶贫资金缺乏良好的管理,资金损失严重,资金回收机制缺位,由于扶贫项目选择不当,使用效益不高。

(三)基础设施薄弱,贫困集中连片

首先,交通路网不健全,村民与外界隔绝。大部分地区交通主干道网络尚未形成,区内省际、县乡际断头路多,县域道路没有真正形成网络,相邻乡镇

之间及村与村之间的交通不便。大别山片区内不通公路的自然村有33782个，农田有效灌溉面积746215公顷。伏牛山片区、太行深山区同样如此，村民出山只有一条羊肠小道和一道陡险的老爷梯，与外界的交流非常少。其次，电力通信不畅，公共服务不足。水利设施薄弱且严重老化，抵御自然灾害能力较弱。电力和通信设施落后甚至缺失，许多自然村不通电、不通电话、不通广播电视。医院、学校等公共服务都难以保证，行路难、饮水难、就医难、上学难等问题普遍存在，更别提文化、体育、娱乐设施。最后，居民依山而居，贫困区域集中连片。伏牛山片区的1407个贫困村共有14694个自然村，部分行政村辖区面积20多平方公里，难以提供较为完善的基础设施和公共服务，难以组织集约化生产，导致对口帮扶非常困难。

（四）居民收入水平低下，财政收入有限

首先，贫困发生率高，农民人均收入较低。2013年，"三山一滩"地区贫困发生率高出河南平均水平7个百分点，高达17.02%。"三山一滩"地区农民人均纯收入仅为全国的一半，而这一差距相较前几年还有进一步拉大趋势。黄河滩区人均年纯收入仅3000余元，贫困程度较高。滩区内57个乡镇农民人均纯收入均低于河南平均水平，特别是兰考县的三义寨乡、爪营乡、坝头乡和濮阳县的徐镇农民人均纯收入低于国定贫困线2300元。太行深山区的241个贫困村农民人均纯收入仅占当地农民人均纯收入的1/3。伏牛山片区内多为岗坡地，土地瘠薄，不适宜耕作，加上气候干旱少雨，农业收入低下，农民极为穷困。其次，财政收入低，发展后劲不足。"三山一滩"地区人均公共财政收入不到河南平均水平的1/4，黄河滩区乡人均公共财政预算收入300多元，仅为河南平均水平的15%；人均公共财政支出366元，仅为河南平均水平的7.7%。公共投入少，区域经济社会发展严重滞后。

（五）产业结构单一，配套设施不完善

首先，第一产业比重偏高，产业结构单一。2013年，大别山片区内第一、二、三产业结构比例为37∶31∶32，伏牛山片区一、二、三次产业结构比例为20∶53∶27，与全国10∶47∶43的产业结构水平相比，第一产业比例明显偏高，

说明当地产业发展以农业为主。黄河滩区是黄河防洪体系的重要组成部分，受国家河道管理法规的限制，滩区内没有大型工厂企业，主要以农业种植为主，这也导致其经济发展落后，与周边区域的差距呈现逐步扩大之势，已经形成典型的沿黄贫困带。其次，没有带动经济发展的大型企业。"三山一滩"地区居民仍然过着传统的农耕生活，种粮比较效益低下，经济发展总体水平偏低，缺乏具有明显区域特色的大企业、大基地。再次，缺少为农业发展服务的产业配套。受地理位置的限制，区域内运输条件差，农产品要素无法有效与外界交换，物流成本高。同时，区域内仓储、金融、技术、信息、产权和房地产等高端市场体系不健全，农业产业链条不完整，没有形成具有核心市场竞争力的产业或产业集群。区域现代优质高效农业发展缓慢，农产品市场发育程度较低，优势资源开发利用率和特色农产品商品化率不高。

（六）生态环境独特，保护成本较高

"三山一滩"地区环境独特，对生态的影响重大，因此，国家对这些地区的生态保护有着较高的要求。黄河滩区根据国家有关防洪法律法规明确规定，禁止在行洪河道内建设妨碍行洪的建筑物、构筑物，种植高秆作物和林木，限制举办大中型项目，而这些要求造成滩区经济结构单一，群众收入水平较低，生产生活条件差，滩内外经济发展差距日益加大。伏牛山片区是长江、黄河、淮河三大水系的分水岭和淮河的水源地区，也是河南省天然林面积最大的地区。该片区还承担着南水北调中线工程水源保护、生物多样性保护、水源涵养和水土保持等重大任务，受国家限制开发政策影响，为了保护生态而牺牲工业，从某种意义上也造成了当地的贫困。

三 "三山一滩"地区扶贫开发的机制创新

在新阶段、新时期，为了探索符合扶贫开发新形势的扶贫管理机制，真正将钱用在"刀刃"上，实施精准扶贫，使"三山一滩"地区扶贫开发工作的规划、帮扶、考核到村到户，要针对制约这些地区发展的瓶颈，创新扶贫开发机制，全面提高扶贫成效，增进"三山一滩"地区脱贫致富的步伐，为实现小康社会创造条件。

（一）改变传统观念，创新人才扶贫机制

对"三山一滩"地区的扶贫开发，外在的投入很重要，但要形成当地的可持续发展，自身的造血功能更重要，这就要从当地人身上上下功夫。首先，要通过多种途径改变人的观念。教育扶贫是提高人口素质的最重要途径。通过九年义务教育改变人的知识结构，为其就业与参与科技含量较高的劳动奠定基础。通过德育教育大力培育艰苦创业精神，培育农民的自立自强、奋发图强的意识，比物质扶贫更重要。其次是人才扶贫。多途径地笼络人才，支持"三山一滩"地区扶贫开发。大力培育植根于农村、创业于农村、成功于农村的致富带头人。加大对农村致富能人能力的建设，提高他们的综合素质，培养他们的社会责任，充分发挥农村致富带头人的"传、帮、带"作用，使其真正成为农民致富的"领头雁"。最后，还要实施科技扶贫。要培养农民的科技意识，学习科技知识；要引导农民科学种田，走科技致富的道路。

（二）扩大扶贫投入，创新资金使用机制

第一，要进一步增加中央和地方政府的资金投入。进一步提高对"三山一滩"地区一般性转移支付在中央财政一般性转移支付中的比例，使"三山一滩"地区切实得到实惠。第二，在基础设施建设方面，提高中央财政投入的比例。将中央对"三山一滩"地区农村基础设施建设的财政补贴部分及发展义务教育中中央财政负担的比例至少提高至西部地区的水平。第三，加大省市政府对"三山一滩"地区的资金支持力度。要增加地方一般财政转移支付对"三山一滩"地区的投入，降低"三山一滩"地区增值税、营业税、企业所得税和资源税等地方税收上的分享比例。第四，要实施多渠道的资金融通方式。要通过扶贫贴息贷款引导商业银行贷款等信贷模式，扶持龙头企业、合作经济组织建设等，通过群众银行贷款和其他渠道筹资，用于基地建设相关的小型配套设施。通过村级互助金扶贫、成立乡村金融服务站等方式，动员民间社会资金投入，支持重点企业，形成一个多渠道、广门路的资金投入机制。第五，要对资金使用中的每一个过程进行监督，农业合作社作为一个法人还要通过资金周转使用而产生资金的增值保值。借助新农村建设实现差异化扶贫。根

据不同群体、不同区域的特点，采取差异化的财政扶贫机制，抓住贫困群体最迫切需要解决的问题，进一步提高扶贫效果。

（三）选择特色优势产业，创新产业扶贫机制

"三山一滩"地区产业的发展是该区域经济社会可持续发展的关键所在。首先，建立有效的产业选择机制。要依据自然条件、资源禀赋和产业基础，把与扶贫关联度高、扶贫对象能够广泛参与的种植业、养殖业、加工业、民族特色传统产业和乡村旅游业作为重点，着力培育特色优势产业。把潜在资源禀赋转化为特色产业发展的项目，把传统工艺发展为特色产业开发的产品，把比较优势变为竞争优势，把区位优势变为市场优势，使产业经济特色化、特色经济产业化、产业经济规模化、规模经济外向化。其次，注重产业的基地建设。以比较优势资源为依托，传统产业和现代农林业相结合，积极引导土地流转和退耕还林，着重建设种苗（种畜）基地，推广示范基地（区）和种养基地。最后，注重配套设施建设。以提升产业发展水平为目标，以完善农林作业道路、小水利为重点，围绕产业基地建设，着重解决项目区内农林作业道路、灌溉、现代农林机具、施肥、防害（虫、火）、环保等配套设施建设问题。

（四）扶持新型农业经营主体，创新农业经营机制

新型农业经营主体是解决"三山一滩"地区贫困落后的出路。首先，要将培育各类新型农业经营主体作为"三山一滩"地区扶贫开发工作的重要内容。培育专业种养大户和现代职业农民，支持农业产业化龙头企业做强做优，提升壮大农民专业合作社，大力发展农业服务组织。其次，要加强对"三山一滩"地区新型农业经营主体的指导和服务。"三山一滩"地区劳动力素质低，自我发展能力弱，通过加强农业人才培养，加强农业科技服务，加强农产品营销服务，提高其科技意识。最后，要加强对新型农业经营主体培育工作的支持。要在财政支持、农业信贷、税费政策上对"三山一滩"地区倾斜，帮助"三山一滩"地区早日脱贫致富。

（五）实施精准扶贫，创新扶贫对象的选择机制

首先，建立动态监测机制，锁定重点扶贫对象。国家扶贫开发重点县的确

立有三个重要标准，分别是人均 GDP、人均财政收入和农民人均收入。一些地方政府为达到贫困县评选标准，持续骗取上级扶贫资金，将人口模糊化处理，人为地编制项目、数据。要建立动态监测机制，使贫困地区的群众参与到评定中去，精准定位扶贫对象，使贫困农民得到应有的帮扶。其次，突出重点扶贫，明确扶贫环节。"三山一滩"地区贫困特点差别很大，贫困原因也有所不同，这就要求扶贫项目的选择，要因地制宜，有些地区要重点解决饮水、交通、用电问题，有些地区则要解决就医、就业的问题。对脱贫项目选择，也要以市场为导向，因村制宜，因户制宜，逐户落实。对政府下拨的扶贫资金，也要按照发展环节进行扶持，突出公共性，公益性。最后，建立扶贫对象的退出机制。通过顶层设计，建立扶贫开发效果评估体系。建立和完善贫困县扶贫开发激励惩罚机制，激励已经脱贫但仍在扶贫名单上的贫困地区退出扶贫，可先建立贫困县退出奖励措施试点，避免扶贫脱贫资金使用负面效应和影响。

（六）扶贫与城镇化相结合，创新社会保障机制

首先，要建立扶贫与城镇化相结合的开发机制。对于通过移民安置从生存条件恶劣、自然资源贫乏、生态环境脆弱、地理位置偏僻的地区转移出来的大量劳动力，要将其融入城镇化建设的大潮中。扶贫开发必须与城镇化相结合，充分发挥城镇化对贫困地区脱贫的带动作用。其次，要加强劳动力转移的职业技能培训。加强对农业转移的劳动力技能培训，以提高农民的整体素质和反贫困、反返贫能力，提高农业劳动生产率。要加大教育培训力度。以提高扶贫对象参与产业发展能力为目的，以技能培训为手段，围绕生产基地建设所需的生产技能，发挥各行业部门技术力量的优势，整合社会培训力量，组织开展有针对性的技能培训。引导社会培训机构、行业协会等参与到移民培训中。同时，积极为贫困群众创造条件，外出务工，推动农民逐步向城镇二、三产业转移，增加农民收入。最后，加强社会保障等的软环境建设。"三山一滩"地区相应的科技、教育、卫生、文化等软环境也非常落后。要多种渠道筹措资金，建立村级医疗机构，保证区内群众有处就医，同时保障区内群众都可享受新型农村合作医疗，保证有钱可医。统筹规划教育、卫生、科技、文化事业，解决贫困地区就业难、就医难、上学难等问题。

(七)强化扶贫责任,转变干部考核机制

"三山一滩"地区扶贫开发的目标是实现当地群众的脱贫致富,全面建设小康社会。对"三山一滩"地区的干部扶贫责任、考核机制都要区别于具有不同建设目标的传统的唯"GDP"论考核方式。首先,建立科学的扶贫考核机制。考核的重点不再是GDP增长水平,而是扶贫开发工作成效,将贫困人口脱贫、增加贫困群众收入、提高贫困人口素质、贫困农户危房改造等指标作为干部绩效考核重要内容,引导贫困地区党政领导班子和领导干部把工作重点放在扶贫开发上。对限制开发区域和生态脆弱的国家扶贫开发工作重点县取消地区生产总值考核。对各乡镇从组织领导、经济社会发展、具体工作落实和工作管理等方面进行全方位考核。其次,强化扶贫责任机制。要制订科学的扶贫工作规划,坚持长规划、短安排,分步实施。明确具体帮扶对象、目标、项目、举措等。要强化扶贫开发规划的责任。省委、省政府主要领导对扶贫开发工作负总责,做到一级抓一级,层层鉴定责任。坚持扶贫工作的连续性,不因领导调整和变更随意调整扶贫工作进程。

(八)加强环境保护,创新生态补偿机制

"三山"地区拥有国家级植物保护区,黄河滩区在保障黄河上下游生态安全方面具有重大战略地位,具有极高的生态价值。要改变思维定式,创新生态补偿机制。首先,对一些生态环境脆弱的地区,降低工业化建设强度,因地制宜地发展资源环境可承载的特色产业,发展的重点是保护环境。对生态脆弱和敏感的地区,不以速度来考核经济发展,坚持保护优先、适度开发的可持续发展,逐步完善生态功能。其次,要创新生态补偿机制。要尽快建立一套科学的生态价值评价标准和方法,形成适合于不同层次和类型的生态补偿制度。对限制开发区域,比如对黄河行洪、防洪有重要抑制作用的黄河滩区,弱化经济增长、工业化和城镇化水平的评价;对禁止开发区域,比如对伏牛山片区的天然植物林,要突出生态环境保护等的评价。最后,要对"三山一滩"地区维护生态环境所做出的牺牲予以补偿。"三山一滩"地区生态环境优美,为保护生态,国家限制开发,使得各方面资源要素较差,招商引资缺乏吸引力,最终导致许多地区陷入贫困、人口增长、环境退化的恶性循环中。为反映生态

服务功能的真实价值，应该通过一定的途径予以补偿，使生态功能的价值得到承认。

参考文献

《中国农村扶贫开发纲要（2011～2020年）》，2011年12月1日。

河南省人民政府：《河南省大别山、伏牛山、太行山贫困地区群众脱贫工程规划（2014～2020年）》，2014年10月31日。

河南省发展和改革委员会：《河南省黄河滩区群众脱贫工程总体方案（2013～2020年）》，2013年10月15日。

张永红、吴修稳：《让大别山老区人民尽快富起来》，《中国县域经济报》2012年6月25日。

孔云峰：《论武陵山、秦巴山片区探索实践的价值意蕴——基于国家区域发展与扶贫攻坚战略框架的三峡库区建设》，《清江论坛》2013年第2期。

吴海峰：《新时期怎样做好农村扶贫开发工作》，《中国乡村发现》2009年第1辑。

吴黎明、刘玉琴：《现行扶贫目标（对象）瞄准机制的利弊和建议》，《农村财政与财务》2004年第10期。

B.26 河南省建立农业可持续发展长效机制研究

崔小年*

摘　要： 建立农业可持续发展长效机制是推进河南农业现代化的必由之路，本文首先对河南实施农业可持续发展的必要性进行探讨，其次对河南推进农业可持续发展的障碍因素进行分析，在此基础上，提出建立河南农业可持续发展长效机制的对策。

关键词： 农业可持续发展　障碍因素　长效机制

农业可持续发展是我国可持续发展的根本保证和优先领域。2014年中央一号文件指出，当前保障粮食等重要农产品供给与资源环境承载力的矛盾日益尖锐，要努力走出一条生产技术先进、经营规模适度、市场竞争力强、生态环境可持续的中国特色新型农业现代化道路。河南作为我国的农业大省，粮食等重要农产品生产供给在全国农业中具有举足轻重的地位，河南农业可持续发展问题是我国农业可持续发展的重中之重。推进河南农业现代化、实现河南农业大省向农业强省转变，必须要走可持续发展的道路，建立河南农业可持续发展长效机制，这是新时期实现河南特色新型农业现代化的客观需要和迫切要求。

一　河南实施农业可持续发展的必要性

改革开放以来，河南农业发展取得巨大成就。2013年，河南粮食产量和

---

* 崔小年，河南省社会科学院助理研究员，博士，研究领域为农业经济。

肉类产量达到5713.7万吨和699.1万吨，分别占全国总量的9.49%和8.19%，均位居全国第二位，为保障我国粮食安全和重要农产品供给做出了突出贡献。然而，河南农业进一步发展面临严峻的资源环境制约，如全省人均耕地面积仅有1.23亩，低于全国平均水平（1.5亩），人均水资源占有量只有226.4立方米，远低于全国平均水平（2059.7立方米）。地少、水缺、人多的矛盾在河南农业发展中表现得尤为突出。在现实条件制约下，寻求河南农业发展新突破，推进河南农业现代化进程，必然要选择农业可持续发展之路。

（一）农业可持续发展是农业新阶段的必然要求

农业可持续发展是欧美等发达国家在农业发展历经保障农产品供给和进行农业结构调整两个阶段，开始进入环境农业阶段后达成的一项发展共识。同样，改革开放至今，从发展目标来看，我国农业发展大致历经了相似的三个阶段：一是解决农产品供需矛盾、重点保障农产品数量供给阶段；二是供需矛盾基本解决、重点提高农民收入水平阶段；三是满足高质量生活的食品安全和生态环境阶段。当前我国农业发展正处于由第二阶段进入第三阶段的关键转型时期，农业可持续发展是化解这一转型时期农业生产供给与社会需求之间矛盾的基本方法。转型时期食品质量安全事件频发、农业生产环境污染严重等问题给我国农业发展带来了重大挑战，为应对这一挑战、破解农业发展瓶颈，迫切需要实施农业可持续发展。河南作为农业大省和保障我国粮食安全的中坚力量，更是如此。在全面深化农村改革推进农业现代化的新时期，面临资源环境的严峻约束，为满足城乡居民日益提高的食品质量安全和生态环境需求水平，只有走可持续发展的道路，河南农业才能实现健康良性发展，才能继续为我国粮食安全和重要农产品供给做出新的贡献，并最终实现河南农业现代化。可以说，农业可持续发展是农业新阶段的必然要求，是实现农业现代化的必由之路。

（二）农业可持续发展是转变农业发展方式的现实选择

农业发展方式是农业现代化的具体实现形式，农业现代化能否最终实现关键在于农业发展方式的选择。农业发展方式从根本上说是农业资源配置方式，包括农业生产要素种类、份额和组合方式等内容，农业资源的合理配置需要建立在农业资源要素的构成及其变动基础上，粗放型的农业发展方式显然已经不适应当前农业生产资源环境压力加剧的客观环境，以地少水缺为基本特征的农业资源要素构成条件迫使农业发展方式改变之前粗放式的发展路径，转向资源节约、环境友好、生态循环的可持续发展方式，符合农业可持续发展的资源配置方式才能使农业生产进一步取得经济效益，并同时取得生态和社会效益。河南农业生产在土地、水等资源要素人均占有量方面表现得更为稀缺，农业进一步发展的约束和限制更强，这是河南农业当前以及未来发展必须面对的基本矛盾。在这一现实约束条件下，河南实现由农业大省向农业强省转变，首先必须要转变长期以来形成的粗放型农业发展方式，优化配置农业生产要素，使农业发展方式真正体现稀缺资源的集约利用，通过改变农业发展方式来提升农业生产的质量效益，而稀缺资源的集约利用正是农业可持续发展的应有之义。因此，可以说，农业可持续发展是转变农业发展方式的现实选择。

（三）农业可持续发展是实现四化同步的发展方向

工业化、信息化、城镇化和农业现代化协调发展，是党的十八大对新时期经济社会发展的重大战略部署。农业是国民经济的基础，农业现代化为工业化和城镇化提供支撑和保障，在四化同步发展中处于基础性地位。然而从现实情况来看，工业化和城市化分别进入中后期阶段和加速发展阶段，农业现代化程度明显落后于工业化和城镇化发展水平，农业生产效率和比较效益仍然偏低，制约了"四化"同步发展。根据蔡昉的实证研究结果，随着我国经济高速增长，劳动力转变的新阶段已经到来，我国农业发展正处于刘易斯拐点阶段。而刘易斯拐点阶段的到来意味着农业劳动力开始由剩余向稀缺转变，农业发展和粮食安全问题面临新的挑战，这也是农业现代化水平能否赶上工业化和城镇化，进一步实现"四化"同步的关键阶段。"四化"同步的本质是将"四化"视为一个整体，通过"四化"互动，达到协调发展。工业化和城镇化的快速发展，不仅对农业生产提出了更高的要求，如食品质量安全、生态环境优化等，也影响和改变如土地、劳动力等与农业生产相关的资源要素条件，可以说，农业可持续发展是"四化"同步发展对农业发展提出的新要求。河南省作为传统农业大省，在推进农业现代化的同时，也在大力建设中原经济区，迅速推进工业化和城镇化。2013年，河南城镇化率达到43.8%，根据城市经济学中对城市化阶段的划分标准，河南正处于人口向城市迅速聚集、城市规模快速扩张的加速阶段，要实现与工业化、信息化和城镇化的协调发展，河南农业发展需要以可持续发展为指导。

二 河南推进农业可持续发展的障碍因素

农业可持续发展大致涵盖三个方面的内容，即经济可持续、生态可持续、社会可持续，农业可持续发展最终要实现三个方面的共同可持续。基于此，下面分别从这三个方面阐述河南农业可持续发展的障碍因素。

（一）经济可持续的障碍因素

经济可持续是农业可持续发展的条件，没有发展也就没有可持续。农业可持续发展首先必须保证在这一发展模式中能够保持经济方面的可持续，通过激励经济发展、提高农业生产效率、强化农业的经济生产功能，使农业从业者从中获取经济效益。经济可持续的发展目标需要通过农业从业者获取的经济效益来衡量，获取经济效益的高低直接决定了农业可持续发展的能力。从当前河南农业发展的经济层面来看，农业生产效率偏低，经济效益不高，而农业经营组织分散直接阻碍了农业经济效益的进一步提升，农业生产效率低下和农业经营组织分散是河南农业经济可持续的主要障碍因素。

1. 农业生产效率偏低

农业生产效率是农业经济效益的直接反映，当前河南农业生产中劳动力素质下降以及规模经营规模狭小严重制约了农业生产效率的提高。首先，虽然依赖技术进步河南农业生产效率相对改革开放初期取得了很大提升，但随着工业化和城镇化快速发展，农业劳动力持续向二三产业转移，这导致农业从业者结构发生了明显变化，青壮年劳动力不断流向城市，老弱劳动力留守或返回农村，农业劳动力老龄化趋势加强，这导致农业劳动力素质下降，同时也使农业劳动力开始面临后备主体不足的困境。虽然美日等发达国家同样存在农业劳动力老龄化的现象，但由于发达国家农业社会化服务体系完善、机械化水平高，农业劳动力老龄化并未对农业生产效率造成严重威胁。与之不同的是，河南农业社会化服务体系仍处于起步阶段，尚未健全，农业劳动力老龄化对农业生产效率的负向影响不能得到弥补。另外，农业生产规模较小、耕地细碎化经营，使农业生产的规模效益不能得到有效发挥，同样也制约了农业生产效率的提高。从农村居民人均纯收入指标来看，2013年河南农村居民人均纯收入8475.3元，低于全国平均水平的8895.9元，农业生产效率偏低，农民收入水平不高，通过农业生产来获取经济效益不能起到有效激励的作用，这严重影响了农业经济可持续能力的提高。

2. 农业经营组织分散

分散的超小规模农业经营在一定时期为解决农产品数量供给做出了贡献，同时也提高了农业经济效益，但随着经济社会的发展，分散的农业经营组织与社会化大生产的趋势越来越不适应。一家一户的孤立经营方式一方面不利于专业化生产，落后的传统生产手段难以得到有效转变；另一方面，组织化程度低下使农业从业者很难分享农业产业链利润，这导致农业经济效益的进一步提升存在很大困难。河南虽然依托农业生产大省的优势，发展了一批农业产业化龙头企业，但数量和辐射带动能力仍然不够，农民专业合作社建设也取得了一定发展，但多数合作社服务层次较低，经济生产功能和市场运作能力不强，对政策依赖程度较高，存在问题不少。总体来看，河南农业组织化程度仍然较低，也是制约农业经济可持续的重要障碍因素之一。

（二）生态可持续的障碍因素

生态可持续是农业可持续发展的基础，没有生态可持续，农业生产在经济上的可持续也不可能实现。农业可持续发展一方面要重视经济生产功能的发挥，另一方面要更为充分重视农业生产的生态综合服务功能。过度追求经济生产功能是农业可持续发展的最大误区和障碍，强化农业非直接经济生产功能才是新时期农业可持续发展的根本方向（谢美娥等，2013）。如果说，经济可持续是农业从业者的可持续发展能力和动力，生态可持续则是农业生产本身的物质基础和条件。从当前河南农业发展的生态层面来看，农业资源基础薄弱和农业环境污染严重是制约生态可持续发展的重要障碍因素。

1. 农业资源基础薄弱

这里所说的农业资源主要指包括土地资源、水资源、气候资源等在内的自然资源。农业资源是农业可持续发展最根本的物质基础，地少水缺的先天不足是河南农业发展面临的最为突出的障碍，实现农业可持续发展的关键在于农业资源的保护和有效利用。而阻碍保护和有效利用农业资源因素来自农业系统内外两个方面。一是工业和城市发展给农业资源带来的压力。随着工业化和城镇化推进，农业资源出现了数量减少和质量下降的双重压力，这对农业资源保护提出了更高的要求。如前文所述，河南耕地资源和水资源人均占有量相对全国平均水平短缺程度更为严重，工业和城市发展对耕地资源和水资源的竞争性需求也日趋激烈，城乡争地争水矛盾日渐突出，这在一定程度上加剧了河南农业资源的约束瓶颈。二是落后的农业生产方式对农业资源的不合理利用。由于农业生产方式仍然相对粗放，资源利用水平和效率不高，水土流失和土地过度开发利用加剧了土地质量下降程度，土壤地力恢复和保护没有得到应有重视，农田水利建设滞后和灌溉效率低下使有限的水资源不能得到充分利用，漫灌超灌现象普遍，造成有限的水资源浪费严重。河南是受农业气象灾害影响最严重地区之一，尤其是旱涝灾害频繁发生，而河南农业防灾抗灾减灾能力仍然较弱。可以说，农业资源基础薄弱、资源利用效率低下是制约河南农业生态可持续的重大障碍。

2. 农业环境污染严重

与农业资源基础薄弱同时存在的是，农业环境污染日趋严重，不能得到有效防控和妥善治理，进一步导致农业资源和生态环境的恶化。农业环境污染防控是摆在农业生态可持续前的另一重要障碍和艰巨任务。农业环境污染主要来自三个方面：一是工业和城市污染的转移。随着工业和城市发展，工业废弃物和城市垃圾、污水等由于监管不力有向农业和农村转移扩散的趋势。二是农业生产带来的环境污染。农业生产中化肥、农药、农膜等农业投入品的大量不合理使用带来严重的农业面源污染，土壤侵蚀严重，导致耕地质量下降；随着农业产业结构调整，畜禽养殖规模化比重不断提高，与之配套的污染物防治设施没有建立或没有发挥实质作用，对耕地资源和水资源带来了严重污染。三是农村生活废弃物的污染。随着农村居民生活水平的提高和生活方式的改变，逐年增多的农村生活垃圾得不到适当处置，也给农业环境带来了一定的污染。

（三）社会可持续的障碍因素

在可持续发展的理念中，社会可持续是可持续发展的最终目的，经济可持续和生态可持续在资源环境约束条件下要求农业从业者采用资源节约和环境友好的生产方式，在资源可持续利用和生态系统可持续的基础上获取经济利益，最终要达到的目的仍然是社会大众普遍接受农业可持续发展。说到底，农业可持续发展模式是一种以人为本的可持续发展，以这一发展模式提供的产品和服务来满足人类自身需要。就农业可持续发展来说，社会可持续主要指农村居民生活现状的不断改善。从当前河南农业发展的社会层面来看，农民收入分配不合理是农业社会可持续方面的主要障碍因素。

农民收入分配不合理表现在三个方面，首先是城乡收入差距仍然较大。与城镇居民收入相比较，农民收入较低。虽然河南农民纯收入逐年增长，2013年达到8745元，但与城镇居民收入相比仍有非常大的差距，2013年农民人均纯收入与城镇居民人均可支配收入的比值为1:2.64，虽然这一差距在逐渐缩小，但农民收入增长仍较缓慢。其次是地区间农民收入差异明显。豫北地区农民纯收入显著高于豫东南地区，郑州、鹤壁、焦作、济源等地农民人均纯收入超过1万元，安阳、新乡两地农民人均纯收入也在9600元以上，而商丘、信阳、周口、驻马店等地农民人均纯收入不到8000元。最后是农户间收入差距明显，家庭劳动力结构和工农分化导致以务农为主的农户收入显著低于以务工为主的农户收入。农民收入在城乡、地区和农户间等的不合理分配、农村贫富差距明显、务农收入比重较低、贫困农户收入增长缓慢，是制约河南农业社会可持续的主要障碍因素。

三 河南建立农业可持续发展长效机制的对策

推进农业现代化，关键之一是加快转变农业发展方式，促使农业生产由高投入、高能耗的粗放经营向数量质量效益并重的集约经营转变，更加注重农业可持续发展。农业可持续发展是一项长期的战略任务，推动农业可持续发展，达到经济可持续、生态可持续和社会可持续相统一，需要立足河南农业发展新阶段的现实情况，建立农业可持续发展长效机制，以促进河南农业现代化，实现河南由农业大省向农业强省转变，协调四化同步发展。河南建立农业可持续发展长效机制必须首先立足长远、着眼全局、总体规划，其次要通过提升农业经济效益提高农业发展的经济可持续能力，通过节约利用和保护农业资源环境夯实农业发展的生态可持续基础，通过改善农民生活质量实现农业发展的社会可持续目的，最终实现农业的总体可持续发展。

（一）编制出台《河南农业可持续发展规划》，为农业可持续发展提供指导

农业可持续发展规划是转变农业发展方式发展现代农业的必然要求，通过编制规划，为农业可持续发展提供一个宏观性、方向性和指导性的决策依据，有利于把握正确方向，避免盲目性。2013年，农业部启动编制《全国农业可持续发展规划》，其基本思路是推进四大战略：技术创新战略、资源利用升级战略、布局再平衡战略和贸易互补战略。河南作为农业大省，在全国规划出台后，应以此为指导，结合河南农业实际情况，在深入调查研究的基础上，抓紧编制出台河南农业可持续发展规划，以发展规划统筹全局，并将其作为河南农业可持续发展的指导性和纲领性文件，协调农业现代化和工业化、信息化、城镇化之间的关系，明确河南农业可持续发展的具体目标任务和配套保障措施，加快河南农业可持续发展的实施进程。

（二）加强农业资源管理，提高资源利用效率

农业资源是农业生产的物质基础，对农业资源一要加强管理保护，二要提高利用效率。通过完善法律法规，建立严格的农业资源保护体系，处理好资源保护与发展的关系。尤其要严格保护耕地和水资源，以提高土壤地力为目的科学合理地开发利用土地，稳定耕地面积，严控城乡建设用地，节约用地，实现建设占用耕地占补平衡，同时采取切实有效措施预防土地退化和破坏，积极治理退化土地，提高低产农田的土地质量和利用效率，加强未利用土地开发，清理整治闲置土地；加强农业水资源的合理开发和高效利用，加大投入，完善农田水利基本建设，推广节水灌溉技术，扭转农业灌溉水资源浪费的局面，提高农业水资源利用效率和效益，落实水资源管理责任和考核制度。

（三）严控农业环境污染，保护农业生态环境

推广环境友好和生态循环生产技术，大力发展生态农业，实施清洁生产。种植业方面，规范化肥、农药、农膜等投入品使用，加大农业面源污染防治力

度，采取切实措施支持高效肥和低残留农药使用，实施有机肥补贴，推广高标准农膜和废旧农膜回收加工利用试点，开展土壤污染治理与修复工作，加大土壤环境保护和综合治理投入力度。严禁农作物秸秆焚烧，推进秸秆综合利用工作，多途径开发利用秸秆资源，提高秸秆资源化利用率；畜禽养殖方面，规范兽药、饲料添加剂、消毒剂等投入品使用，重点监管整治规模畜禽场环境污染，完善规模化畜禽场污水、粪便处理设施建设以及后续运行管理监督，加快标准化规模畜禽场建设，提高畜禽粪便无害化处理率和污水处理达标率，力争实现畜禽场污染零排放，创造条件发展种养结合家庭农场，鼓励养殖业大户流转周围农地发展循环农业。严格防控城市工业污染向农村农业转移，加强监管，切断污染转移路径，同时要全面推进农村生活垃圾治理工作。

（四）推动农业科技进步，提高农业科技贡献率

农业发展方式由传统粗放向现代化转变过程中，科技进步是核心和关键，一方面农业可持续发展必须依靠科技创新才能实现资源永续利用和生态可持续；另一方面，农业综合生产能力的提高也主要有赖于科技进步推动。需要加大财政投入，建立新型农业科技创新体系，提高农业科技自主创新能力，鼓励农业科技创新，以及新技术推广和成果转化，重视高校、科研机构农业技术创新的同时，引导和支持农业企业参与农业科技创新和推广，采取财政补贴、税收优惠、项目倾斜等措施积极鼓励农业企业成为农业技术创新的主体；加快构建稳定高效的农业科技服务体系，培养高素质农业科技推广和管理人才队伍；重视节约型技术、生物技术、信息技术在农业中的推广应用，加大农民技术培训力度，大力发展有利于资源节约和环境保护的循环、生态、低碳农业。

（五）加快培育新型农业经营主体，完善农业社会化服务体系

新型农业经营主体和社会化服务体系是农业发展方式转变对农业生产和服务主体的必然要求，也是适应农业现代化发展的需要。一是做好农村土地流转工作，依法进行，有序流转，政府要进行制度创新加强土地流转服务，鼓励支持并规范引导土地流转，为发展农业适度规模经营创造有利条件；二是鼓励新型农业经营主体进行流转土地，加大政策性金融对新型农业经营主体的支持，通过贷款贴息、税收减免、项目扶持、政策倾斜等手段扶持新型农业经营主体发展，创

新信贷担保方式，满足不同类型农业经营主体的信贷需求，通过经济补贴支持新型农业经营主体参加农业保险，同时加强对新型农业经营主体进行规范建设和管理；三是完善农业社会化服务体系，强化以政府为主导的农业公共服务体系，同时也要支持和鼓励企业、农民积极参与，大力发展市场化服务体系。

（六）培育新型职业农民，提高农业劳动力素质

新型职业农民是新型农业经营主体的基础，培育新型职业农民是解决农业劳动力数量质量下降与发展现代农业高素质需求之间矛盾的有效途径，农业现代化必然要求农民的职业化。政府部门要科学制订教育培训计划，采取灵活的培训方式培育职业农民，提高新型职业农民教育培训的专业化、标准化水平，除专门的农民教育培训机构，还积极动员农业院校、科研机构、农业企业和合作社等广泛参与，同时加强新型职业农民的认定管理工作。

（七）多渠道增加农民收入，改善收入分配格局

增加农民收入不仅包括农民人均纯收入增长，同时更要注重与城市居民收入差距的缩小以及地区间和农户间收入差距的缩小。一要加强农业基础设施建设投入，提高农业劳动生产率，稳定提高农民家庭经营收入水平；二要拓宽农民就业渠道，提升农民就近就地就业能力，增加农民工资性收入水平；三是推进农村土地制度改革，为增加农民财产性收入创造有利条件；四要加大对农村社会保障的各类投入，深入推进农村扶贫工作，增加农民转移性收入。

参考文献

谢美娥、谷树忠：《新时期中国可持续发展的目标定位与基本思路》，《中国农业资源与区划》2013年第6期。

王岩：《农业可持续发展实质及因素分析》，《农业经济问题》1998年第9期。

曾福生：《中国现代农业经营模式及其创新的探讨》，《农业经济问题》2011年第10期。

周应华：《新时期中国可持续发展的战略选择》，《中国农业资源与区划》2002年第2期。

Abstract

This book is edited by the Henan Academy of Social Sciences, in the theme of " Promote the Construction of a Large Modern Agriculture Province", which deeply and systematically analyzes the status and characteristics of agriculture and rural area development of Henan Province in Year 2014, and outlook for Year 2015. Researches and discusses the main measures and results for promoting the development of the agriculture and rural areas in Henan Province through all-rounded as well as multi-angle ways; providing countermeasures and suggestions on further promoting the construction of large modern agriculture province.

One of the general reports in this book analyzes and predicts the situation of 2014 – 2015 agriculture and rural area development in Henan Province. According to the report, the whole provincial agricultural and rural area development represents " steady growth, strong foundation, increasing efficiency, and raising energy" developing status, implemented grain output increased for the eleventh consecutive years, farmer income expanded for the eleventh consecutive years, but it also faces some prominent problems. In 2015, although the traditional and non-traditional challenges are superimposed and highlighted, the advantages are gradually accumulated, the provincial agricultural and rural area development will still win a larger ascension space, and it will maintain a "stable production output, expanding income, transferring ways, and promoting integration" status as a whole. Reports suggest that, in the current critical period of Henan agricultural and rural area development's transformation, efforts should be putting into the " Three Projects", strengthen the " Three Elements", construct the " Three Systems", highlight the " Three Links", and break through the " Three Bottlenecks", speeding up the construction of large modern agriculture province.

The second general report of this book measures and evaluates the development level of regional agricultural modernization in Henan Province. According to the report, the research and evaluation of the development level of agricultural modernization in Henan Province has great significance for promoting the construction of modern agricultural province, and speeding up Henan agricultural modernization process. The report carry out comprehensive measurement, evaluation and analysis of 18 cities' agricultural modernization level in Henan Province by building Henan regional agricultural modernization evaluation index system, using comprehensive utilization of statistical yearbook data, statistical bulletin and so force. It suggests that, we should strengthen the differentiation and precision of policy design at the provincial level, and strengthen the abutment and implement aptly at the city and county level.

The professional Reports of the book are divided mainly from agricultural development, rural development, new agricultural business entities, deepening rural reform and other aspects of special studies. The report strives to a comprehensive analysis of the main effects, bottleneck, development advantages and strategic opportunities of agricultural development and rural development in Henan. It also makes prospects for agricultural development and rural development in Henan during 2015, the 13th Five-year plan period, and even a longer period, and proposes some targeted basic ideas and measures.

The chapter of agricultural development attempts to make analysis and prospects for agriculture, forestry, animal husbandry and agro-industry, urban ecological agriculture in Henan's agricultural development , and explore ideas and measures for the construction of modern big agricultural province in Henan during the 13th Five-year plan period, in order to improve the quality, efficiency and competitiveness of agriculture.

The chapter of rural development attempts to make analysis and prospects for the transfer of rural labor, the construction of agricultural products circulation and market system, farmers' income and consumption, rural tourism, beautiful countryside construction, rural governance in Henan's rural development, and explores the paths and patterns of promoting rural development during the new period.

The chapter of new agricultural business entities attempts to make analysis and prospects for the new agricultural business entities, such as new professional farmers, family farms, large breeding, farmers' cooperatives, agricultural industrialization leading enterprises, agricultural socialized service system and so on. It also explores how to cultivate new agricultural business entities in accelerating the construction of modern big agricultural province.

The chapter of deepening rural reform attempts to conduct special research for priority, hotspot and difficult issues in deepening rural reform of Henan. It carries out in depth from different levels and focuses on deepening the reform of rural land system, strengthening the scientific and technological support for the development of modern agriculture, optimizing the fiscal and financial support mechanisms for the modern agricultural development, improving the poverty alleviation and development mechanism, building mechanisms of sustainable agricultural development.

Contents

B I General Report

B. 1 The New Span of a Large Agricultural Province: the Analysis and Prospect on Henan Development of Agriculture and Rural Areas in 2014 −2015

     Research Group of Henan Academy of Social Sciences / 001

Abstract: In 2014, with the steady growth of main agricultural products and farmer income, it expected to achieve annual grain production " eleven even increase" and the income of the farmers "eleven even faster". The total rising mildly in the price of agricultural products, the overall decline in the price of agricultural means of production; agricultural format constant innovation, rural land circulation acceleration, speed up new agricultural management main body development, agricultural "going out" pace, "beautiful country" construction progress smoothly. But at the same time, is also facing some major problems such as the coexistence of "high cost" and "low efficiency", "high input" and "high constraint", "high risk" and "strong inertia". In 2015, despite the various traditional and non-traditional challenges superimposed highlighted, the favorable conditions are accumulating gradually, the output of major agricultural products throughout the year will be steady growth, the income of the farmers will continue to grow, the innovation of agricultural business modes will further accelerate award, the integration of urban and rural areas will further accelerate.

Keywords: Henan; Agriculture and Rrural Areas; New Span; Analysis and Prospect

B. 2 The Measure of the Level of Agricultural Modernization in Various Regions of Henan Province

Research Group of Henan Academy of Social Sciences / 027

Abstract: The research on the measurement of the level of agricultural modernization in Henan province, has important significance for promoting the construction of modern agricultural province, and accelerating the modernization of agriculture in Henan. Based on the statistical data of Henan province, this paper has made comprehensive measure and evaluation on the level of agricultural modernization in Henan Province. According to the results, policy suggestions have been put forward, such as strengthening the differentiation and precision of policy design at the provincial level, strengthening the abutment and implement conveniently at the city and county level.

Keywords: Henan; Modernization of Agriculture; Measure; Evaluation

ⅠB Ⅱ Agricultural Development

B. 3 Review and Prospect on the Five-years Construction of the Grain-production Core Areas in Henan   *Chen Mingxing* / 040

Abstract: Since the national food strategy construction engineering the core area of Henan officially started in 2009, Henan has achieved the "eleven even increase", the income of the farmers "eleven even faster" because of the promotion of a series of initiatives continue to promote high yield creating, development of agriculture industry cluster. But also faced some difficult problems such as more difficult of continuing to increase production and income, tightener of constraints on resources and environmental, and the marked gap between reality and expected target. To effectively promote the construction of the grain-production core areas in Henan, we must strengthen the benefit compensation, perfect the market regulation, deepen the reform and innovation, promote the synchronization of four modernizations.

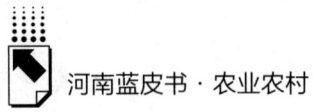

Keywords: the Grain-production Core Areas; Eleven Even Increase; Eleven Even Faster

B.4 The Industry Development Status and Countermeasures of Henan Cash Crop *Miao Jie / 053*

Abstract: Based on the grain production, Henan actively develops the agricultural industry which is orientedl cash crop. After several years effort, the scale, standardization and industrialization production of cash crop has improved gradually, which greatly increase the efficiency of agriculture and the income of peasants, but it still has some obvious problems. Hereafter, we need take more efforts on the base construction, technology support, brand cultivation, element agglomeration, government service, and so on, then expand the cash crop industry furtherly.

Keywords: Cash Crop; Modern Agriculture; Agriculture Industry

B.5 Study on the Development Status and Countermeasures of Henan Animal Husbandry
  Research Group of Henan Bureau of Animal Husbandry / 064

Abstract: Henan is a big province of animal husbandry and a typical representative of the animal husbandry in China agriculture region. This paper summarized the achievements over the past year of Henan animal husbandry, and analyzed the new situation and the restricting factors of further development of Henan animal husbandry. On this basis, this paper clarified the further development ideas of Henan animal husbandry, and put forward the countermeasures to promote the sustained and healthy development of Henan animal husbandry.

Keywords: Henan Animal Husbandry; Axial Industry; The New Agricultural Big Province

B. 6 Analysis and Countermeasures on the Forestry Development and Ecological Province Construction in Henan *Peng Junjie* / 072

Abstract: Forests are the main parts in terrestrial ecosystems, as well as in ecological construction and protection. And they are also the main positions of construction of ecological civilization and harmony between human and nature. Till now, the forestry development and ecological province construction in Henan province have been some successful practice and exploration. However, there but in are still many problems existed in the total amount of forest resources, the ecological environment protection and forestry industrialization. In the paper, in order to achieve economic-social sustainable development, we propose to strengthen the focus on the construction of forestry ecological province, the recovery of ecological fragile zone, forestry industrialization development and forestry legal system constructions in Henan province.

Keywords: Henan Province; Forestry Development; Ecological Province Construction

B. 7 The Analysis on Henan Agro-industry's Situation and the Development Countermeasures *Zhao Yuxin* / 083

Abstract: Agro-industry has grown to be the pillar industries in Henan province. However, the agro-industry's industrial concentration in Henan is not high, and the degree of development of industrial clusters is lower. Also, the agricultural products' deep processing capacity needs to be improved. Henan's agro-industry wants to grow stronger, we must turn our eyes from the traditional resource-based development model, which is focus on the "agriculture-based", to the new industrialization, the industrial restructuring and upgrading.

Keywords: The agro-industrial; Restructuring and upgrading; Henan province

B.8 Thoughts and Countermeasures of Urban Eco-agricultural Development in Henan Province　　*Kong Ximei* / 093

Abstract: Urban eco-agriculture is the connecting link between the city and the traditional agricultural areas, and has a significant and great prospect in future in Henan. It presents the obvious characteristic of multi-industrial development because of the dual attention from the market and the government. But at the same time, it also exists some problems such as the blindness and homogenization, emphasis on its multi-functional characteristics too excessively and neglect of its intention of development. So it faces the lack of cooperation between the various enterprises of urban eco-agriculture. In the future, we should pay attention to the long-term planning, guide the cooperation between urban eco-agricultural enterprises, and strengthen the statistics and research on the development of urban eco-agriculture.

Keywords: Urban eco-agriculture; Henan province; The New Agriculture

B.9 Ideas and Measures for the Construction of Modern Big Agricultural Province in Henan during the 13th Five-year Plan Period　　*Wu Haifeng* / 103

Abstract: Promoting the construction of modern agricultural province, is both the objective requirements of economic and social development in Henan province, and an important manifestation for serving the overall situation of the country. It should be seized the period of the year 2015 and the 13th Five-year plan, which the important period of strategic opportunities. We should consider the situation, clarify ideas, define goals, grasp the principle, continue to increase support for agriculture. And we should take effective countermeasures to enhance the quality, efficiency and competitiveness of agriculture, to achieve remarkable achievements in promoting the construction of modern agricultural province, for promoting Henan to go from big agricultural province to modern strong agricultural province.

Keywords: Change the Mode of Growth in Agriculture; Develop Modern Agriculture; Promote the Farmers' Income.

B Ⅲ   Rural Development

B.10   The Development Status and Countermeasures of Henan Agricultural Product Circulation and Market System Construction   *Ren Xiuping* / 115

Abstract: The circulation of agricultural products is related to agricultural synergism, farmer income and consumption, has a very important position in the economic and social development in Henan province. This article, by analyzing present situation of Henan Province agricultural product circulation and market system construction, has been clear about the main problems existing in the circulation: the lack of legal planning, the low circulation organization degree etc. and puts forward some targeted countermeasures, such as to perfect the legal planning system, cultivating the main body, innovating policy measures; finally, briefly analyzes the developing situation of 2015.

Keywords: the Circulation of Agricultural Products; The Lack of Legal Planning; Innovating Policy Measures

B.11   The Employment Status and Development Countermeasures of Rural Transferring Labor in Henan Province   *Lyu Zhihua, Yan Haiying* / 129

Abstract: During the year 2014, the employment situation of rural transferring labor is generally stable in Henan province. Overall, the situation of rural labor transfer is still grim, and the transferred jobs also have some problems, such as insufficient public service, low rural labor skills, unstable employment. In order to do a good job in rural labor transferring, we need take some steps as follows, strengthen employment service, enhance skill quality, broaden employment channel, push on basic public service equalization.

Keywords: Rural Labor; Transferring Employment; Henan

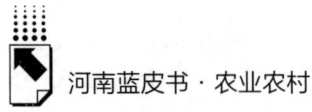

B.12 Research on Current situation, Problems and Countermeasures of the Rural Tourism Development in Henan Province

Xu Shaoli / 139

Abstract: Henan is a major agricultural Province, It has the advantage of development of rural tourism. Through the research on development status, main types and characteristics of rural tourism in Henan province, analyzes the main problems of rural tourism in Henan Province. On this basis, the Paper proposes a general idea about the development of rural tourism, and develops clear countermeasures for further development of rural tourism in Henan Province.

Keywords: Henan Province; Rural tourism; Agriculture Entertainment

B.13 Analysis of Current Situation and Trend of Henan Rural Households Income and Consumption   *Wang Yuanliang* / 148

Abstract: By contrasting the family income and expenditure of rural residents and urban residents, make overall judgments about the income and consumption situation of rural households in Henan Province, and make comparative analysis of the situation of each city and county. In the future, the rural resident family net operating income will grow rapidly, the property income will increase sustainedly; food expenditure will reduce gradually, living expenses will grow steadily, and finally some suggestions are proposed on how to improve the income and consumption level of rural households in Henan Province.

Keywords: Rural Residents; Family Income; Household Consumption

B.14 Constructive Modes of Beautiful Countryside in Henan

An Xiaoming / 161

Abstract: Construction of beautiful countryside has important significance for ecological civilization construction and comprehensive well-off society in Henan. There are four modes of beautiful countryside construction in Henan: scenery type, industry type, cultural heritage and environment remediation type. Since 2013, Henan organized the beautiful countryside construction activity, has made some achievements. However, some problems have exited, such as lack of planning guidance, lack of funding and talent, lack of long-term management mechanism, and not yet formed a high-end brand. In the future, it should be strengthened planning guide, expanded financing channels and nurtured professionals, established long-term management mechanism; and build high-end brands of beautiful countryside.

Keywords: Henan; Beautiful Countryside; Constructive Modes

B.15 Government Organization in Village: The Rural Governance Pattern in Henan *Liang Xinzhi* / 172

Abstract: As an important part of modern national governance system, rural governance changes with the social and economical development of rural area. Based on the longitudinal authority source of rural governance, the rural governance pattern of Henan can be divided into "Democratic Governance" and "Political Governance", which calls for attention and support from home and abroad. From the perspective of comparative analysis, this article analyzes the current situation of Henan's Democratic Governance and Political Governance and the development status of rural governance and village governance, got the conclusion of the government organization's development pattern in villages. Based on the analysis above, this article provides relative prediction and judgment of the development of Henan's rural governance in the future.

Keywords: Governance Pattern; Rural Government; Government Organization in Village

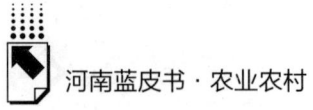

河南蓝皮书·农业农村

B Ⅳ New Subjects of Agricultural Management

B.16 Building New Agricultural Management System Based on the Main Entities of Large-scale Management　　*Liu Yun* / 183

Abstract: For building new agricultural management system, the fundamental way is industrial upgrading and promoting the farmers become citizens, the main task is developing diversify business entities on agricultural production and service. Currently, we should focus on two points that developing various service entities to meet the demands of larger scale planting and take advantage of processing enterprises to develop diversify production entities.

Keywords: New Agricultural Business; Entities Large-scale Management; Diversified Service Entities

B.17 Study on Household Farm Development in Henan Province
　　Guan Fuxin / 194

Abstract: The socio-economic transformation and modernization of policies has provided a development environment for family farms in Henan Province. At present, family farms of Henan Province are mainly registered as self-employed, and which are engaged in the development of food production is more stable, family farms of 100 – 200 acres have the maximum benefit. For the policy having not been completed, the elements of high prices, financing difficulties and service system is imperfect and so on, we need to take measures to promote the development of family farms in Henan Province.

Keywords: Household Farms; Scale Management; Modern Agriculture

B. 18 Research on the Development of Farmer Cooperatives in Henan Province　　　　　　　　　　　*Zhao Cuiping, Liu Ning* / 204

Abstract: Farmer cooperatives are generally in the stage of rapid development in Henan province and its coverage are expanding, its service-function is gradually optimized, its market competitiveness is significantly improving. At the same time, we must pay adequate attention of the problems of shortage, deficiency and misbehavior. The authors state that the lack of key factors of production and financial services and imperfect support system are main restrictive factors. As a result, it must be to strengthen government support, clear policy focus of the phases, promote the development of rural cooperative finance, speed up the local rules and regulations legislative process.

Keywords: Farmer Cooperatives; Coverage; Operation Ability

B. 19 Research on the Development of Henan Agricultural Industrialization Leading Enterprises　　　　　　*Sheng Xiudong* / 215

Abstract: The development of leading enterprises of agricultural industrialization in Henan province has made achievements, Henan has become the country's a veritable "granary" and "kitchen". The current problems are: "three little and three more" phenomenon is prominent, linking mechanism of leading enterprises and farmers is not perfect. The development direction of Henan agricultural leading enterprise in the future is: focusing province's power on the development of a number of "giant" agricultural leading enterprise, building more "Shuanghui", developing a large number of leading enterprises, helping a group of small and medium-sized enterprise of bibcock.

Keywords: Agricultural Industrialization; Agricultural Leadingenterprises; Giant Leading Enterprises; Agricultural Production Base

B.20　Research on the Development of the Social Service of
　　　Modern Agriculture in Henan　　*Li Tongshan, Zhou Tengfei* / 225

Abstract: It is a must follow way for such a major agriculture province as Henan to develop modern agriculture socialization service. But seeing from current practical situation, although it is developing rather pleasing, there do exist such problems as the multilevel organizational carrier being not really growing, its consciousness of service being not really set up. Moreover, there are surface reasons like less attention and inadequate investment and deep reasons like obscure knowing and unsure policy inducement. Thus, to promote modern agricultural social service development, the whole province should firmly establish the scientific cognition and comprehensive reform of the investment system of countermeasures to development of modern agricultural social service.

Keywords: Modern Agriculture Socialization Service; Problems Causes; Countermeasures; Henan Province

ⅠB Ⅴ　Deepening Rural Reform

B.21　The Research on the Deepened Reform of Rural Land
　　　System in Henan　　　　　　　　　　　*Zhang Helin* / 236

Abstract: The reforming of the rural land management system having been pushing on in Henan since the reform and opening-up especially the third plenary session of the seventeenth central committee. But with the development of socialist market economy, contradictory problems of urban-rural dual structure, presented by the rural land management system, were more obvious. Deepening the reform is imperative. The article firstly indicates the basic principle and general direction of Henan to deepen the reform of rural land system. Then it put forward the countermeasures to deepen the reform of rural land system in Henan. First, the reform of rural land property rights system should be deepened, and guiding the orderly flow of rural land management right. Second, we must set up a unified construction land market of town and country to make the management of rural collective construction land into the market standardly and legally. Third, the management system of rural residential land and its exit mechanism need to be more perfect. Fourth, our government must promote the reform of land expropriation system to guarantee that the farmers should share the appreciation income of land fairly.

Keywords: Rural Land System; Land Reform; Henan

B. 22 Research on Science and Technology Support to Strengthen Building a Large Modern Agricultural Province of Henan *Cai Shizhong* / 247

Abstract: Depending on science and technology progress and innovation-driven, Henan has achieved the eleventh year of continuous growth of grain, significantly increased the farmers' income, improved the agricultural labor productivity, promoted the transfer of agricultural surplus labor and so on. In the same time, there are some problems, such as ability of science and technology support is not strong and modern agricultural development is insufficient in the coming year. Finally, this essay proposes measures to strengthen science and technology support and construct modern agriculture in Henan province based on three aspects. The first aspect is to strengthen the agricultural infrastructure and construction of ecological system. The second is to enhance the agricultural science and technology innovation and promotion. The third is to improve investment in agricultural science and technology.

Keywords: Large Modern Agricultural Province; Science and Technology Support; Strengthen Construction; Henan province

B. 23 Study on Innovation of Mechanism for Public Finance Supporting Modern Agriculture Development in Henan *Guo Hongxun, Zhou Zhanjie* / 258

Abstract: Henan Province promoted agricultural modernization by increasing

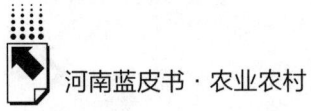

financial investment in agricultural development in recent years. As financial investment was increasing, agricultural development capacity in Henan province had been effectively improved, and the agricultural foundation had been consolidated. During the process of increasing financial support for agricultural modernization, Henan province explored a series of mechanism innovation, especially in improving assist to new agricultural business entities, improving agricultural development support and protection system, optimizing agricultural subsidies paid ways, exploring the mechanism to connecting the fiscal transfer payment and rural population urbanization, and constantly increasing investment to social security, education, health and other public areas In the rural areas. As the gap between urban and rural development in Henan Province is still large, ways to connect new urbanization and agricultural modernization need further exploration. New agricultural business entities are still in the early stages of development. To enhance the benefits of agricultural subsidies in the future, Henan government will improve support policies and implementation mechanisms, optimize various types of agricultural subsidy programs and enhance the effectiveness of agricultural subsidies.

Keywords: Public Finance; Agriculture Development; Support Policy; Innovation of Mechanism

B. 24　The Research of Financial Support to Modern Agricultural Development Systematic Innovation in Henan　　*Zhao Zhi* / 268

Abstract: Henan rural financial system has played an important role in supporting modern agricultural development, however, there are also a series of problems in the system, such as the serious imbalance between supply and demand, and the irregularities private financial. In the future, Henan Province should actively promote the rural financial legislation, innovating rural financial products and service, optimizing the ecological environment for rural financial development, guiding the normative development of private finance, and increasing the policy support to rural finance, in order to speed up institutional innovation and further improvement of Henan rural financial system, as well as better serve to agricultural development of rural economy.

Keywords: Rural Financial System; Modern Agriculture; System Innovation

B. 25 Study on the Poverty Alleviation Mechanism Innovation of Henan "San Shan Yi Tan" Area   *Chen Ping* / 278

Abstract: The poverty population of "San Shan Yi Tan" area accounts for nearly 60% of Henan province poverty people, this area has become the short slab in building a well-off society in a round way, so we must exert poverty alleviation fast. The poverty alleviation difficulties of "San Shan Yi Tan" performs as follows, the concept of workers is conservative and backward outside, the capital investment is insufficient, the infrastructure construction is outmoded, the farmer income level is low, the base of industry development is fragile, the ecological environment is unique, but the protection cost is high. In order to solve these problems, we need to innovate the poverty alleviation mechanism, includes innovating talent poverty alleviation mechanism, enlarging capital investment, innovating capital usage mechanism, innovating industry poverty alleviation, building new agricultural management mechanism, innovating target selection mechanism, innovating social security mechanism, transforming the cadre assessment mechanism, and innovating ecology compensation mechanism, finally makes "San Shan Yi Tan" area get rid of poverty and achieve prosperity.

Keywords: "San Shan Yi Tan" Area; Poverty Alleviation; Mechanism Innovation

B. 26 Study on Establishing Long Term Mechanism of Agriculture Sustainable Development of Henan   *Cui Xiaonian* / 289

Abstract: The establishment long term mechanism of sustainable development is the route one must take to promote Henan agricultural modernization. Firstly this paper discussed on the necessity of the implementation of agricultural sustainable development of Henan. Secondly analyzing the obstacle factors of agricultural sustainable development of Henan. Last putting forward the countermeasure of establishment Long Term Mechanism of Agriculture Sustainable Development of Henan.

Keywords: Agricultural Sustainable Development; Obstacle Factors; Long Term Mechanism

社会科学文献出版社　皮书系列

❖ 皮书起源 ❖

"皮书"起源于十七、十八世纪的英国,主要指官方或社会组织正式发表的重要文件或报告,多以"白皮书"命名。在中国,"皮书"这一概念被社会广泛接受,并被成功运作、发展成为一种全新的出版型态,则源于中国社会科学院社会科学文献出版社。

❖ 皮书定义 ❖

皮书是对中国与世界发展状况和热点问题进行年度监测,以专业的角度、专家的视野和实证研究方法,针对某一领域或区域现状与发展态势展开分析和预测,具备权威性、前沿性、原创性、实证性、时效性等特点的连续性公开出版物,由一系列权威研究报告组成。皮书系列是社会科学文献出版社编辑出版的蓝皮书、绿皮书、黄皮书等的统称。

❖ 皮书作者 ❖

皮书系列的作者以中国社会科学院、著名高校、地方社会科学院的研究人员为主,多为国内一流研究机构的权威专家学者,他们的看法和观点代表了学界对中国与世界的现实和未来最高水平的解读与分析。

❖ 皮书荣誉 ❖

皮书系列已成为社会科学文献出版社的著名图书品牌和中国社会科学院的知名学术品牌。2011年,皮书系列正式列入"十二五"国家重点图书出版规划项目;2012~2014年,重点皮书列入中国社会科学院承担的国家哲学社会科学创新工程项目;2015年,41种院外皮书使用"中国社会科学院创新工程学术出版项目"标识。

法律声明

"皮书系列"（含蓝皮书、绿皮书、黄皮书）之品牌由社会科学文献出版社最早使用并持续至今，现已被中国图书市场所熟知。"皮书系列"的LOGO（ ）与"经济蓝皮书""社会蓝皮书"均已在中华人民共和国国家工商行政管理总局商标局登记注册。"皮书系列"图书的注册商标专用权及封面设计、版式设计的著作权均为社会科学文献出版社所有。未经社会科学文献出版社书面授权许可，任何使用与"皮书系列"图书注册商标、封面设计、版式设计相同或者近似的文字、图形或其组合的行为均系侵权行为。

经作者授权，本书的专有出版权及信息网络传播权为社会科学文献出版社享有。未经社会科学文献出版社书面授权许可，任何就本书内容的复制、发行或以数字形式进行网络传播的行为均系侵权行为。

社会科学文献出版社将通过法律途径追究上述侵权行为的法律责任，维护自身合法权益。

欢迎社会各界人士对侵犯社会科学文献出版社上述权利的侵权行为进行举报。电话：010-59367121，电子邮箱：fawubu@ssap.cn。

社会科学文献出版社